역설과
반전의
대륙

역설과 반전의 대륙
―라틴아메리카 정치사회의 현장에서 캐낸 10가지 테마

2017년 8월 25일 초판 1쇄

지은이 박정훈

편 집 김희중, 이민재
디자인 씨디자인
제 작 영신사

펴낸이 장의덕
펴낸곳 도서출판 개마고원
등 록 1989년 9월 4일 제2-877호
주 소 경기도 고양시 일산동구 호수로 662 삼성라끄빌 1018호
전 화 031-907-1012, 1018
팩 스 031-907-1044
이메일 webmaster@kaema.co.kr

ISBN 978-89-5769-428-2 03340
ⓒ 박정훈, 2017. Printed in Korea.

역설과 반전의 대륙

라틴아메리카 정치사회의
현장에서 캐낸 10가지 테마

박정훈 지음

개마고원

머리말

라틴아메리카의
오늘을 꿰뚫는 10가지 과녁

2000년 5월 22일, 멕시코시티에 처음 발을 디뎠다. 비가 추적추적 내리는 날이었다. 가로등에 매달린 대통령선거 포스터를 물끄러미 쳐다보기는 했지만, 내가 도착한 그날로부터 41일 뒤에 이 나라가 71년 만에 민주화를 이루게 될 것이라는 건 전혀 예측하지 못했다.

그때부터 7년간 그곳에 머물면서 라틴아메리카 10개국을 취재하다가 2006년에 귀국한 이후에도 그 대륙에서 벌어지는 일에서 한시도 눈을 떼지 못했다. 그곳의 일거수일투족에 관심을 기울인 것이 햇수로만 해도 벌써 18년이 되어간다.

영국의 역사가 에릭 홉스봄은 자서전에서 라틴아메리카를 알게 되면 이곳에서 벗어나기 어렵고, 이 땅을 파고들지 않고서 배길 재간이 없으며, 결국 '홀딱 빠지게 된다'고 토로했다. 그 홉스봄의 '저주'가 내게도 와락 쏟아진 것이다.

그저 우연히 방문한 여행객은 물론이고 이 대륙을 깊이 연구하는 학자들까지 도무지 이 대륙에서 헤어나지 못하는 이유는 무엇일까? 우선 이곳에서는 통념과 상식을 번번이 깨주는 일들이 벌어진다. 20세기에도 그랬지만, 지금도 도무지 일어날 수 없을 것 같은 일들이 마술처럼 벌어지곤 한다.

이 책에서 다루는 10가지 이야기도 마찬가지다. 독재자의 악행에 순위를 매긴다면 최상위를 차지할 극우마초 독재자들이 즐비한 나라들에서 진보적인 여성 대통령들이 등장하기도 하고(1장), 밀림과 도시 뒷골목에서 암약하던 극좌 게릴라들이 진정한 민주주의자로 변신해 국민의 존경을 한 몸에 받기도 한다(2장). 실패한 쿠데타 주동자나 아웃사이더들이 난세를 맞아 도탄에 빠진 빈민들의 지지를 등에 업고 기존 정치체제를 무너뜨리는 일도 벌어지고(3장), 최악의 불평등을 자랑하는 나라에서 스웨덴과 같은 사민주의 복지국가를 꿈꾸는 정당들이 등장하기도 한다(4장).

몇 년 전만 해도 지구상에서 가장 인기 많은 대통령을 배출하며 전성기를 구가하던 정당이 추락하기도 하고(5장), 오지 중의 오지에 거주하는 원주민들이 신자유주의에 맞서는 지구적 저항의 상징이 되기도 한다(6장). 22년간 무장게릴라에서 자치운동단체로, 다시 정치세력으로 끊임없이 진화하는 사회운동집단이 존재하는가 하면(7장), 1950년대만 해도 일본과 이탈리아를 앞서고, 미국을 넘보던 부자 나라가 하루아침에 부도가 나기도 한다(8장). 미국의 코앞에서 살아남은 서양 유일의 공산주의 국가도 있고(9장), 하느님에게선 너무 멀고 미국과는 너무도 가깝다고 탄식하던 대륙에서 미국이 고립되는 일이 벌어지기도 한다(10장).

어떻게 이런 일들이 벌어지는 걸까? 그 의문을 해소하기 위해 이곳의 사건을 깊이 파고들고 길게 추적할 때마다 우리의 통념과 상식이라는 것이 얼마나 제한적인 경험의 산물인지 깨닫게 된다. 그러다보니 이 대륙에서 벌어진 일을 살필 때는 통념을 버리고, 마치 역사상 처음으로 일어난 일을 대하듯이 접근하는 게 차라리 낫다. 기존의 상식적

(?) 관점을 고수하면 고수할수록 라틴아메리카 33개국에서 일어나는 일을 제대로 파악하기 어려울 뿐만 아니라 라틴아메리카는 그저 특이하고 희한한 일이 벌어지는 곳으로만 남는다. 이런 오해와 왜곡이 콜럼버스 이래의 범세계적인 현상이라는 농담마저 나오는 판이다. 굳이 악의가 없다 하더라도, 자신에게 익숙한 잣대로 이 땅에서 벌어지는 일을 재단하다보면 오판의 늪에 빠지기 십상이다.

라틴아메리카에 한번 발을 디딘 사람들이 이곳에서 쉽사리 빠져나오지 못하는 이유가 여기에 있다. 어떤 지역과 인연을 맺게 되면 자연스럽게 갖게 되는 애착 때문만이 아니다. 라틴아메리카를 파고들다보면 매번 정치와 사회에 대한 생각이 바뀌는 경험을 하게 된다. 말하자면 이 대륙의 사건을 다룰 때마다 특정한 사실을 알아가는 기쁨만이 아니라 정치와 사회에 대한 생각 자체가 근본적으로 달라지는 경험도 하게 된다.

이 책에서 다루는 사건들은 비단 이 대륙에서만 벌어지는 일이 아니다. 그 사건들 모두가 한국은 물론이고 세계 정치의 주요 이슈이기도 하다. 여성정치와 민주주의, 포퓰리즘, 사민주의 복지국가, 진보정당, 소수자정치, 사회운동, 정치의 역할, 혁명, 미국과의 관계 등의 주제는 오늘날 세계 대다수 국가들에게 과제이자 고민거리다. 그런 뜻에서, 이 책의 이야기들은 현대 정치의 주요 숙제에 대한 라틴아메리카적 해법을 보여준다. 그 해법이 성공인가 실패인가는 별로 중요하지 않다. 정치에서 성공과 실패라는 것은 늘 잠정적일 뿐 영구적인 건 아니기 때문이다.

누군가 이 책의 1장이 다루는 칠레의 사례를 참고로 하여 여성정치 자체에 대한 기존의 통념을 재검토하고, 2016년 미국 대선에서 여성 대통령 후보가 왜 실패했는지 그 이유를 살피는 데 활용할지도 모른다. 3장에서 우고 차베스를 비롯한 좌파 포퓰리스트들을 접하면서 포퓰리즘 자체를 새로운 눈으로 들여다볼 수도 있을 것이다. 또한 4장과 5장에서 유럽이 아닌 나라가 사민주의 복지국가로 가는 데 마주치게 될 보편적인 위험들을 발견할 수 있을지도 모르겠다. 이 책은 비록 10가지 주제에 대한 라틴아메리카적 해법을 다루고 있지만, 누군가는 한국이 나아갈 길에 대한 참신한 아이디어를 도출해낼지도 모를 일이다.

이 책의 각 장들은 모두 '변화'에 초점을 맞추고 있다. 8, 90년대 이전과 이후에 가장 뚜렷하게 변화한 것을 다루고 있다. 그리하여 라틴아메리카 곳곳에서 지금 현재 무슨 일들이 벌어지고 있는지, 그것들을 이해하는 데 필수적인 변화상은 최대한 담고자 했다. 때로는 변화라고 생각한 것이 그 공고한 사회의 밑둥을 가리는 눈속임에 불과했던 경우도 많다. 사회의 밑둥에 해당하는 것들이 여간해서는 꿈쩍도 하지 않기 때문이다. 하지만 변화의 가능성을 한번 맛본 사람들에게 그 이전과 이후의 삶이 같을 수 없다. 그들은 아무리 최악의 상황이 오더라도 "참호처럼 기쁨을 방어하며" 새로운 사회를 갈망하는 낙관주의를 간직하고 살아간다. 그런 낙관주의를 가진 이들이 결국 진정한 변화를 이뤄내고야 만다.

이 책은 바로 온갖 제약에도 불구하고 낙관주의로 무장하고 자기 나라와 자기 대륙을 변화시키고자 했던 라틴아메리카 사람들의 열정과 아이디어를 기록한 것이기도 하다. 그들과 한 번이라도 직접 만나본 사람이라면 그 대륙 사람들의 열정을 금세 느낄 수가 있고, 그들의 눈빛과 손짓을 결코 잊을 수가 없다. 이 책이 간접적으로나마 그들의 열정과 아이디어를 지구 반대편에 자리한 이 나라에 조금이라도 전달하는 계기이기를 바랄 뿐이다. 부족한 글이 그런 상상력의 불씨가 된다면 더할 나위 없이 기쁠 것이다.

끝으로 이 책이 빚진 사람들에 대해 말하고 싶다. 5년 전 황망히 세상을 떠나신 고故 이성형 선생님이 남긴 글에서 여전히 많은 것을 배운다. 아내 김선아는 이 책의 최초의 독자이자 최고의 독자로서 멋진 역할을 해주었다. 두 사람이 없었다면 이 책은 세상에 나오지 못했을 것이다. 라틴아메리카에 살면서 그 대륙의 어느 모퉁이에서도 이방인이라고 느낀 적이 없었다. 나를 늘 환대해주었던 라틴아메리카 사람들이 그립다.

2017년 여름
경기도 고양에서

차례

머리말 라틴아메리카의 오늘을 꿰뚫는 10가지 과녁   5

1장 │ 여성정치는 모두를 위한 것이다   13
    칠레 마초국가에서 여성정치 선진국이 되다

2장 │ 민주주의는 약하지 않다   41
    우루과이 무히카와 젊은 게릴라들이 민주주의자로 변신한 까닭

3장 │ 포퓰리즘은 나쁜가   65
    베네수엘라 쿠데타 주동자가 빈민의 챔피언이 되다

4장 │ 복지국가는 어디서든 가능하다   107
    브라질 가난한 나라에서 스웨덴을 향해 걷다

5장 │ 진보정치는 언제 성공하는가   143
    브라질 노동자당의 화려한 성공은 어떻게 탄핵되었나

6장 | 소수자는 영리하다   165
멕시코 아메리카 원주민이 세계를 뒤흔들다

7장 | 사회운동은 진화한다   205
멕시코 마르코스, 포스트모던 반란자

8장 | 정치가 중요하다   233
아르헨티나 부자나라의 몰락

9장 | 혁명은 끝이 없다   265
쿠바 쿠바는 어떻게 망하지 않고 재기했는가

10장 | 국제관계는 늘 움직인다   293
라틴아메리카 더 이상 미국의 뒷마당이 아니다

참고문헌   328
찾아보기   333

제1장

여성정치는
모두를 위한 것이다

칠레

마초국가에서 여성정치 선진국이 되다

"모두가 함께 넓혀온 자유의 가로수 길을
여러분과 함께 걸어가겠습니다."
바첼레트는 마초국가 칠레에서 최초의 여성 국방부장관을 거쳐
최초의 여성 대통령이 되었다.
그녀 스스로도 자신이 대통령이 된 것이 믿기지 않는 눈치였다.
그러면서도 그녀는 오랫동안 간직해왔을 소망을 전했다.
눈치 빠른 국민들은 바첼레트가 말한 '자유의 가로수길'이
상투적인 비유가 아니라는 것을 알아챘을 것이다.

여성정치에 관한 한 라틴아메리카는 미국이 부럽지 않다. 미국은 2016년 대선에서야 처음으로 여성 대통령 후보를 배출했다. 반면 라틴아메리카에선 이미 2000년대에 여성 대통령들이 연달아 취임했다. 2006년에 미첼 바첼레트Michelle Bachelet가 칠레 대통령으로 당선되었고, 2007년에는 아르헨티나에서 크리스티나 페르난데스Cristina Fernández가 뒤를 따랐다. 2010년에는 두 명의 여성 대통령이 선출되었다. 브라질에서 지우마 호세프Dilma Rousseff가, 코스타리카에서 라우라 친치야Laura Chinchilla가 당선되었다.*

이들 이전에 라틴아메리카에 여성 대통령이 없었던 것은 아니다. 아르헨티나의 이사벨 페론Isabel Perón, 니카라과의 비올레타 차모로Violeta Chamorro, 파나마의 미레야 모스코소Mireya Moscoso를 비롯해 몇몇 나라에서 여성이 대통령직을 맡았다.

다만 이들의 집권은 남편의 정치적 후광 없이 상상하기 어렵다. 아르헨티나의 이사벨 페론은 세 번이나 대통령직을 역임한, 카리스마 넘

---

* 라틴아메리카 여성 대통령들의 재임기간은 다음과 같다. 칠레의 미첼 바첼레트는 2006~2010년까지 집권했고, 2014년에 재선되어 2018년까지 집권할 예정이다. 아르헨티나의 크리스티나 페르난데스는 2007~2011년, 2011~2015년까지 두 번의 임기 동안 대통령으로 재임했다. 브라질의 지우마 호세프는 2011~2014년까지 집권하고, 2015년에 재선에 성공했지만 2016년에 탄핵으로 물러났다. 코스타리카의 라우라 친치야는 2010~2014년까지 재임했다.

치는 전임 대통령 후안 도밍고 페론Juan Domingo Perón의 세번째 부인이
었다. 파나마의 미레야 모스코소도 무려 세 번이나 대통령으로 선출되
었지만 그때마다 쿠데타가 일어나 임기를 마치지 못한 비운의 정치가
아르눌포 아리아스Arnulfo Arias의 부인이었다. 니카라과의 비올레타 차
모로도 다르지 않았다. 그녀의 남편은 소모사Somoza 독재에 맞서 여러
차례 봉기를 일으켰다가 암살당한 전설적인 지도자 페드로 호아킨 차
모로Pedro Joaquín Chamorro였다.

　하지만 바첼레트를 비롯해 21세기 초반에 등장한 라틴아메리카 여
성 대통령들은 달랐다. 이들은 모두 독자적인 정치 경력을 보유했다.
바첼레트는 사회당PS 당원으로, 소아과 의사로서 민주화운동에 깊이
관여해온 인사였다. 페르난데스는 나중에 영부인이 되기는 했지만 결
혼 초부터 자신만의 정치 이력을 쌓았다. 변호사로 사회생활을 시작한
그녀는 주州의원을 거쳐 연방 상·하원에서 두루 활약했다. 호세프는
일찌감치 정치활동을 시작했다. 열일곱 살에 대학생 신분으로 도시게
릴라가 되어 독재정권에 저항했고, 민주화 이후에는 주정부와 연방정
부 요직을 두루 거쳤다. 친치야도 정치학자로서 여러 국제기구에서 경
력을 쌓았고, 치안 전문가로서 장관직도 역임했다.

　게다가 아르헨티나의 페르난데스를 제외하고 나머지 세 명은 남성
중심 사회가 권장하지 않는 개인사를 지녔다. 바첼레트와 호세프의 경
우에는 남편의 '후광'은커녕 아예 남편이 없었다. 취임 당시 칠레의 바
첼레트는 두 남자에게서 아들 하나, 딸 둘을 가진 이혼녀였고, 브라질
의 호세프도 재혼 끝에 외동딸을 가진 이혼녀였다. 코스타리카의 친치
야도 두 번 결혼했다.

　바첼레트는 2006년 대선 캠페인 중에 자기를 '셀프 디스'하며 "나는
칠레에서 죄악으로 여길 만한 것을 모두 갖고 있다"고 농담했다. 보

수적인 나라에서 대통령직에 도전하는 여성이고, 이혼까지 했으며, 국민 다수가 신봉하는 가톨릭교도 믿지 않는 데다가, 사회주의자란 소리였다.

그녀의 말은 칠레에서 여성이 대통령이 되는 게 결코 쉬운 일이 아니라는 사실을 알려준다. 칠레만이 아니었다. 지난 1960~1970년대에 라틴아메리카에서는 가톨릭 전통을 고수하는 극우파 장군들이 공포로 나라를 다스렸다. 그 시절에 라틴아메리카에서 여성 대통령을 상상했다면 미친 사람 취급을 받았을 것이다. 그중에서도 칠레는 '가장 보수적인 국가'로 여겨졌다. 그런 칠레에서 가장 먼저 여성 대통령이 탄생한 것이다. 어떻게 그런 거대한 반전이 가능했을까?

18년 동안 '테러'로 나라를 다스리다

1960~1970년대에는 라틴아메리카 국가들 대부분에 강력한 '극우마초정권'이 들어섰다. 이는 당시 세계적인 흐름을 크게 거스르는 것이었다. 그 시기에 미국과 유럽에서는 대학생들이 주축이 되어 68혁명을 일으키고 여성해방운동을 활발히 벌이고 있었다. 1959년에 발생한 쿠바혁명도 여성친화적인 혁명으로 발전하고 있었다. 혁명 쿠바는 가사노동을 분담하는 법을 만들었고, 여성들에게 낙태의 권리를 완전히 보장했다.

가깝게는 쿠바혁명의 열기가, 멀게는 68혁명의 바람이 라틴아메리카에 여성해방운동의 불을 지폈다. '마초주의machismo'란 말도 이때 라틴아메리카 여성운동가들이 만들었다. 이 용어는 남성 가부장들이 가톨릭 전통을 무기 삼아 가정에서 국가까지 절대적인 권력을 휘두르는 사회를 분석하는 데 쓰였다. '마초macho'란 단어도 동물의 수컷을 가리키는 말에서 권위적인 남성 가부장을 가리키는 말로 의미를 넓혔다.

하지만 이런 변화는 거대한 반발을 불러왔다. 좌파의 힘이 세지고 여성해방운동이 전통적인 성역할에 도전하자 곳곳에서 '극우마초'들이 반발하기 시작했다. 때마침 미국의 지원을 등에 업고 쿠데타를 일으킨 군부가 독재정권을 세웠다. 독재자들은 좌파 말살과 여성차별을 더욱 강화하면서 라틴아메리카 대륙은 '극우마초들의 대륙'으로 변해갔다.

라틴아메리카 압제자들이 독재정권을 만들어내고 유지하는 데는 군대와 가톨릭교회가 제일 중요했다. 전통적으로 두 기구 모두 극우마초주의가 강하지만 당시 사정은 특별했다. 동서 냉전이 촉발되고 쿠바에서 혁명이 벌어지면서 미국은 반공만 내세우면 독재정권이건 민주정부건 가리지 않고 지원하는 정책을 펼쳤다. 이 조치는 라틴아메리카 극우세력에게 '쿠데타를 벌이라'는 사인이나 다름없었다.

군대 내부에서는 극우파들이 미국의 정보망과 이념, 돈과 무기를 지원받아 민족주의적이거나 좌파적인 장교들을 숙청하고 지도부를 장악했다. 가톨릭교회 내부에서도 보수파들이 가톨릭 진보파의 확산에 심각한 위기의식을 느꼈다. 가톨릭 보수파는 교회를 비판하고 세속적인 국가를 추구해온 좌파를 적으로 삼았다. 좌파가 전통적인 형태의 사랑·결혼·가족을 파괴하려 든다는 것이었다.

군부 내 극우파와 가톨릭 보수파는 좌파라는 공통의 적을 찾아냈고 서로 힘을 합쳤다. 1960~1970년대 라틴아메리카 군사쿠데타에 가톨릭 보수파가 연루된 것이 이 때문이다. 군사정권 내내 가톨릭 보수파는 적극적으로 협력하거나 암묵적으로 동의를 표했다.

라틴아메리카 군사정권 중에서도 칠레의 피노체트정권은 '가장 마초적인 정권'으로 악명을 떨쳤다. 이 정권은 1973년에서 1990년까지 무려 18년간 테러로 나라를 다스렸다.

피노체트정권은 시작부터 잔인했다. 칠레의 군사쿠데타는 1973년 9월 11일 아침 대통령 집무실이 있는 라모네다La Moneda 궁을 공격하는 것으로 개시된다. 수도 산티아고의 중심부에 자리 잡고 있던 대통령 집무실을 육군의 탱크가 지상에서 포격하고, 공군의 전투기가 공중에서 폭격한다. 쿠데타는 야간에 기습적으로 이뤄진 것이 아니었다. 모두가 보란 듯이 백주대낮에 벌어졌다. 산티아고 시민들은 두 눈으로 직접 대통령 집무실 건물이 무너지고 검은 연기가 하늘로 치솟는 것을 지켜보았다.

당시 칠레 정부는 살바도르 아옌데Salvador Allende 대통령(1970~1973년 재임)이 이끌고 있었다. 그는 선거로 당선된 '세계 최초의 마르크스주의자 대통령'으로 불렸다. 재임 3년 동안 노동자와 농민, 빈민과 여성을 위한 개혁을 추진하다가 극우파와 미국이 공모한 쿠데타에 맞닥뜨린다.

쿠데타 당일 아옌데 대통령은 철모를 쓰고 AK-47 자동소총을 들고 쿠데타군에 맞서 싸웠다. 그는 쿠데타를 정당화하는 데 악용될 소지가 있는 일은 결코 하지 않겠노라 작심했다. 그래서 사임 협박도 무시하고, 망명 제안도 단호히 거절했다.

하지만 사정이 대통령에게 갈수록 불리해졌다. 대통령 집무실을 지키던 부대마저 쿠데타군에 합류했다는 소식이 전해졌다. 쿠데타군을 진압하기는커녕 자신과 참모들의 목숨마저 부지하기 어려운 상황이었다.

결국 대통령은 함께 싸우던 참모들에게 모두 나가라고 명령을 내린다. 참모들이 모두 밖으로 나가자, 대통령은 놓고 온 물건이 있다며 건물 안으로 들어가서 문을 잠근다. 그러고 나서는 건물 2층으로 올라가 계단 옆 작은 방에 놓인 붉은 소파에 앉아서 자신의 턱을 향해 자동소총의 방아쇠를 잡아당긴다. 타-앙! 그렇게 대통령은 투항을 거부한 채 자결을 택했다.

쿠데타 발발 소식을 들은 직후 아옌데 대통령은 칠레 국민들에게 메시지를 전했었다. 쿠데타군이 아직 점령하지 못한 유일한 방송국이었던 라디오 마가야네스Radio Magallanes를 통해서였다. 이 연설에서 대통령은 국민들에게 "머잖아 다시 가로수가 우거진 대로들이 열릴 것이고, 자유로운 사람들이 걷게 될 것"이니 희망을 잃지 말아달라고 당부했다. 그 말이 아옌데의 유언이 됐다.

대통령을 죽음으로 몰아넣은 쿠데타군의 총구는 이제 칠레 국민을 향한다. 쿠데타 세력이 가장 먼저 벌인 일은 좌파를 '제거'하는 것이었다. 여기서 제거는 그야말로 목숨까지 빼앗아갔다는 뜻이다. 쿠데타 지휘부에 있던 공군 장성 구스타보 레이는 "칠레에서 마르크스주의 암세포를 제거하겠다"고 공공연히 선언했다. 물론 '감기 바이러스' 정도의 것도 '마르크스주의 암세포'로 간주했다. 사회당원이나 공산당원 등 좌파는 물론이고 쿠데타에 반대하는 우파 기독민주당원, 민선 대통령에 충성한 전前 육군 총사령관, 심지어는 어쩌다 통행금지를 위반한 평범한 시민들까지 모두 잡아들였다. 그들 모두가 고문을 당했다. 그 가운데 적지 않은 수가 살해되고, 실종되었다.

또한 쿠데타군의 지도자 피노체트는 칠레를 "노동자의 나라가 아니라 기업가의 나라로 만드는 것"이 목표라고 거리낌 없이 주장했다. 노동운동가들은 모조리 체포되었고, 노동조합 활동은 금지되었다.

한편 쿠데타군과 손잡은 세력 중에는 가톨릭 보수주의를 추종하는 집단이 있었다. 당시 가톨릭 보수주의 운동은 칠레뿐만 아니라 라틴아메리카 전역에서 조직을 갖추고 득세하기 시작했다. 가톨릭 신도들 중

'세계 최초의 마르크스주의자 대통령'으로 불린 살바도르 아옌데. 그는 선거로 정당하게 당선되서 칠레의 개혁을 시도했지만, 미국의 후원을 받은 군부의 쿠데타로 정권과 목숨을 잃었다. 그는 마지막까지 싸우다 민주주의에 대한 희망을 잃지 말라고 칠레 국민들에게 이야기하고 자결했는데, 그의 당부는 몇십 년 후 현실이 된다.

심으로 보수주의 운동이 발호했는데, 이는 가톨릭 진보운동에 대한 반발이었다.

가톨릭 진보운동은 1960년 초부터 싹트기 시작해서 나중에 전세계적으로 유명해진 해방신학으로 발전해갔다. 진보적인 가톨릭 사제들은 불평등과 빈곤을 개선하려는 모든 시도가 실패하는 것을 지켜보면서 급진적 개혁에 공감했다. 그러곤 변화를 가로막는 장애물로 독재정권과 미국을 지목했다. 사제들 가운데는 게릴라 조직에 가담하는 사람까지 있었다. 콜롬비아의 유명한 사제이자 명민한 사회학자였던 카밀로 토레스 레스트레포Camilo Torres Restrepo는 평화적인 수단이 모두 효과가 없다는 것을 깨닫자 민족해방군ELN에 가담해 사령관이 되어 정부군에 맞서 싸우다가 전투중 사망했다.

이에 맞서 가톨릭 보수파는 해방신학에 거세게 반발했을 뿐만 아니라 기독교를 조금이라도 비판하는 책과 영화도 모두 금지시켜야 한다고 주장했다. 토지 분배를 비롯한 좌파적인 개혁에 반기를 들어 지주들의 이익을 옹호했고, 전통적인 결혼·가족·사랑에 위배된다며 이혼과 낙태, 동성애를 금지시키라고 주장했다.

칠레 가톨릭 보수파는 그중에서도 더욱 과격했다. 대표적인 인물은 하이메 구스만Jaime Guzmán이었다. 그는 가톨릭교회와 파시즘에 심취한 나머지 아옌데정부 시기에 파시스트 무장집단 '조국과 자유Patria y Libertad'에 가담했다. 이 무장조직은 대부분 칠레 상류층 청년들로 구성되었는데, 미 중앙정보국CIA의 지원금을 받으며 살바도르 아옌데 대통령의 부관을 암살하는 범죄를 저지르기도 했다.

쿠데타 이후에 구스만은 독재정권의 신新헌법을 만드는 일을 주도했다. 그는 낙태를 전면적으로 금지시키는 조항을 신헌법에 담으려고 갖은 노력을 기울였다. "산모는 반드시 아이를 낳아야 한다. 아이가 기형이건, 아이를 원하지 않건, 강간으로 생긴 것이건, 태아가 죽음에 이를 가능성이 있다 하더라도"라는 주장을 서슴지 않았다. 낙태전면금지법이 신헌법에 바로 담기지는 못했지만, 독재세력은 이를 민주정부가 들어서기 바로 전 해인 1989년에 기습적으로 통과시켰다. 이 법은 피노체트정권의 마초주의를 잘 보여준다.

가톨릭 보수파와 손잡고 들어선 피노체트정권 아래서 칠레 국민들은 숱한 고초를 겪는다. 미래의 대통령 미첼 바첼레트도 예외가 아니었다. 쿠데타가 일어나던 해 바첼레트는 스물두 살의 칠레대학교 의대생이었다. 아옌데 대통령이 재임하던 시기에 짧게나마 사상의 자유와 문화적 자유를 만끽하던 대학을 다녔다. 좌파정부가 들어서던 해에 입학한 바첼레트도 청바지나 줄무늬바지를 입고, 남자들이나 신는 두꺼운 구두를 신고, 커다란 가방을 들고 다녔다. 사회당의 자매조직인 사회주의청년JS의 열성 멤버로 활동하기도 했다.

하지만 쿠데타는 그녀가 다니던 대학의 일상을 순식간에 바꿔놓았다. 혁명적인 구호로 울긋불긋하던 대학 건물의 벽들은 모두 하얗게 덧칠되었다. 여학생들은 치마를 입고 출석하라는 명령이 떨어졌다. 대학교 정문 앞에는 이발사가 서서 등교하는 남학생들의 장발을 자르고, 턱수염과 콧수염을 밀었다. 아옌데정부를 지지하던 학생들은 신변의 위협을 느끼고 과거의 흔적은 모두 지워야 했다. 좌파정당의 학생당원들은 당원증을 모두 불태웠다.

무너진 것은 대학의 자유만이 아니었다. 쿠데타 당일 미첼 바첼레트의 아버지 알프레도 바첼레트가 체포된다. 그녀의 아버지는 마르크스주의자도 아니었고 좌파도 아니었다. 단지 민선 대통령이 이끄는 정부에 충성을 다하던 공군 장성이었다. 당시 알프레도 바첼레트는 장관급에 해당하는 식료품 배급부서의 책임자였다. 아옌데정부는 미국과 칠레 극우파의 결탁으로 식료품을 공급하는 데 심각한 어려움을 겪게 되자 이를 해결하는 막중한 임무를 바첼레트 준장에게 맡겼다.

그것이 비극의 씨앗이었다. 바첼레트 준장은 "헌법을 철저히 준수하는 잘못"을 저질렀고, 그 대가는 혹독했다. 쿠데타군은 식료품 위기 해결을 위해 노력한 바첼레트 준장을 좌파정부에 협력했다는 이유로 제거 리스트에 올렸다. 어제의 군 동료들이 그를 체포하여 감옥에 가두고는 고문으로 허위 자백을 강요했다. 건강과 존엄성마저 통째로 잃은 데다 교도소의 부적절한 응급처치까지 겹쳐 결국 그는 사망하게 되었다. 그래놓고도 군사정권은 수감자들끼리 축구경기를 하다가 심장마비로 사망했다고 죽음마저 날조했다.

비극은 여기서 끝나지 않았다. 미첼 바첼레트와 그녀의 어머니 앙헬라 헤리아Ángela Jeria가 저항운동을 비밀리에 지원하다가 국가정보국

DINA, Dirección de Inteligencia Nacional에 체포된다. '피노체트의 게슈타포'라는 별명을 가진 국가정보국은 칠레 전역과 외국에서 암살 작전으로 악명을 떨친 독재정권의 비밀경찰이었다. 이 기관은 아우슈비츠에서 유대인 학살을 지휘한 나치 장교 출신 발터 라우프Walter Rauff 대령의 지도를 받았다. 국가정보국은 최소 6개의 비밀 강제수용소를 만들고, 국민 100명당 1명을 최소 1회 체포하면서 공포정치의 오싹한 상징이 되었다.

국가정보국은 바첼레트와 그녀의 어머니도 비밀수용소에 수감시키고 고문을 자행한다. 훗날 바첼레트는 "우리 아버지에게 그나마 다행인 것은 딸과 아내가 나중에 고문을 당하리라는 것을 모르고 돌아가신 것"이라고 착 가라앉은 목소리로 회상했다. 수용소에서 풀려난 바첼레트는 해외추방령이 떨어진 어머니와 함께 칠레를 떠나 망명길에 오르게 된다. 바첼레트 가족의 비극은 칠레 시민들이 겪은 인권 유린의 한 가지 사례에 불과했다. 바첼레트가 고백했듯이 "차라리 나은 경우"였다.

군사정권(1973~1990년)이 지배하던 18년간 칠레는 생지옥으로 변했다. '도살자'라 불리던 독재자 피노체트의 행위는 관료적 광기라고 부를 정도로 냉정하고 잔인했다. 비밀경찰들은 남자들을 잡아다 구타하고, 전기고문과 물고문을 자행했다. 이들이 죽으면 암매장하거나 태평양 상공에서 떨어뜨렸다. 군인들은 여자들을 구타하고 강간했다. 심지어 임신부를 강간하기도 했다. 그런 이들 가운데 3000명이 넘는 사람들이 시신도 찾지 못한 채 실종되었다. 그 시기에 대략 3만5000명에 이르는 사람들이 국외추방되었고, 약 20만 명의 사람들이 제 발로 칠레를 떠났다.

지구상에서 제일 긴 나라를 오르락내리락한 노래

　1960~1970년대 라틴아메리카에는 피노체트정권처럼 잔혹한 군사
정권이 곳곳에 들어선다. 이에 맞선 저항도 대륙 전역에서 완강하게
벌어진다. 수많은 이들이 비밀경찰의 눈을 피해 반체제운동을 벌인다.
그 과정에서 여성들의 역할은 매우 인상적이었다. 무장투쟁이건 비무
장투쟁이건 여성들은 매우 적극적으로 참가했다. 니카라과와 엘살바
도르에서 여성들은 직접 게릴라 전사가 되었다. 니카라과의 산디니스
타민족해방전선FSLN 전체 전투 병력의 3분의 1이 여성이었고 3인의
여성이 게릴라군 지휘관이었다. 엘살바도르의 파라분도마르티민족해
방전선FMLN 전투원도 30%를 여성이 차지했고, 군사지도부의 20%는
여성의 몫이었다. 전통적인 농촌에서 나고 자란 여성들은 남성들과 동
등하게 전투에 참가하면서 인생이 바뀌어갔다.

　칠레·아르헨티나·우루과이 등지에서 여성들은 용감한 행동으로 저
항의 물꼬를 텄다. 당시 남성들은 감옥에 갇히거나 살해당하거나 실종
되는 경우가 많았다. 용케 체포되지 않은 이들은 비밀리에 저항운동을
벌이거나 외국으로 망명했다. 그들 다수는 남성이었다. 그러다보니 홀
로 남아 자녀들을 돌보던 여성들이 군사정권에 반대하는 공개적인 저
항에 앞장서게 된다. 아르헨티나에서는 실종자 자녀들을 되찾기 위해
'5월 광장 어머니회'와 '5월 광장 할머니회' 등이 만들어졌다.

　칠레에서도 군사정권에 대항한 저항은 여성들이 개시한다. 피노체
트정권은 국민들에게 침묵을 강요한다. 그 시절에는 모든 것이 불법이
었다. 정당도, 노동조합도, 학생회도, 시위도, 언론도, 예술도 불법이었
다. 저항은 모두 비밀리에 이뤄진다.

　피노체트의 '게슈타포'는 반대자를 찾는 데 혈안이 되었다. 정권의

탄압이 집요할수록 이에 맞선 저항도 촘촘해진다. 권력의 감시망에서 벗어나기 위해 매우 은밀하게 저항이 이뤄지고, 반체제 활동은 생활이 된다. 여성들은 군사정권이 추적하는 사람들을 몰래 숨겨주고, 비밀 메시지가 들어 있는 빵을 만들어 배달하고, '실종자'에 대한 정보를 전파한다. 일상적인 반체제 활동의 씨줄날줄을 여성들이 연결한 것이다.

이 시기에 가장 인상적인 저항운동은 '삼베arpillera운동'이었다. 이것은 일종의 문화운동으로 칠레 여성들이 삼베나 다른 직물 위에다 울긋불긋 수를 놓아 독재정권의 인권유린을 고발하고, 저항 의지를 표현한 것이었다. 여성들은 색실로 비밀경찰에 잡혀가는 사람들, 진실을 찾아 나선 사람들, 언젠가 누리게 될 평화로운 일상을 그렸고, "진실과 정의는 어디에 있는가?"와 같은 글자도 새겼다. '저항의 천' 위에 슬픔과 분노를 담았고, 이것을 팔아 자녀들을 부양했다.

이들은 나중에는 더욱 대담한 저항에 나선다. 곡기를 끊는 단식투쟁을 벌이거나, 독재자 피노체트의 집이나 대법원 등 상징적인 장소에 나타나서 쇠사슬로 자신의 몸을 묶어 저항했다.

1978년 3월 8일에는 여성 노동자들이 피노체트정권에 맞서 집단시위를 벌였다. 이는 독재정권 치하에서 최초로 일어난 대중시위였다. 여성들의 저항은 1983년 구리광산 노동자들이 주도하는 총파업으로 이어진다. 같은 해 노동자들의 저항에 힘을 얻은 정치세력들이 모여 '민주동맹Alianza Democrática'을 결성한다. 1988년에는 17개 정당이 참가하는 민주주의정당연합Concertación de Partidos por la Democracia으로 발전했다.

정당연합의 주축은 단연 중도우파 기독민주당DC과 중도좌파 사회당PS이었다. 기독민주당은 1973년 쿠데타를 묵인한 과거를 반성하고, 사회당도 무장투쟁 때문에 불거진 당내 논쟁을 수습하고 참여했다.

마침내 1988년 피노체트정권을 8년 더 연장시킬 것인지 말 것인지

군사정권에 저항하다 종적 없이 사라진 실종자들. 피노체트 집권 당시 희생된 사망·실종자 수는 3000여 명에 달한다. 이들의 어머니와 아내들은 소중한 이들을 되찾기 위해 반정부 운동을 전개한다. 여성이 민주화 투쟁의 선봉에 선 배경이다.

를 묻는 국민투표를 하기로 했다. 그런데 독재정권은 유권자로 등록하지 않으면 투표에 참여할 수 없게 만들어놓았다. 따라서 야권이 승리하기 위해서는 유권자를 많이 등록시키는 것이 관건이었다. 당시 칠레 사람들은 국민투표에서 누가 찬성하고 누가 반대했는지 피노체트가 다 알 것이라고 생각하며 두려워했다. 그뿐만 아니라 독재 연장에 반대투표를 했다는 이유로 목숨을 잃게 될 것이라고 믿었다.

그렇기에 야권이 대항해야 할 가장 강력한 정적은 군사정권이 칠레 사람들에게 심어놓은 공포였다. 야권은 공포에 맞서기 위해 낙관적이고 희망찬 슬로건을 내걸었다. "칠레, 기쁨이 곧 올 거야Chile, la alegría ya viene." 이것이 사회당과 기독민주당의 지도자들이 남북 길이가 무려 4000*km*에 달하는 나라를 오르내리며 목이 터져라 외친 슬로건이었다. 지구상에서 가장 긴 나라를 오르내리며 과거에 서로 대결했던 정당 지도자들이 한 목소리로 민주주의와 평등과 자유를 부르짖으며 유권자 등록을 호소했다. 처음에는 유권자 등록을 망설이던 칠레 국민들도 공포의 정치에 맞선 '기쁨의 정치'에 호응하기 시작했다. 승리의 기운이 높아지자 슬로건이 담긴 노래를 만들어 힘차게 부르며 호응하기도 했다.

마침내 1988년 10월 5일 국민투표가 실시되었다. 칠레 사람들의 약 55%가 피노체트 정권에 반대의사를 표시했고, 약 43%가 집권 연장을 지지했다. 야권이 과반수를 넘어 승리를 거두었다. 국민투표 이튿날 한 칠레 유머 잡지는 "피노체트 장군은 혼자 경기에 출전했고 2등으로 들어왔다"고 조롱했다. 하룻밤 사이에 세상이 바뀌었다. 18년 독재 정권이 끝나고, 이제 언론이 독재자를 맘껏 놀릴 수 있는 세상이 된 것이다.

미첼 바첼레트도 국민투표일 저녁에 거리로 나가, 수도 산티아고 시민들과 함께 "일생 일대의 기쁨"을 맛보았다. 1975년 망명을 떠난 이래로 13년 만에 처음 맛보는 희열이었다.

바첼레트는 그 13년간 매주 분주한 삶을 보냈다. 바첼레트는 4년간의 망명 끝에 1979년에 칠레로 귀환하여 칠레대학교에 복학했고 1983년에는 마침내 의사 자격을 취득했다. 그 뒤에도 소아학과 전염병학 공부를 계속 이어가는 한편, 아동긴급지원센터PIDEE*에서 사회 활동을 시작했다. 의사로서 군사정권에 피해를 입은 아동들을 치유하는 역할을 계속 벌이는 한편 정치활동에도 계속 관여했다. 1983년 총파업이 벌어졌을 때는 연대의 표시로 어머니와 함께 집 베란다에서 냄비를

---

* 1979년에 설립되어 스웨덴 정부의 지원으로 운영되던 기관. 군사정권으로부터 직접 혹은 간접적으로 피해를 입은 아동과 청소년을 도왔다.

두들기기도 했다.

가정으로 돌아가지 않은 여성들

라틴아메리카 역사의 시계추가 다시 반대편으로 움직였다. 1980년
대에 대륙 전체가 민주화의 물결에 휩싸였다. 1979년 에콰도르에서
시작된 민주화는 1980년 페루, 1982년 볼리비아와 온두라스, 1983년
아르헨티나로 이어진다. 1984년 한 해 동안에 우루과이와 엘살바도르,
니카라과 세 나라에서 국민들이 직접 대통령을 선출한다. 1985년에는
브라질에서 1964년 이래 최초로 민간인 대통령이 취임하고, 같은 해
과테말라에서도 대선이 치러진다. 1989년에는 칠레와 파나마가 1990
년에는 아이티가 민주정부를 선출한다. 1990년이 되자 쿠바나 멕시코
같은 독특한 체제를 제외한 대부분의 라틴아메리카 국가에 민주정부
가 들어섰다.

민주화의 봄은 왔지만 평등의 봄이 함께 오지는 않았다. 라틴아메
리카 곳곳에서 독재정권에 맞서 남성들과 함께 싸우거나, 때론 고독한
싸움을 벌여야 했던 여성들이 당황할 만한 일이 벌어졌다. 니카라과의
여성 게릴라들은 혁명 이후에 창설된 정규군에 제대로 편입되지 못
했고, 게릴라 시기와는 다른 대접을 받았다. 한 여성 게릴라 지휘관은
"우리는 주요 직책에서 쫓겨났다. 대부분 중간 간부직에 만족해야 했
다"고 증언한다. 우루과이·아르헨티나·칠레에서는 민주화 이후에 감
옥에서 풀려나거나, 해외에서 귀국한 지도자들이 정당과 사회운동의
지도부에 대거 합류했다. 군사독재에 맞서 끈질기게 싸웠던 우루과이
의 한 여성 노동자는 "그들이 돌아오자마자 모든 자리를 차지했다. 여
자들에게 이제 가정으로 돌아가라고 했다"고 전한다.

하지만 여자들은 가정으로 돌아가지 않았다. 민주화 이후 사회운동과 좌파정당에 매우 적극적으로 가담했다. 그러자 90년대가 되면서 분위기가 달라지기 시작했다. 좌파 성향의 야당들은 집권하고 있던 중도우파 정당들에게 여성정치를 발전시키고, 다수 여성의 삶을 개선시키는 것을 국정의 주요 방향으로 삼아야 한다고 지속적으로 압박했다. 이에 우파 민주정부들도 여성 유권자들의 지지를 얻기 위해 몇 가지 정책을 추진했다. 여성정책을 전담할 국가부서가 신설되었고, 여성할당제가 도입되었다. 아르헨티나와 멕시코를 비롯해 라틴아메리카 11개국이 여성할당제를 채택했다. 이렇게 해서 여성 정치가들이 공직에 대거 진출했다. 1990년 상원의 5%, 하원의 9%에 불과하던 여성의석은 2002년 각각 13%, 15%로 늘어났다. 미국과 유사한 수준으로 증가한 것이다.

'라틴아메리카 좌회전'도 여성들이 공직에 진출하는 데 기여한다. 1999년부터 2015년까지 라틴아메리카 주요 10개국에 좌파정부가 일제히 집권·재집권했는데 이 시기에 여성들의 정계 진출이 매우 활발해진다. 라틴아메리카에서는 민주화 초기인 8,90년대에는 대부분의 국가들에서 중도우파가 집권했다. 그런데 1999년 베네수엘라를 시작으로 라틴아메리카 대륙에 좌파정부들이 속속 탄생하면서 더 적극적으로 여성들이 공직을 맡게 된다. 좌파정당들은 야당 시절에는 여성할당제를 적극적으로 요구해 여성 의원들의 비중을 높이는 데 기여했으며, 여당이 되어서는 여성들을 내각의 장관으로 임명했다. 또 민주화운동 과정에서 명성을 쌓은 남성 지도자들이 대통령직을 역임하고 나서 리더십의 공백이 생기자 여성들을 대통령 후보로 출마시켰다.

칠레에서도 민주화운동의 선두에서 여성들이 열심히 싸웠다. 하지만 1990년에 민주정부가 들어서고 나서 여성들은 실망을 감추지 못한다. 민주화운동에 주도적으로 참여해온 여성 노동자 로사Rosa는 이렇게 토로한다. "민주정부가 들어서자 내 주변 남자들이 '이제 됐어. 이제 집으로 돌아가도 돼'라고 말했다. 저들은 독재시기 동안 우리가 한 일 모두를 잊어버렸단 말인가?"

칠레의 민주정부는 여성할당제를 도입하지도 못했다. 중도좌파 사회당과 중도우파 기독민주당이 주도하는 연립정부는 늘 대선에서 승리를 거두고 하원에서도 과반을 차지했다. 하지만 피노체트가 만들어 놓은 선거법 때문에 2005년 이전까지 상원에서는 한 번도 과반을 차지할 수 없었다. 그러다보니 칠레는 라틴아메리카의 다른 국가에 비해 여성 의원 비율이 낮았다. 대신에 칠레 민주정부는 여성들을 장관에 임명하는 방법으로 남성들의 공직 독점을 깼다.

2000년에 사회당 대통령 리카르도 라고스Ricardo Lagos는 전통적으로 남성들의 전유물로 여겨지던 국방부와 외교부를 여성에게 맡기는 파격 인사를 단행했다. 훗날 국방부와 외교부를 각각 맡은 여성장관들 모두 대통령 후보로 거론되었다.

민주화 이후 바첼레트는 두 가지 활동에 몰두한다. 우선 보건부 공무원이 되었다. 민주화 덕분에 그녀는 오랫동안 갈망해온 공공의료 분야에 종사하게 된 것이다. 보건부에서 전염병 관련 업무를 맡았다. 또한 1996년부터는 칠레군이 개설한 국가전략연구아카데미에 등록해서 군사학을 공부하기 시작했다. 처음에 칠레군은 민간인 여성의 등록 자체를 거부했지만, 바첼레트가 집요하게 요구한 끝에 승낙하게 된다. 1997년 바첼레트는 우수한 성적에 대한 포상으로 워싱턴의 미국 국방대학교에서 1년간 유학할 기회도 얻었다.

미첼 바첼레트가 군사학을 공부하기로 결심한 이유는 무엇일까? 칠레 군대는 자기 가족 전체를 고문했고, 아버지를 죽음으로, 어머니를 추방으로, 자신을 망명으로 내몰았다. 칠레를 17년간 생지옥으로 만든 것도 군대였다. 그런데도 그녀는 군대를 연구하기로 작정했다. 그것은 "군대가 칠레 민주주의의 공백"이라고 생각했기 때문이다. 군대와 군인을 이해하지 못하고서는 군대를 개혁할 수도, 민주주의를 튼튼하게 만들 수도 없다고 생각한 것이다.

최초의 여성 국방부장관

1998년 미국 유학을 마치고 온 미첼 바첼레트는 국방부에서 새롭게 일을 시작했다. 당시 칠레는 민주화에도 불구하고 여전히 라틴아메리카에서 가장 마초적인 국가였다. 이혼은 법으로 금지되어 있었고, 낙태는 어떤 경우에도 허용되지 않았다. 민주정부가 집권한 지 8년째였지만, 독재자 피노체트는 여전히 상원의원으로 군림하고 있었다. 게다가 칠레 군대는 여전히 군사독재시절 그대로였다. 인권침해로 악명 높았던 군 정보기관도 여전히 명맥을 유지하고 있었다. 군은 독재시기의 인권침해에 대한 사과도, 쿠데타에 대한 유감 표명도 하지 않았다. 민선 대통령은 군 최고사령관을 해임할 권한조차 없었다. 칠레 군대는 완전히 면책특권을 누리고 있었다.

군 장교들의 마인드도 케케묵었다. 바첼레트가 만난 보수적인 장교들은 임신한 여학생들에게 학교 수업을 듣게 하는 것은 다른 여학생들에게 성관계를 권장하는 것과 같다고 주장했다. 게다가 성차별적 음담패설을 주고받지 않고서 대화하는 법을 모르는 것처럼 보였다.

2000년 집권한 리카르도 라고스 대통령은 군사정권의 유산을 청산하는 개혁을 추진하기로 마음먹고 적임자를 물색하고 있었다. 그때 군사전문가 미첼 바첼레트를 발견했다. 라고스 대통령은 1970년 아옌데 대통령 이후에 40년 만에 처음으로 집권한 사회당 대통령이었다. 민주정부 10년의 개혁을 더욱 튼튼하게 만들려면 피노체트 시대의 유산을 청산해야 했다. 그는 정부와 군부의 관계를 완전히 새롭게 재정립해 이른바 '문민통제civil control'를 완성하고자 했다. 그가 보기에 칠레 군대가 완전히 거듭났다는 것을 알리는 최상의 방법은 국방부장관을 민간인 여성에게 맡기는 것이었다. 더군다나 헌법을 준수했다는 이유로 쿠데타군이 목숨까지 빼앗은 장성의 딸이 국방부를 다시 맡게 된다는 것은 소설가들조차 상상하기 어려운 반전 스토리였다.

2002년 초, 라고스 대통령은 2년간 보건부장관을 맡겨 행정가로서의 능력을 검증한 바첼레트를 신임 국방부장관으로 임명했다. 그렇게 바첼레트는 라틴아메리카 최초의 여성 국방부장관이 되었고, 라고스 대통령과 함께 칠레 군 개혁을 주도했다. 바첼레트가 국방부장관이었을 때 칠레군 총사령관은 과거 독재시기의 인권유린을 사과했고, 군사쿠데타가 재발되는 일은 없을 것이라고 선언했다. 인권침해의 책임자를 처벌하는 데 협조하겠다고 약속도 했다. 그뿐만이 아니었다. 민선대통령이 최고사령관을 해임할 권한을 되찾았다. 악명 높은 군정보기관도 해체되었다. 칠레군대는 민주군대로 거듭나기 시작했고, 바첼레트는 군 민주화의 상징이 되었다.

라고스정부와 바첼레트 장관은 군사정권의 유산인 마초문화에 대한 개혁 작업도 개시했다. 2004년 3월에 처음으로 이혼이 합법화되었다. 이혼법은 무려 9년간 국회에서 논쟁을 거듭했다. 가톨릭교회는 공개적으로 반대의사를 표명하고 텔레비전 광고까지 제작했다. 보수야당은 교회를 지지하며 강력한 반대운동을 전개했다. 하지만 이들 반대세력은 민주화 이후 칠레 국민들이 권위적이고 보수적인 문화에서 탈피했다는 것을 간과했다.

오히려 정치권이 더 보수적이었다. 심지어 민주연정 내부에서조차 보수적인 목소리가 여전히 강했다. 2004년 초에는 에두아르도 프레이 Eduardo Frei 전 대통령(1994~2000년 재임)이 "칠레 국민들은 매우 마초적이다. (…) 여성들이 남성들보다 더 마초적이다"라며 논란을 일으켰다. 여성들이 마초적인 남성 지도자를 선호할 것이라는 편견을 드러낸 것이다.

프레이는 전혀 눈치 채지 못했지만 이미 칠레 국민들은 여성인 바첼레트를 눈여겨보고 있었다. 2003년 중반, 수도 산티아고 북부에서 홍수가 발생했을 때의 일이다. 당시 정부는 긴급재난 사태를 선포하고 구조작전을 펼치기 위해 군대를 급파한다. 그때 바첼레트 장관은 직접 수륙양용 탱크에 올라 군용우의를 입고 군모를 쓴 채 구조 현장을 지휘했다. 군사정권의 피해자가 국방부의 수장이 되어 인권을 유린하던 군대를 지휘해 국민을 구조하는 모습은 칠레 국민들의 뇌리에 뚜렷이 남았다. 훗날 언론들은 이때부터 바첼레트의 대선캠페인이 시작되었다고 지적했다.

드디어 2005년 말 바첼레트는 대선에 출전했다. 대선 본선에서 그녀는 보수 후보로부터 예의 상투적인 공격을 받았다. 보수정당연합의 세바스티안 피녜라Sebastián Piñera(2010~2014년 재임) 후보는 바첼레트가 통치능력이 없고, 결단력이 부족하고, 감정에 치우쳐 판단을 그르친다고 공격했다. 남성 정치가들이 여성 정치가에 갖는 편견을 그대로 표출한 것이다. 그러나 그런 주장은 먹히지 않았다. 이미 국민들은 국방부장관으로서 군 개혁을 주도하고, 홍수피해 국민 구호작전을 지휘하던 바첼레트의 단호한 모습을 지켜보았다.

선거 과정에서 칠레 국민들은 바첼레트의 리더십을 응원했다. 그때까지만 해도 여성 정치가의 스타일은 두 가지였다. 하나는 '철의 여인'

으로 불리는 마거릿 대처처럼 매우 공격적인 유형으로 여성성을 억눌렀다. 다른 하나는 아르헨티나의 에바 페론처럼 모성적 이미지를 부각시키는 유형이다. 하지만 바첼레트는 이들과 달랐다. 그녀는 솔직하고 친근한 성격을 그대로 드러내며 국민들과 소통했다. 대선 슬로건은 "난 네 편이야 estoy contigo"였고, 칠레 국민들은 그 슬로건을 믿어보기로 했다.

바첼레트, 다시 자유의 가로수길을 열다

과연 20년, 10년 혹은 5년 전에 어느 누가 칠레에서 여성 대통령을 선출할 것이라고 상상이라도 해보았을까요? 모두가 어려울 거라고 생각했습니다. 그러나 해냈습니다. 어떻게요? 시민들이 원했기 때문입니다. 민주주의가 가능하게 만들었습니다.

2006년 1월 15일 밤, 대선 결선투표에서 승리를 거둔 바첼레트가 베르나르도 오이긴스 거리 Bernardo O'Higgins 의 연단에 올라 지지자들 앞에서 연설했다. 바첼레트는 마초국가 칠레에서 최초의 여성 국방부장관을 거쳐 이제 최초의 여성 대통령이 되었다. 그녀 스스로도 자신이 대통령이 된 것이 믿기지 않는 눈치였다. 그러면서도 그녀는 오랫동안 간직해왔을 소망을 국민들에게 전했다.

"저는 칠레 대통령으로서 약속합니다. 모두가 함께 넓혀온 자유의 가로수길을 여러분과 함께 걸어가겠습니다."

눈치 빠른 칠레 국민들은 바첼레트가 말한 '자유의 가로수길'이 상투적인 비유가 아님을 알아챘을 것이다. 그녀는 아옌데 대통령의 마지막 연설을 환기시킨 것이다. 33년 전 쿠데타가 일어나던 날 라디오 연설에서 아옌데는 "머잖아 가로수 우거진 대로들이 다시 열릴 것입니다. 그곳으로 자유로운 인간들이 지나가면서 더 나은 세상을 만들 것입니다"라고 말했다. 유언으로 남은 아옌데의 꿈은 이제 바첼레트가 실천해야 할 임무가 되었다.

대통령 바첼레트는 성평등과 복지, 경제와 정치 분야에서 여러 성취를 이루었다. 우선 라틴아메리카에서 처음으로 남녀동수 내각을 구성해 파격적인 성평등 정치를 선보였다. 또한 의료와 연금 등 사회복지 정책의 수혜 대상을 빈민계층으로 확대했고, 하도급 노동자의 권리를 보장했다. 미성년 소녀일지라도 부모 도움 없이 긴급사후피임약을 처방받을 수 있도록 했다.

그리고 국제 원자재 호황과 2008년 경제위기 등 널뛰기하는 경제를 지혜롭게 관리하는 데도 성공했다. 구리 부국인 칠레가 '자원의 저주'에서 벗어나도록 경제사회안정화기금을 설치한 덕분이었다. 이 기금 아이디어는 간단하다. 원자재 가격이 급상승할 때 재정 흑자분을 비축해두었다가 급락하면 빼내서 활용하는 것이다. 그 결과 경제위기 이후에 오히려 지지율이 상승했다.

바첼레트 재임기에 칠레 민주주의의 원칙이 확고해졌다는 것을 보여주는 일화가 있다. 2006년 12월 독재자 피노체트가 사망했을 때 그녀는 국장 거행과 공식 추모일 지정을 모두 거부한다. 피노체트가 헌법에 따라 선출된 대통령이 아니라는 이유에서였다. 다만 아옌데 대통령이 그를 군 최고사령관으로 임명했던 점은 인정해 군인장은 허용했다. 물론 대통령은 장례식에도 참석하지 않았고, 대신 국방부장관을 보냈다.

바첼레트는 80%에 가까운 지지율을 기록하며 2010년 퇴임했다. 칠레 법에 따라 연달아 대선에 출마할 수 없었지만, 임기를 한번 쉬고 나

지지자들과 만나는 미첼 바첼레트. 바첼레트는 마초국가 칠레에서 최초의 여성 대통령으로 당선된다. 그녀는 경제와 복지 등 칠레 국정운영에서 괄목할 성과를 내면서 국민들에게 많은 사랑을 받고 있다.

서 2013년 재선에 도전했다.

'자유로운 인간들'은 언제나 다시 거리로

2013년 6월 15일, 대통령 후보로 두번째 나선 바첼레트는 까밀라 바예호Camila Vallejo와 나란히 선거운동을 벌였다. 칠레 여성들이 존경하는 여성 정치가 두 명이 함께 손을 잡은 것이다. 까밀라 바예호는 2011년 칠레를 떠들썩하게 만들었던 교육개혁운동의 지도자였다. 바예호는 칠레 공산당PC 당원으로 칠레대학교 총학생회장을 맡아 무상교육운동을 주도하면서 국민들에게 이름을 알렸다. 그런 바예호를 『뉴욕타임즈매거진』은 '세상에서 가장 매력적인 혁명가'로 소개하기도 했다. 칠레의 젊은 여성들은 "가장 존경할 만한 칠레 여성" 1위로 바예호를 선정했다. 그 여론조사에서 2위가 바첼레트였으니, 바예호의 인기가 얼마나 높았는지 짐작할 수 있다.

그해 말 대선-총선 동시선거에서 바첼레트는 62%의 압도적인 지지를 받아 재선에 성공했다. 임신부의 몸으로 선거에 출마한 바예호도 압도적인 표차로 하원의원에 당선되었다. 바예호가 독재종식 국민투표가 실시되던 1988년에 태어난 민주화 이후 세대의 상징이라면, 바첼레트는 민주화 이전 세대를 대표한다. 바첼레트는 피노체트 체제에 맞서 싸운 세대에 속하지만, 바예호는 민주정부에서도 지속되어온 불평등에 항의하는 세대의 일원이다. 바예호의 당선은 칠레 좌파가 세대교체를 시작했고, 그 교체를 여성 정치가가 주도하고 있다는 것을 잘 보여주었다.

칠레 사회의 변화도 놀랍다. 불과 얼마 전까지만 해도 가장 마초적인 국가였던 칠레가 지금은 "라틴아메리카에서 가장 진보적인 국가"로 불린다. 2015년 세계가치관조사World Values Survey에 따르면 라틴아메리카에서 낙태·이혼·동성애에 가장 지지가 높은 곳이 칠레다. 가장 민감한 이슈인 동성결혼에 대해서도 칠레 국민의 50%가 찬성하고 있다.

물론 여전히 과제는 쌓여 있다. 칠레에서 이혼은 2004년에서야 합법화되었고, 2016년이 되어서야 치료 목적의 낙태를 허용해야 한다는 논의가 개시되었다. 동성결혼에 대해서는 의회에서 논의조차 한 적이 없다. 하지만 극우마초 군인이 기업가의 나라를 만들기 위해 가톨릭 보수주의 이데올로기를 국민들에게 강요하던 시대는 사라졌다. 그 낡은 시대의 상징인 피노체트와 정반대의 인물, 칠레가 한때 죄악으로 여기던 모든 것을 가진 정치가가 대통령이 될 수 있는 시대가 되었다. 그래서 바첼레트와 바예호의 맞잡은 손은 낡은 이념과 습속과 즐겁게 이별하는 상징이라 할 수 있었다. 한 가지 결혼과 한 가지 가족, 한 가지 사랑만을 강요하던 낡은 시대와 결별했다는 뚜렷한 증거로 남았다. 어제의 마초주의는 칠레에서 연이어 패배하고 있다.

어떻게 이 모든 일이 가능했을까? 어떻게 이혼녀 바첼레트가 대통령에 두 번이나 당선되고, 미혼모 바예호가 학생운동 지도자가 되고 국회의원에도 당선될 수 있었을까? 그것은 이들 모두가 국민 다수가 절박하게 느끼는 억압과 불평등에 맞선 투쟁에 앞장섰기 때문이다. 각자 자신의 시대에 가장 보편적이고 가장 시급하게 해결해야 할 문제에 뛰어들었다.

그 누구도 자신이 여성 정치가이니 지지해달라고 호소하지 않았다. 바첼레트는 억압의 본산인 칠레 군대를 개혁하는 일에 뛰어들었다. 군사독재정권의 제도적 기반을 완전히 개조하겠다는 일념으로 군사학을 공부했다. 바예호는 불평등을 고착화하는 교육제도를 개혁하는 데 앞장섰다. 대학생 신분으로 세계에서 가장 비싼 등록금(임금 대비 등록금 비율로 비교할 경우)에 맞서 무상교육운동을 주도했다. 칠레 국민 다수에게 고통을 주는 사안을 해결하는 일에 앞장섰고, 국민 다수의 지지를 획득했다.

당선 이후에는 진보적인 개혁을 주도적으로 펼치면서 국민의 지지를 더욱 굳건하게 만들었고, 이를 바탕으로 여성의 권리도 더욱 강화해나갔다. 이런 노력의 결과 오늘날 칠레 국민은 라틴아메리카에서 가장 진보적인 마인드를 가지게 되었고, 칠레는 가장 진보적인 나라로 바뀌었다. 이들 중에 그 누구도 여성의 권리를 전면에 내걸지 않았다. 하지만 그 누구보다도 여성의 권리를 신장시켰다.

이제 라틴아메리카에서 여성들이 의원직을 수행하고, 시장이 되고, 대통령 업무를 보는 것은 자연스러운 일이다. 물론 우파정당들이 집권하면 여성 정치가 다시 침체될지도 모른다. 오르락내리락 부침이 있을 것이다. 하지만 그 누구도 해방과 자유의 물줄기를 바꿀 수는 없다. 이를 거스르려 든다면 아옌데가 꿈꾼 '자유로운 인간들'이 다시 거리로 나설 것이다.

제2장

민주주의는
약하지 않다

무히카와 젊은 게릴라들이 민주주의자로 변신한 까닭

"참 오랫동안 부산을 떨고 나서야 깨달은 것이 있습니다.

실패한 투쟁이란 우리가 포기한 투쟁이란 것을요.

사랑하는 인민 여러분! 세상에 목적지라는 것은 없습니다.

계속 걸어가야 할 길이 있을 뿐이죠."

세계에서 가장 가난한 대통령 호세 무히카.

국민들이 '뻬뻬'라는 애칭으로 친근하게 즐겨 부르던 대통령.

45년 전 그는 두 명의 경찰에게 총을 쏘고

자신은 6발의 총알을 맞은 채 어느 술집 바닥에

쓰러져 있던 '도시게릴라'였다.

한때 라틴아메리카는 '게릴라의 대륙'이었다. 게릴라가 없는 나라가 없을 정도였다. 심지어 몸을 숨길 산이나 정글조차 없는 우루과이 같은 나라에도 게릴라 조직이 출현했다. 적지 않은 나라들에서 복수의 게릴라 집단들이 활동했다. 콜롬비아, 과테말라, 멕시코 등지에서는 게릴라 집단이 서너 개에 달했다.

원래 게릴라guerrilla는 스페인어로 '소규모 전투'란 뜻이다. 정규군에 속하지 않은 민간인들이 자발적으로 무장해서 펼치는 유격전을 가리키는 말이다. 이 용어는 19세기 초에 프랑스 나폴레옹 군대가 스페인 제국을 침략했을 때 스페인 사람들이 민병대를 만들어 싸운 것에서 유래한다.

이 말이 대서양 건너편 라틴아메리카에서 새로운 의미를 갖게 된 것은 쿠바혁명 때문이었다. 1959년 1월 1일 쿠바 수도 아바나에 입성한 이들은 쿠바 정규군에 맞서 유격전을 펼친 좌파 혁명가들이었다. 이들은 쿠바 섬 서쪽 시에라마에스트라 산맥에서 출발해 2년여의 전투 끝에 동쪽에 있는 수도에 도착했다. 이들의 무기는 변변치 않았지만 오직 독재정권에 분노하는 국민들의 지지에 힘입어 미국이 뒷배를 봐주던 독재정권을 무너뜨리는 데 성공했다.

수염이 덥수룩한 청년 혁명가들의 지도자는 둘이었다. 혁명의 정치지도자는 33세의 피델 카스트로였고, 군사지도자는 31세의 체 게바라였다. 아르헨티나 출신 의사 체 게바라는 쿠바혁명의 성공에 안주하지 않고 1966년 말에는 모국 아르헨티나의 북부에 위치한 볼리비아로 잠입한다. 그곳에서 또 다른 게릴라 혁명을 도모하던 그는 1967년 말에 미국에서 훈련받은 볼리비아 특공대원들에게 체포되어 처형되었다.

쿠바혁명의 성공과 체 게바라의 죽음 이후, 게릴라는 독재정권에 대항해 사회주의 혁명을 추구하는 좌파무장집단을 가리키는 말이 되었다. 이때부터 게릴라 하면 체 게바라를 떠올리게 된다.

게릴라가 없는 나라는 라틴아메리카가 아니다

라틴아메리카 곳곳에서 게릴라들이 우후죽순 등장하게 된 데는 극우파세력이 일제히 부상한 것과 관계가 깊다. 1960~1970년대 라틴아메리카에선 쿠데타 도미노 현상이 벌어졌다. 1962년 페루에서 군부가 선거에 개입한 것을 시작으로, 1964년 브라질과 볼리비아에서 군부가 민선 정부를 전복했다. 1966년에는 아르헨티나, 1972년에는 에콰도르, 1973년에는 칠레와 우루과이에서도 같은 일이 벌어졌다. 누군가 1978년에 라틴아메리카 정치 사정을 두루 살펴봤다면 베네수엘라, 콜롬비아, 코스타리카 등 극소수를 제외한 나머지 나라들에는 군사정권이 들어섰다는 것에 놀랄지도 모른다.

쿠데타 도미노 현상은 1959년 쿠바혁명에 대한 반작용이었다. 냉전 시기 미국과 소련은 세계를 둘로 분할했는데, 라틴아메리카는 미국의 관할 지역으로 간주되었다. 그러니 미국으로서는 그곳에 소련에 우호적인 국가가 등장하는 것을 도저히 받아들이기 어려웠을 것이다. 미국으로서는 혁명 쿠바를 봉쇄하고 붕괴시키는 한편, 섬나라의 혁명이 아메리카 대륙 본토의 국가들로 전염되는 것을 막아야 했다. 한편 라틴아메리카 각국의 지배층은 자국의 노동자와 농민의 조직력이 갈수록 세지고, 좌파정당들이 극심한 불평등을 배경으로 갈수록 정치력을 키워가는 데 위기의식을 느꼈다. 미국과 라틴아메리카 지배층은 공통의 적을 발견했고, 기꺼이 서로 힘을 합쳤다.

이 시기 미국의 라틴아메리카 정책을 요약하면 '늘 쿠데타를 준비하라'였다. 쿠데타 실행기관은 미 중앙정보국CIA이었다. 오죽했으면 미국에서 쿠데타가 일어나지 않은 이유는 미국 대사관이 없기 때문이라는 우스개가 회자되었을까. 라틴아메리카 각국 주재 미국 대사관은 미 중앙정보국과 주재국 극우파 사이에 음모의 네트워크가 만들어지는 장소였다.

우익 군부가 전복시키려던 정부의 성향은 다양했다. 공산주의정권인가 아닌가는 중요하지 않았다. 소련 체제에 비판적인 좌파정권이라도 개의치 않았다. 조금이라도 개혁적인 성향을 보이거나, 미국으로부터 독립적인 결정을 내리고자 했던 정부라면 가리지 않고 무너뜨렸다. 칠레의 살바도르 아옌데 좌파정부에서 브라질의 자니우 쿠아드루스Jânio Quadros(1961년 1월 31일~8월 25일 재임) 중도파정부까지 모두 쿠데타로 무너졌다. 반면 살아남은 몇몇 민주정부는 모두 친미정권들이었다.

쿠데타로 집권한 군사정권은 좌파에 대한 이른바 '더러운 전쟁'을 개시했다. 공산당과 사회당을 비롯한 좌파정당을 불법조직으로 만들었고, 노동조합과 농민회 그리고 학생조직 등 모든 대중조직을 해체하거나 지도부를 우파로 교체했다. 좌파지도자, 노동운동가와 농민운동가, 대학생 활동가들을 대상으로 고문·암살·납치와 같은 인권유린 행위를 광범위하게 벌였다.

좌파는 군사정권의 탄압을 피하고자 비밀리에 조직을 만들어 저항운동을 벌여나갔다. 당시 좌파 내부에서는 국가테러가 횡행하는 정세 아래서 효과적인 대응 전략이 무엇인지를 놓고 논쟁이 벌어졌다. 크게 두 견해가 대립했다. '테러를 일삼는 군사정권에 무장투쟁으로 맞서야 한다.' '아니다. 오히려 정권이 무장투쟁을 폭압정치를 펴는 빌미로 악용할 것이다.' 내부 논쟁은 치열했다. 자고 일어나면 동지들이 하나둘씩 사라지던 엄혹한 시절이었으니, 그 시절 논쟁은 자신과 동료들의 생사를 걸어야 하는 냉혹한 결단이었다.

두 가지 역사적 사건이 논쟁의 향배를 결정지었다. 하나는 1959년 쿠바혁명이었다. 미국의 코앞에서 무장투쟁 전략으로 혁명이 가능하다는 것을 입증한 사례였다. 고작 8명의 게릴라들이 8만 명의 쿠바정부군에 맞서 승리를 거두고 미국과 결탁한 독재정권을 무너뜨린 이야기는 이미 신화였다. 혁명의 군사지도자 체 게바라는 이미 대륙의 영웅이었다. 다른 하나는 1973년 아옌데 대통령의 자결이었다. 민주선거로 집권한 살바도르 아옌데 좌파정부가 미국과 군부와 지배층의 합작으로 붕괴되지 않았는가. 이제 사회주의로 가는 길은 무장투쟁 외엔 없는 것처럼 보였다. 이 때문에 라틴아메리카 좌파의 한 세대 전체가 무장투쟁에 가담하게 된다.

무장투쟁에 참가한 세대는 이전 세대와 달랐다. 앞 세대가 러시아 혁명에 영향을 받은 좀 더 '국제주의적' 좌파였다면, 이들은 쿠바혁명에서 영감을 받은 좀 더 '라틴아메리카적' 좌파였다. 앞 세대가 마르크스주의와 레닌주의 등 유럽 사상에 심취했다면, 이들은 라틴아메리카 현실에 부합한 좌파 사상을 추구했다. 이런 입장은 게릴라 조직의 이름에도 그대로 반영되었다.

게릴라들은 자국을 대표하는 반란지도자의 이름으로 봉기했다. 니카라과 게릴라는 미국 점령과 군사 독재에 대항한 혁명가 아우구스토

세사르 산디노Augusto César Sandino의 이름으로, 엘살바도르 게릴라는 독재에 맞서 농민 봉기를 주도한 혁명가 파라분도 마르티Farabundo Martí의 이름으로 봉기했다. 페루와 우루과이의 게릴라들은 스페인 정복자들에 저항한 잉카제국의 마지막 황제 투팍 아마루Túpac Amaru의 이름으로 무기를 들었다. 볼리비아 게릴라들은 스페인 식민당국에 맞서 봉기한 원주민 반란자 투팍 카타리Túpac Katari, 멕시코 게릴라들은 멕시코혁명의 주역이었던 사탕수수 농부 에밀리아노 사파타Emiliano Zapata의 이름을 내걸었다.

게릴라가 되겠다고 작심한 청년들은 차고도 넘쳤다. 이들은 기꺼이 또 한 명의 체 게바라가 되려고 했다. 노동자와 농민·대학생은 물론이고 교사와 의사, 심지어는 가톨릭교회의 신부까지 무기를 들었다. 우루과이에서 꽃을 재배하고 내다 팔던 29세의 농부 호세 무히카도 이 시기에 동료들과 게릴라 조직을 결성했다. 브라질 미나스제라이스연방대학교 경제학부 1학년생 17세의 지우마 호세프는 1967년 게릴라가 되었다. 엘살바도르의 농촌에서 교사로 일하던 28세의 산체스 세렌은 1972년에 게릴라 조직에 들어가 훗날 사령관이 되었다. 니카라과 수도 마나과에 있는 중앙아메리카대학교 법대생 18세의 다니엘 오르테가도 1963년 게릴라 조직에 들어갔다.

그 뒤 라틴아메리카 대륙 곳곳은 군사독재정권과 좌파 게릴라의 전쟁터로 바뀌었다. 과테말라·엘살바도르·니카라과 등 중앙아메리카의 농업국가에서 게릴라들은 농촌을 주무대 삼아 활약했다. 이 나라들은 커피 혹은 바나나 같은 한두 개의 특정 농산품이 국가경제를 좌우하기 때문에 '커피공화국'이나 '바나나공화국'으로 불린다. 당시 이들 나라의 농민들은 오직 한 가지 환금 작물을 대규모로 기르는 플랜테이션plantation 대농장에서 노예와 다를 바 없이 일했다. 게릴라들은 바로

콜롬비아의 게릴라 진압부대원들. 1960~1970년대 라틴아메리카는 '게릴라의 대륙'으로 불리며 게릴라활동이 전성기를 이루었다. 그들은 폭력적으로 집권한 군사정권에 맞서는 방법으로 무장투쟁을 택했고, 정부군과 게릴라 사이의 내전은 한때 라틴아메리카의 한 특징이 된다.

이 농민들과 손을 잡고 정부군과 극우무장집단에 맞서 싸웠다. 남아메리카의 안데스 산맥(고원지대)과 아마존 밀림(열대우림지대) 지역 곳곳에서도 게릴라들이 농촌을 무대로 활약했다. 브라질·우루과이·아르헨티나·콜롬비아 등에서는 도시 지역에서 암약하는 게릴라도 등장했다.

라틴아메리카 사람들은 1950년대에서 1970년대까지의 시기를 '피노체트'와 '게바라'가 맞붙은 시대로 기억한다. 칠레의 군사독재자로 가장 악명이 높았던 피노체트, 아르헨티나에서 의사가 되고, 쿠바에서 혁명가가 되고, 볼리비아에서 순교자가 된 게바라. 이 둘은 그 시대의 상징이었다.

도시의 게릴라

우루과이의 호세 무히카는 당시 게릴라들이 구체적으로 어떤 활동을 벌였는지 생생한 일화를 전해준다. 사실 우루과이는 라틴아메리카에서 게릴라가 가장 활동하기 어려운 나라였다. 우루과이는 국토의 90%가 준평원지대라서 게릴라들이 유사시 숨을 수 있는 산맥이나 정글 같은 곳이 존재하지 않는다. 그러므로 게릴라전의 교본을 읽은 사람이라면, 우루과이에서 게릴라를 만드는 것은 자살행위나 다름없다고 주장했을 것이다. 그런 곳에서도 게릴라 조직이 만들어졌다. 이들은 자신들을 엄폐할 수 있는 자연환경의 이점을 누릴 수 없었다. 그 대안으로 집안에 숨을 곳을 마련하거나, 땅굴을 파서 몸을 숨겼으며, 하수구를 활용해 모이거나 흩어졌다. 또한 도시가 활동 무대였기 때문에 군경의 눈을 피해 수시로 장소를 옮겨 다녀야 했다. 그렇게 수도 몬테비데오 전역을 무대로 암약하던 '도시게릴라'들이 탄생한 것이다.

호세 무히카는 도시게릴라 지도자 가운데 한 명이었다. 그는 1964년 사탕수수 노동자들과 좌파정당의 당원들을 모아 게릴라 조직을 창설했다. 잉카제국 마지막 황제인 투팍 아마루의 이름을 따서 조직명을 '투파마로민족해방운동MLN-Tupamaros'이라고 지었다.

이 조직은 1969년에 처음으로 대담한 거사를 계획했다. 거사일은 1969년 10월 8일로 정했다. 그날은 체 게바라가 미국과 볼리비아의 합동작전으로 체포되어 살해된 지 딱 2년이 되는 날이었다. 체 게바라도 추모하고, 조직의 자금도 마련하고, 정권에 정치적 타격도 가한다는 '일석삼조'의 작전이었다.

거사일 아침 수도 몬테비데오에서 외곽의 소도시 빤도Pando로 향하는 장례 행렬이 시작되었다. 빤도는 수도에서 동북쪽으로 23km 떨어진 곳에 있는 작은 도시로 당시 인구가 1만4000여 명에 불과했다. 장례 행렬은 꽃으로 장식한 관이 실린 트럭이 이끌고 있었다. 그 뒤를 망자의 이름을 부르며 가슴을 치고 눈물을 흘리는 일가친지들이 따랐다. 이 모든 것이 가짜였다. 관도 사람들도 모두 가짜였다. 게릴라들이 빤도를 점령하려고 짜낸 기발한 작전이었다.

소도시를 기습적으로 장악하는 작전은 성공했다. 그날 49명의 게릴라들이 30분 동안이나 이곳을 완전히 장악했다. 경찰을 제압했고, 전화국을 점령했다. 은행을 공격하여 자금도 확보했고, 선언문도 발표했다. 그날 호세 무히카가 이끄는 팀은 통신을 두절시키는 임무를 맡았다. 그런데 예기치 않은 일이 생겼다. 전화가 끊기자 사람들이 우루루 전화국으로 몰려와 항의하는 사태가 벌어졌다. 어쩔 수 없이 100여 명의 사람들을 전화국 안으로 밀어 넣어야 했다. 예상치 않은 일에 진땀을 빼기는 했지만 무히카는 초기에 계획한 대로 임무를 완수할 수 있었다.

무히카는 퇴각할 때도 가장 짧은 길 대신에 가장 긴 길을 택해 도시를 무사히 빠져나왔다. 가장 짧은 길에는 경찰들이 대기하고 있을 확률이 매우 높았기 때문이다. 무히카의 판단은 적중했다. 그와 동료들은 단 한 명의 경찰과도 마주치지 않고 소도시에서 벗어날 수 있었다.

무히카 팀은 그날 저녁에 몬테비데오에 도착해 라디오를 듣기 전까지는 모든 일이 잘 끝났으리라고 여겼다. 하지만 라디오를 통해 경찰이 나머지 동료들을 추적하고 있다는 것을 알게 되었다. 무히카 팀이 혹시 모를 만약의 사태를 방지하기 위해 우회했던 바로 그 가장 짧은 길로 도시를 빠져나오던 동료들이 경찰의 매복에 걸려든 것이다.

소도시 점령에는 성공했지만, 거사는 결과적으로는 실패로 끝이 났다. 총 4명의 게릴라가 사망했고 16명이 체포되었다. 게릴라는 단 한

명의 경찰에게도 발포하지 않았지만 경찰은 항복한 게릴라를 즉결처분했다. 게릴라 조직은 큰 타격을 입었다.

하지만 백주대낮에 게릴라들이 수도 근처에 대범하게 출몰해 은행 돈을 훔쳐 달아났다는 뉴스만으로 정부는 체면을 구겼다. 조직이 건재하다는 것을 과시하기 위해 게릴라 조직은 연이어 작전을 수행했다. 이번에는 우루과이 상류층을 주고객으로 하는 투자은행을 털었다. 이 은행은 부자 고객들에게 불법거래 서비스를 제공하고 있었다. 게릴라들은 투자은행에서 빼앗은 돈은 활동자금으로 썼고, 은행에서 입수한 불법거래 자료는 검사 집 앞에 가져다주었다. 검찰은 게릴라들이 제공한 자료를 기초로 수사를 벌여 부패 공직자들을 기소하기도 했다.

게릴라들은 이 같은 전술을 "무기로 벌이는 선동propaganda armada"이라고 불렀다. 즉 무기를 들고 지배계급의 부정과 부패를 폭로하여 국민의 분노를 불러일으킨다는 것이다. 일부 언론은 이들을 "로빈후드 게릴라"라고 부르기도 했다. 셔우드 숲에 숨어 살면서 부자를 벌주고 빈자를 돕던 잉글랜드의 의적 로빈후드처럼 우루과이 도시게릴라들도 부자를 괴롭혔기 때문이다.

패배를 경험한 게릴라

라틴아메리카 전역에서 게릴라들이 출현하기는 했지만 의미 있는 성과를 남긴 곳은 두 나라뿐이었다. 한 나라는 '바나나 공화국'이라 불리던 니카라과였다. 이 나라는 1937년에서 1979년까지 무려 42년간 아버지에 이어 장남, 차남으로 권력을 세습해온 소모사 가문의 전유물이었다. 이 가문은 미국의 든든한 지원, 지주들과의 동맹을 바탕으로 막대한 재산을 축적하며 '족벌독재체제'를 수립했다.

산디니스타민족해방전선FSLN은 소모사 독재에 신물이 난 농민의 전폭적인 지지를 바탕으로 정부군과의 전쟁에서 승리를 거두고 수도 마나과에 1979년 7월 19일 입성했다. 이로써 게릴라 혁명으로 독재정권을 타도하고 좌파정부를 세우는 두번째 사례가 만들어졌다. 니카라과 혁명정부는 토지분배와 빈민구제와 문맹퇴치 등 개혁정책을 적극 추진했다. 하지만 혁명 니카라과는 혁명 쿠바와는 다른 길을 택했다. 쿠바의 일당체제와 달리 1984년 민주선거를 실시했다. 니카라과 국민들은 게릴라 지도자 다니엘 오르테가를 직접 대통령으로 선출했다.

의미 있는 성과를 낸 또 한 나라는 엘살바도르였다. 이 나라에서는 게릴라들이 혁명에 성공을 거두지는 못했지만 정부와 평화협정을 체결하는 데 성공했다. 1959년 쿠바혁명에 이어 1979년 니카라과혁명까지 일어나자 이에 자신감을 얻은 엘살바도르 게릴라들은 1980년에 여러 조직을 통합해 파라분도마르티민족해방전선FMLN을 창설하고 정부군과 극우군사조직에 맞서 군사 공격을 개시했다. 필사적인 것은 미국과 엘살바도르 정부도 마찬가지였다. 섬나라 쿠바에서 시작된 혁명이 아메리카 대륙 본토인 니카라과에 상륙했기 때문에 미국과 엘살바도르 극우세력의 공포는 극에 달했다. 니카라과혁명이 인접한 바나나(와 커피)공화국들 전체로 번지리라는 불안감이 급격히 퍼졌다. 그래서 미국은 경제원조와 군사지원으로 엘살바도르 정부를 전폭적으로 도왔다. 민주당의 카터정부도, 공화당의 레이건정부도 미국의 이익을 위해 기꺼이 제3국의 전쟁에 개입했다.

양측 모두 매우 중요한 상황이라고 판단했기 때문에 전쟁은 무려 12년간 치열하게 이어졌다. 나라 전체가 전쟁터로 변했고, 인명피해 규모는 눈덩이처럼 커져만 갔다. 결국 아무도 상대를 완전히 제압할 수 없다는 것을 깨닫고 나서야 국제연합UN의 감독 아래 진행되는 평화협상을 받아들였다. 그리고 1992년 양측은 평화협정에 서명했고, 그 협정에 따라 게릴라 조직은 무장을 해제하고, 정당으로 변신했다. 어제의 게릴라 전사들은 휴전과 함께 제1야당의 정치가들로 바뀌었다.

이 두 곳을 제외한 나머지 국가들에서 게릴라 운동은 모두 패배를 겪었다. 혁명이라는 최종목표를 기준으로 보자면 니카라과를 제외하고는 단 한 곳도 성공을 거두지는 못했다. 그 어떤 나라에서도 군사정권을 전복시키고 사회주의정권을 수립하겠다는 야심찬 목표를 달성하지 못했다. 게릴라 조직이 민주화를 주도한 곳도 드물었다. 평화협상으로 민주화를 이룬 엘살바도르를 제외하고 대부분의 나라에서 게릴라들은 조직을 건사하기도 힘들었다.

여기에는 몇 가지 이유가 있다. 독재정권은 매우 잔인하고 효율적으로 게릴라를 탄압했다. 자국 게릴라와 반정부 인사를 탄압했을 뿐만 아니라 이웃나라의 군사정권들과 협력하여 망명 인사를 암살하기도 했다. 또한 게릴라가 있는 곳이라면 어디든지 CIA이 개입했다. 가령 칠레 아엔데정부에서 국방부장관을 역임한 카를로스 프라츠Carlos Prats가 망명지 아르헨티나에서 암살당한 사건도 이 같은 삼각 공조가 가동된 것으로 알려졌다. 칠레와 아르헨티나 군사정권, CIA가 서로 협조하여 벌인 것이다.•

독재정권은 극우파 준군사조직을 게릴라 토벌에 활용하기도 했다. 극우 준군사조직들은 대체로 전직 군인과 경찰이 주도하여 기업가와

• 　　카를로스 프라츠 암살은 이른바 '콘도르 작전'의 대표적인 사례였다. 콘도르 작전은 미국의 후원 아래 칠레·아르헨티나·브라질·파라과이·우루과이·볼리비아 등 주로 남미 원뿔southern cone지역 국가에서 벌어진 반정부 인사 암살 작전을 일컫는다. 남미의 독재자들은 잉카인들이 '신의 메신저'로 여기며 신성하게 여기는 안데스 고산지대의 새, 콘도르condor를 5만여 명을 살해한 국가테러 시대의 상징으로 내세웠다.

지주들, 정부와 미국의 후원을 받아 결성되었다. 콜롬비아의 콜롬비아연합자위대AUC, 과테말라의 마노블랑카Mano Blanca(흰 손), 엘살바도르의 암살단Escuadrones de la muerte이 대표적인 극우 무장조직이었다. 이런 조직들은 정규군이 감히 벌일 수 없는 불법적인 일들을 도맡아서 수행했다.* 이들은 납치·고문·암살 등의 잔학한 범죄를 공공연히 저질렀다. 특히 게릴라를 지지하는 농민들을 집단학살하고, 마을을 태우는 범죄로 악명을 떨쳤다.**

물론 게릴라들이 대중의 지지를 받지 못하는 경우도 많았다. 때로는 정부가 선제적으로 게릴라의 잠재적 지지층을 흡수하는 데 성공했다. 이를테면 베네수엘라 정부는 토지개혁을 부분적으로 시행하여 농민들의 환심을 산 것은 물론이고, 노동조합과 농민조직을 당 체계 내부로 흡수하여 권력을 나눠주고, 정부를 지지하는 노동자와 농민에게는

---

* 게릴라혁명이 성공한 니카라과에서도 1979년에 들어선 혁명정부에 반대하는 여러 극우무장집단들이 등장했다. 한때 2만2000명에 달했던 무장집단 전체를 통칭하여 "콘트라Contras(스페인어로 '반대'한다는 뜻이다)"라고 부른다. 미국이 이들 집단에 직접 재정과 무기를 지원한 일은 훗날 '이란-콘트라 스캔들' 때문에 세상에 알려졌다. 이것은 미국의 레이건정부가 이라크와 전쟁중이던 이란에 불법적으로 무기를 팔아 얻은 수익금(약 4700만달러)으로 우익무장집단을 비밀리에 지원한 사건을 말한다.

** 군사정권과 게릴라 간의 전쟁 기간에 벌어진 민간인 학살은 대부분 바로 정부군과 극우 준準군사조직의 소행이었다. 일례로 엘살바도르 정부군은 미국 군사고문들의 조언을 바탕으로 "바닷물 빼기" 전략을 고안해냈다. "바닷물 속에서 헤엄치는 물고기처럼 게릴라는 사람들 사이에서 움직여야 한다"는 마오쩌둥의 원칙을 역이용한 것이다. 즉 물고기를 노출시키려면 바닷물을 빼버리면 된다는 발상이었다. 이는 곧 농촌 게릴라들이 바닷물처럼 활용하는 밀림과 산악 지대의 농민들을 모두 이동시키거나 살해한다는 것을 의미했다. 전쟁 기간 사망자 수만 7만5000명에 달했다. 엘살바도르 진실위원회 조사에 따르면 전쟁기간(1980~1991년)에 벌어진 인권침해(살해, 납치, 고문)행위에서 게릴라들은 5% 정도를 저지른 반면, 정부군과 경찰은 85%에 달하고, 10%는 우익 준군사조직의 소행이었다. 국제연합의 2008년 보고서에서도 콜롬비아 분쟁에서 전체 민간인 살해의 12%는 콜롬비아혁명군, 나머지 88%는 정부군과 준군사조직이 벌인 것으로 추정했다.

경제적 이권을 배분하는 방식으로 게릴라의 지지기반을 없애버렸다.

게릴라들 스스로 대중의 외면을 받을 만한 행위를 벌여 지지를 상실하기도 했다. 콜롬비아혁명군FARC은 자금을 확보하기 위해 민간인 납치, 코카인 밀매도 서슴지 않았다. 이농과 피난으로 청년들이 사라진 농촌에서 소년들을 징집해서 게릴라 대원으로 만들기도 했다. 2003년 국제인권기구 휴먼라이츠워치는 전체 게릴라 대원 중 미성년자의 비중이 25%가량이라고 추정하기도 했다.

게릴라 전략 자체의 고유한 문제도 있었다. 전투과정에서 무고한 민간인이 피해를 입는 일이 빈번했다. 게릴라는 정부군과의 전투에서 군사적인 승리도 거두어야 하지만 노동자와 농민의 지지를 얻어 정치적 승리도 거둬야 한다. 바로 이 두 가지 목표 사이에서 자주 딜레마가 발생한다. 정부군에 협조한 농민들과 마주친 엘살바도르 게릴라, 은신처로 파놓은 땅굴을 우연히 발견한 농부와 마주한 우루과이 게릴라도 그런 딜레마에 빠지곤 했다.

게릴라 조직 내부에도 문제가 많았다. 비밀군사조직의 특성상 개인의 자유보다는 집단적 규율을 강조할 수밖에 없었다. 생사를 가르는 전쟁이 벌어지는 와중에서 게릴라 조직의 의사결정은 극소수로 구성된 지도부가 폐쇄적으로 내려야 했다. 그러다보니 조직 내부에서 이견을 다루는 방식이 매우 폭력적이었다. 일례로 엘살바도르 게릴라 조직에서 어느 사령관이 견해가 다르다는 이유로 동료들을 암살하라고 명령을 내린 일이 있었다. 곧 이 사실이 알려지자 명령을 내린 사령관은 스스로 목숨을 끊었다.

37세부터 50세까지 무려 13년간 수감생활을 한 바 있는 호세 무히카도 게릴라 시절을 회상하며 "내가 할 수 있는 모든 죄를 지었다"고 고백했다. 무히카는 게릴라 집단 내부에서 흔히 발생하는 배신에 대해서는 이렇게 진단했다. "동지들 일부가 변절한 이유는 간단하다. 거울로 자기 내면을 들여다봤다. 거울 속에 비친 자신을 바라보며 이렇게 말했다. '내 얼굴이 너무 초췌해졌구나. 더 이상 견딜 수가 없네.' 솔직함이란 것이 때로는 아주 무서운 법이다." 게릴라로 살기 위해서는 자신의 솔직한 내면조차 들여다봐서는 안 되던 냉혹한 시절이었다.

혁명 대신 민주주의로

1970년 몬테비데오에서 6발의 총알을 맞고 어느 술집 바닥에 쓰러져 있던 호세 무히카는 그로부터 40년의 세월이 흐른 뒤에 대통령에 취임하리라고 예상이나 했을까? 1980년 엘살바도르의 열대정글에서 군사정권에 맞서 전쟁을 선포하던 산체스 세렌 사령관이 그로부터 34년 뒤에 대통령에 당선될 것이라고 누가 상상이라도 해보았을까? 1970년 리우 데 자네이루에서 체포되어 45일간 갖은 고문을 당하던 23세의 지우마 호세프는 40년 뒤에 브라질 대통령에 당선될 것을 상상이라도 해보았을까?

정작 당사자들조차 미처 생각해보지 않았을 일들이 현실이 된 것은 무엇 때문일까? 여러 이유가 있겠지만 무엇보다 극좌게릴라들의 철저한 변신을 꼽을 수 있다.

각국 게릴라들은 수많은 동료들을 잃고, 고문과 수감의 어두운 시기를 거치면서 새로운 방향을 모색했다. 혁명에 성공한 니카라과, 평화협정을 체결한 엘살바도르에서 게릴라 조직들은 모두 정당으로 전환했다. 나머지 국가들에서도 게릴라들은 민주화운동에 적극 참가했다. 이들은 갓 만들어진 신생 좌파정당에 집단적으로 입당하거나 개별적으로 합류했다. 우루과이의 호세 무히카는 게릴라 동료들을 모아 민중참여운동MPP을 창당하고, 좌파정당들의 연합인 광역전선FA에 가입했다. 브라질의 지우마 호세프는 개별적으로 신생 좌파정당인 민주노동당PDT에 가입했다. 어제의 게릴라들이 정당 지도자들로 변신한 것이다.

극좌 게릴라들이 민주주의자로 변신한 것은 무장투쟁으로 사회주의 혁명을 이루겠다는 전략이 참담한 실패로 끝이 났기 때문이다. 그래서 사회운동으로 군사독재정권을 퇴진시키고 자유민주주의체제를 수립하는 것이 더욱 현실적으로 보였다. 하지만 이 같은 이유만으로 이들이 민주주의자로 거듭난 것은 아니었다.

게릴라 혁명가들이 민주주의자로 변신한 데는 두 가지 이유가 결정적으로 작용했다. 우선 인권을 유린하고, 정치적 반대파를 암살하는 독재체제를 겪으면서 자유민주주의의 가치를 깨달았다. 우루과이 도시게릴라 호세 무히카는 군사독재정권과 견준다면 "자유민주주의는 목숨을 걸고 지킬 만한 것"이라고 강조했다. 그는 정견과 사상이 다르다는 이유로 암살당하는 억압체제를 여러 사상이 공존하는 자유민주주의체제로 바꾸는 것은 그 자체로 소중한 일이라고 주장했다. "민주주의의 강력한 장점은 사람들이 서로 동의하지 않더라도 평화롭게 공존할 수 있게 한다는 것이다. 이것이 한 사회를 살 만한 것으로 만들어준다"는 것이다.

과거의 게릴라 대원들은 이제 혁명 대신에 민주주의를 이루겠다는 목표를 내세웠다. 이들은 노동자·농민·도시빈민 등 하층계급 속으로 뛰어들어 사회운동에 활력을 불어넣거나, 이를 기반으로 신생 좌파정당이 정치적인 힘을 갖도록 애를 썼다. 그것이 민주주의를 튼튼하게 만들어 다시는 붕괴되지 않게 해줄 것이라고 믿었다. 어제의 극좌 게릴라들이 민주적 좌파로 바뀐 것이다.

게릴라의 변신에는 현실 공산주의체제에 대한 깊은 실망감도 크게 작용했다. 훗날 브라질 노동자당PT의 대표를 맡게 되는 주제 제누이누José Genoino는 1970년대에는 브라질 내륙에서 게릴라 전사가 되어 독재정권에 맞섰다. 그는 1989년의 천안문사태에 큰 충격을 받았다. 중국 인민군의 탱크가 인터내셔널가를 부르는 학생들과 인민들을 깔아 뭉개고 지나갔기 때문이었다. 제누이누는 게릴라로 싸우다 죽어간 동지를 회상하며 이렇게 말했다.

내 동지들은 모두 중국을 브라질의 이상사회로 여겼고, 목숨이 끊어질 때까지 그 신념을 지켰다. 나는 인간에 의한 인간의 착취가 종말을 맞으리라는 믿음을 전파하던 세대의 일원이었다. 공산주의 사회가 도래하리라 생각했고, 완벽한 사회가 가능하다고 믿었다.

결국 그는 공산주의를 버리고 민주주의를 받아들였다. 독재정권 치하에서 게릴라 전사로 싸우던 지우마 호세프도 민주화가 이뤄지면서 민주주의자로 변신했다. 그녀는 "브라질이 민주화되었다. 브라질이 변하면서 나도 변했다. 하지만 편을 바꾸지는 않았다"고 말했다. 호세 무히카는 게릴라 시절이나 지금이나 "여전히 사회주의자"이지만 그동안의 사회주의 경험에서는 "해서는 안 되는 일들"을 배웠다고 고백했다.

그렇다고 이들이 자유민주주의에 만족하는 것은 전혀 아니다. 무히카, 제누이누, 호세프 모두 자유민주주의가 저절로 평등과 자유를 가져다주지 않는다는 것을 잘 알고 있다. 아주 오랫동안 평등과 자유를 꾸준히 확대해가면서 민주주의를 튼튼하게 만들어가야 한다고 믿는다. 무히카는 "사실 진정한 민주주의는 이 세상에 존재하지 않는다. 언제 어떻게 이뤄질지 잘 모르겠지만, 성취해야 할 목표로 남아 있다"고 생각한다.

이렇게 청년기에 후텁지근한 열대정글 어디에선가, 후미진 도시의 뒷골목 어디에선가 암약하던 게릴라들이 정치가로 변신하는 데 성공했다. 누군가는 좌파정당의 지도자가 되었고, 누군가는 의원으로 선출되었다. 또 누군가는 시장과 주지사로 당선되어 행정 경험을 쌓았다. 그리고 그중 몇몇은 대통령직에 올랐다. 우루과이의 호세 무히카, 브라질의 지우마 호세프, 엘살바도르의 산체스 세렌, 니카라과의 다니엘 오르테가 등은 극좌 게릴라 출신들로서 민주공화국의 대통령이 되는 데 성공했다.

호세 무히카(2010~2015년 재임)는 재임기간에 숱한 화제로 유명세를 치렀다.• 재임시절 무히카는 대통령 관저에 머무르는 대신에 몬테비데오 외곽의 농가에서 낡은 1987년산 폭스바겐 비틀Beatle을 타고 출퇴근했다. 또한 대통령 월급의 90% 이상을 미혼모 지원단체를 비롯한 사회단체에 기부했다. 이런 무히카 대통령을 가리켜 언론은 '세상에서 가장 가난한 대통령'이라 불렀다. 이에 무히카는 "가난한 생활을 추구하는 것이 아니라 검소한 생활을 추구하는 것"이라고 대답했다. 자신이 "가난의 옹호자"가 아니라 "낭비와 불필요한 지출과 에너지 고갈과 무엇이든 탕진하며 살아가는 삶"을 견디지 못할 뿐이라고 반박하기도 했다.

• 　　　호세 무히카는 1994년 하원의원과 1999년 상원의원을 역임했다. 2005년에 우루과이 최초의 좌파정부인 타바레 바스케스Tabaré Vázquez(2005~2010년, 2015~현재 재임중) 정부가 들어서면서는 농축수산부장관을 맡았다. 농업국가인 우루과이에서 가장 중요한 장관직을 수행하면서 행정 경험도 쌓았고, 2010년 대통령에 취임하여 2015년까지 대통령직을 수행했다. 퇴임한 이후에도 상원의원으로서 꾸준히 정치활동을 이어가고 있다.

호세 무히카는 오랜 게릴라 생활을 접고 제도권 정치인이 되었지만, 세상을 바꾸려는 그의 열정과 의지는 변하지 않았다. 그는 대통령 재임시 작은 농가에서 낡은 승용차를 타면서 검소한 생활을 추구하는 한편, 급진적인 개혁정책으로 우루과이의 사회를 크게 변모시켰다.

한편 무히카는 재임기에 추진한 여러 정책으로 "세상에서 가장 급진적인 대통령"으로 불리기도 한다. 그는 마리화나의 생산과 유통을 통제하기 위해 소비를 합법화시켰다. 세계 최초로 정부가 통제하는 마리화나 시장을 전국 단위에서 만드는 실험이었다. 그렇게 암시장에서 활개 치는 마약카르텔의 힘을 줄이고 마리화나를 원하는 시민의 자유를 보장하고자 했다. 동성결혼도 합법화시켰다. 이로써 우루과이는 아르헨티나에 이어서 라틴아메리카에서 두번째로 동성결혼을 허용하는 국가가 되었다. 그뿐만이 아니다. 가톨릭 신자가 과반에 이르는 나라지만, 낙태도 법적 보호를 받도록 만들었다. 임신 12주 이내에 시술 전 상담과정을 거친다면 인공유산이 가능하게 했다.

이처럼 시민의 자유를 신장시키는 정책들과 동시에 청년·여성·흑인, 장애인 등 일자리에서 소외된 집단을 노동시장에 통합하는 정책을 추진했다. 가령 공공기관과 민간기업이 인턴을 선발할 때 모두 15세에서 24세 사이의 청년층에서 뽑게 하되 여성 50%, 아프리카계 8%, 장애인 4%, 성전환자 2%를 의무적으로 고용하도록 만들었다.

외교정책에서도 무히카 대통령의 용기가 빛을 발했다. 미국이 관타나모 군사기지에 아무런 법적 근거도 없이 수감하고 있던 아랍 포로들을 우루과이로 받아들였고, 내전으로 고통 받는 시리아 난민들도 수용했다.

무엇보다 놀라운 것은 무히카가 논란이 많은 정책을 연달아 추진하면서도 국민 다수의 지지를 받아내고 정치세력들 간 합의를 이끌어내는 데 탁월한 수완을 보여주었다는 사실이다. 이런 호세 무히카의 정치는 외국인들에게 강렬한 인상을 남겼다. 2013년에는 네덜란드의 마약평화연구소가, 2014년에는 독일 브레멘대학교 형사법 교수들이 그를 노벨평화상 후보로 추천했다. 독일 교수들은 게릴라 무히카가 평화와 민주주의, 인권과 법치주의에 입각해 정치를 펼치는 진정한 민주주의자로 변모했다는 것이 추천 이유라고 밝혔다.

세계에서 가장 가난한, 가장 사랑받은 대통령

호세 무히카는 국민들의 박수 속에서 퇴임을 맞았다. 52%의 득표율로 당선된 그는 퇴임 즈음에 64%의 지지율을 기록했다. 최근에 라틴아메리카에서 80%에 가까운 압도적 지지율을 기록한 대통령들이 많아서 이 수치가 대수롭지 않게 보일는지 모른다. 하지만 그가 재임기 내내 추진한 일들이 논란의 여지가 많은 의제들이었다는 것을 감안한다면, 12%의 지지율 상승은 예사로운 일이 아니다.

2015년 2월 27일, 무히카 대통령의 퇴임식이 열렸다. 퇴임식 장소는 우루과이 수도 몬테비데오 중심부에 자리한 독립광장이다. 무히카가 대통령 봉급의 90%를 미혼모에게 기부해서일까. 엄마와 아이들이 유독 눈에 띈다. 한 흑인 여성이 두 아이를 데리고 와서 무히카 대통령의 초상을 손에 쥐고 흔들기도 한다. 우루과이 인구의 대부분은 백인이기 때문에 그녀의 참가는 돋보인다. 노인들도 많이 보였다. 여든 살 생일을 앞둔 대통령의 팬들인 것일까. 노동자들은 대통령의 얼굴이 새겨진 티셔츠를 입었고, 학생들은 깃발을 들고 서 있다. 이윽고 무히카가 고별 연설을 한다.

참 오랫동안 부산을 떨고 나서야 깨달은 것이 있습니다. 실패한 투쟁이란 것은 우리가 포기한 투쟁이란 것을요. 사랑하는 인민 여러분! 세상에 목적지라는 것은 없습니다. 계속 걸어가야 할 길이 있을 뿐이죠.
사랑하는 인민 여러분! 여러분의 포옹, 비판, 애정에 감사합니다. 무엇보다도 대통령 집무실에서 고독을 느낄 때마다 여러분이 보내준 뜨거운 동료애에 감사드립니다. 만약 제 인생이 두 개라면, 여러분의 투쟁을 돕는 데 모두 바칠 것입니다.
저는 떠나는 것이 아닙니다. 여러분 곁으로 가는 겁니다. 내 숨이 붙어 있는 한, 여러분이 어디에 있든지 그곳을 찾아가겠습니다. 여러분을 위해, 여러분과 함께 하겠습니다.

차분하게 경청하던 시민들이 박수를 보내주었다. 시민들은 "고마워요, 뻬뻬Pepe"라고 적힌 현수막을 들었다. 우루과이 국민들은 무히카 대통령을 친근하게 '뻬뻬(할아버지)'라는 애칭으로 부르는 걸 좋아한다. 그곳을 우연히 지나던 외국 관광객에게는 그 광경이 대통령 퇴임으로 보이지 않았을지도 모른다. 넥타이도 매지 않고 수수한 옷차림으로 시민들 앞에 선 할아버지 대통령, 산책이라도 나온 듯이 편안한 복장으로 참석한 국민들. 그날 광장에서 복장을 제대로 갖춰 입고 긴장한 채 참석한 이들은 퇴임하는 대통령에 경의를 표하며 행진하는 군인들뿐이었다. 군인들만 없었다면 그저 흔한 집회 광경이라고 착각할 정도로 격식이 없었다.

45년 전 무히카는 두 명의 경찰에게 총을 쏘고 자신은 6발의 총알을 맞은 채로 몬테비데오의 어느 술집 바닥에 쓰러져 있었다. 그는 '도시 게릴라'로 암약하다 경찰의 체포망에 걸려들었다. 네 번의 체포와 두 번의 탈옥 그리고 13년의 수감생활. 그러던 무히카는 퇴임식장에서 국가를 합창하고, 재임 5년간 펄럭이던 국기를 수여받았다.

청년 무히카는 우루과이라는 국가를 무력으로 무너뜨리기 위해 애를 썼던 혁명가였다. 이제 그는 더 이상 혁명가가 아니라 민주주의자다. 청년 무히카는 다른 게릴라들과 마찬가지로 사회주의를 일종의 종착역으로 간주했을 것이다. 그 역사의 목적지로 가기 위해 민주선거라는 기차를 탈 것인지 혁명이라는 기차를 탈 것인지는 물론 논쟁거리였다. 그래서 청년 게릴라들은 아옌데의 길을 갈 것인지, 게바라의 길을 갈 것인지 고민하다가 아옌데의 길이 봉쇄되자 대다수가 체 게바라의 길로 내몰렸다. 이제 무히카는 역사의 종착지 같은 것은 없다고 생각한다. 그래서 "세상에 목적지라는 것은 없습니다. 계속 걸어가야할 길이 있을 뿐이죠"라고 말하는 것이다.

무히카는 우익독재정권이 좌파를 산맥과 정글로 쫓아낸 시기를 통과했다. 독재정권과 게릴라가 서로 상대를 말살해야 한다고 믿었던 시대를 살았다. 그랬기에 서로 다른 생각이 평화롭게 공존하게 만드는 제도로서 '자유민주주의'를 받아들이게 되었다. 하지만 거기서 멈춰서는 안 된다고 생각한다. 지속적으로 평등과 자유를 확대해야만 민주주의가 튼튼해진다고 믿는다. 그래서 14세에 처음 정치활동을 시작하며 투사가 된 무히카는 대통령직에서 물러나는 80세에도 국민들의 투쟁을 도우러 가겠다고 다짐한다. 다음 세대 정치가들을 양성하고, 특히 농부들을 기르는 일에 매진하겠다고 말한다. 여전히 "계속 걸어가야 할 길"이 그 앞으로 길게 뻗어 있다.

호세 무히카뿐만이 아니라 엘살바도르의 산체스 세렌도, 브라질의 지우마 호세프도 모두 극좌게릴라에서 정치가로 변신했다. 혁명가에서 민주주의자로 거듭났다. 반민주적인 게릴라 전위에서 민주적인 좌파 지도자로 전향했다. 그렇다고 자유민주주의의 약점을 모르지 않는다. 자유민주주의의 가장 큰 약점은 민주주의에 반하는 세력들이 민주제도 내에 존재할 수 있고, 때론 집권에도 성공할 수 있다는 점이다.

정치적 평등을 구현한 민주주의가 사회적·경제적 불평등을 해결하지 못할 때 반민주세력이 창궐하여 민주주의를 껍데기로 만들어버린다. 그래서 무히카는 사회적·경제적 불평등을 해소하는 데 앞장서왔다. 논란의 여지가 큰 의제들을 용기 있게 제기하고, 민주적 절차를 지키며 사회적 합의를 이뤄냈다. 무히카가 사회를 변화시킨 수단은 혁명이 아니었다. 위로부터의 강제적인 방법이 아니었다. 그것은 민주주의였다. 서로 다른 견해를 존중하고, 토론과 합의를 통해 사회를 바꾼 것이다. 무히카에게 민주주의는 결코 혁명보다 약하지 않다.

제3장

포퓰리즘은
나쁜가

베네수엘라

쿠데타 주동자가 빈민의 챔피언이 되다

그는 빈민의 벗이자, 빈국의 벗이었다.
그를 조문하기 위해 길게 늘어선 시민들의
피부색과 행색만 보아도 금세 알 수 있었다.
카리브해와 라틴아메리카의 작고 가난한 나라의 정상들이
대거 참석한 것도 이 때문이었다.
그는 "조금 특이하지만 의리 있는 친구"였다.

라틴아메리카의 현대 정치가들 중에서 가장 문제적인 인물은 누구일까? 모두가 만장일치로 우고 차베스Hugo Chávez 전 베네수엘라 대통령(1999~2013년 재임)을 지목할 것이다. 차베스가 정치가로서 활약한 기간은 햇수로 15년이다. 정치가로서 처음 얻은 공직이 대통령이었고, 사망하는 순간에도 대통령이었다.* 짧다면 짧고, 길다면 긴 이 기간 동안 차베스는 베네수엘라뿐만 아니라 온 세상 사람들에게 늘 뉴스메이커였다. 그는 살아 있을 때도 논쟁의 중심이었고, 죽어서도 여전히 논란의 한복판에 있다.

그도 그럴 것이 차베스의 정치 인생은 온갖 역설로 가득 차 있다. 차베스는 군인인데 좌파였다. 좌파인데 쿠데타를 일으켰다. 쿠데타에 실패하는데, 선거에 출마해 대통령이 된다. 또한 차베스는 포퓰리스트였다. 포퓰리스트인데 혁명가였다. 카리스마로 민중을 선동하는 것을 마다하지 않으면서도 자신이 '구체제'라고 부른 것을 무너뜨리는 데 온 힘을 기울였다. 차베스는 대통령을 "2021년까지 해보자!"며 권력욕을 거리낌 없이 밝혔지만, 세계 정치사상 최초로 대통령소환투표를 신설하고 직접 실험 대상이 되었다. 그는 쿠바혁명의 지도자 피델 카스트

---

*　　2012년 10월에 차베스는 4선에 성공했지만 취임식도 치르지 못하고 2013년 3월 초에 세상을 떠났다.

로에 대한 존경을 대놓고 드러냈지만, 일당체제를 도입하지도 않았고 시장경제를 폐지하지도 않았다. 미국 부시 대통령을 "악마"라고 부르고, 미국 정부를 향해 "엿 같은 양키yanqui de mierda"라고 독설을 퍼부었지만, 미국과의 무역은 늘 순조로웠다.

그의 통치 스타일도 독특했다. 그에게 정치는 일종의 권투경기였다. 다부진 외모의 차베스는 정치라는 이름의 사각의 링에 직접 올랐다. 상대가 호락호락하지 않아야 관중들이 모여들고 더욱 흥미진진해지는 시합이 되므로, 상대를 놀리고 어르고 도발해서 팽팽한 경기를 만들었다. 게다가 그는 시합을 벌이면서 관중도 자극했다. 기꺼이 차베스'빠'chavista와 차베스'까'antichavista로 나누어놓았다. 연인과 가족을 서로 다투게 만들었고, 부부조차 서로 갈라서게 만들었다. 애당초 국민을 통합하는 정치에는 도통 관심이 없었고, 기성 정당과 기득권층 전체와 대결하는 정치를 시종일관 추구했다.

정치학자들조차 차베스정부의 성격을 어떻게 규정해야 할지 몰라 허둥댔다. 일본계 미국 정치학자인 프랜시스 후쿠야마는 "포스트모던 독재"라 불렀고, 미국 정치학자 스티븐 레비츠키는 차베스정부를 "경쟁적 권위주의"의 한 사례로 보았다. 어떤 학자들은 "혼종체제hybrid regime"의 일종으로, 또 다른 학자들은 인도계 미국인 저널리스트인 파리드 자카리아Fareed Zakaria의 용어인 "비자유민주주의"로 분석했다. 학자들의 강조점은 저마다 다르지만, 이들이 확실히 알려주는 것이 하나 있다. 차베스정부는 우리가 아는 독재와 다르고, 민주주의와도 다르다는 것이다.

뚜렷하게 정의되지 않는데도, 차베스는 현대 라틴아메리카 정치에서 묵직한 존재감을 과시했다. 라틴아메리카 좌파정부들 가운데 차베스의 노선을 벤치마킹하는 사례들이 여럿 생겨났다. 볼리비아·에콰도르·니카라과·온두라스 등에서 정도는 다르지만 차베스의 제헌의회 전략을 채택하거나 자원국유화 조치를 취하거나 빈민복지정책을 도입하는 정부들이 출현했다. 이들은 '차베스형 좌파'로 불린다.

정치 인생이 역설로 가득 차 있는 정치가, 극과 극의 평가가 공존하는 정치가. 대체 차베스는 누구일까? 그가 아직 무명의 군인이었던 시절로 돌아가보자.

허술한 쿠데타의 수장, 국민들에게 호감을 사다

베네수엘라 사람들이 차베스를 처음 알게 된 것은 1992년 2월 4일이었다. 그날 베네수엘라에서 쿠데타가 벌어졌다. 1960~1970년대에 라틴아메리카 대다수 국가들에서 쿠데타가 연달아 일어났을 때도 정치안정을 뽐내던 베네수엘라에서 일어난 때 아닌 쿠데타였다.

1992년 2월 3일 밤 11시경이었다. 우고 라파엘 차베스 프리아스Hugo Rafael Chávez Frías 공수부대 중령은 5개 부대, 460여 명의 병사를 이끌고 마라카이 공수부대 기지를 출발한다. 행렬이 모두 기지를 벗어나자 공수부대 사령관을 맡고 있던 차베스 중령은 운전병들에게 행선지를 수도 카라카스로 바꾸라고 명령한다. 운전병들이 훈련예정지와 다르다고 의문을 제기하자 수도에 소요사태가 발생해서 출동해야 한다고 시치미를 뗐다. 미리 쿠데타를 모의한 장교 몇 명은 행동개시라는 것을 알았지만, 나머지 병사들은 아무런 영문도 모른 채 기지로부터 약 80km 떨어진 수도로 향한다.

2월 4일 0시 30분경, 차베스 중령은 카라카스의 군사역사박물관Museo Histórico Militar을 접수하고, 쿠데타 지휘부를 설치하는 데 성공한다. 언덕 위에 있는 이 박물관에서는 2km 거리의 '미라플로레스 대통령궁'이 한눈에 훤히 보인다. 같은 시각, 쿠데타군의 나머지 부대는 각각 제2도시이자 석유도시인 마라카이보, 제3도시 발렌시아에 있는 주요 군사시설을 장악하는 데 성공한다.

쿠데타군의 핵심 목표는 카를로스 안드레스 페레스Carlos Andrés Pérez 대통령을 체포하는 것이었다. 쿠데타군의 지도자 차베스는 세 가지 계획을 세웠다. 플랜 A, 스위스 다보스포럼을 마치고 귀국하는 대통령을 카라카스에서 약 30km 떨어진 곳에 위치한 시몬볼리바르국제공항에서 체포한다. 이것이 실패하면 플랜 B, 공항에서 카라카스로 이동할 때 고속도로 터널에서 기습한다. 이마저도 실패하면 플랜 C, 수도에 있는 대통령 관저 혹은 관저에서 몇 km 떨어져 있는 대통령 집무실에서 체포한다. 셋 중 하나만 성공하면 되는 것이었다.

그런데 예기치 못한 일이 벌어졌다. 페레스 대통령이 공항에 도착했을 때 늘 마중 나가던 내무장관 대신에 이례적으로 국방장관이 대기하고 있었다. 국가경비대와 해군 소속 병사들을 대거 대동한 채였다.[*] 대통령 경호가 삼엄해지는 바람에 체포 시도조차 해보지 못하고 플랜 A 실패. 같은 이유로 플랜 B도 실패. 마지막 남은 것은 플랜 C.

카라카스에 도착한 대통령은 라카소나La Casona 대통령 관저로 향했다. 12시간이 넘는 비행에 지친 대통령은 파자마로 갈아입고 침대에 눕자마자 코를 골았다. 그런데 그날 밤 11시 50분경 전화벨이 울렸다. 국방부장관이었다.

"반란이 일어났습니다."

대통령은 허겁지겁 파자마 위에 옷을 껴입은 채 관저를 빠져나와

---

[*]　당시 베네수엘라 군은 육군, 해군, 공군, 그리고 국내 치안과 세관 등의 임무를 맡는 국가경비대(Guardia Nacional) 등 총 4군으로 이루어져 있었다.

대통령 집무실이 있는 미라플로레스 대통령궁으로 신속하게 이동했다. 대통령궁에는 내무장관과 대통령궁 경비대장이 대기하고 있었다.

불과 몇 분 후, 대통령궁도 포위되었다는 소식이 들려왔다. 쿠데타군의 탱크가 대통령궁의 정문을 무너뜨리기 위해 돌진하고 있었다. 대통령 일행은 최대한 빨리 그곳을 빠져나가야 했다. 어디로 갈 것인가? 대통령은 부호 구스타보 시스네로스가 소유한 베네비시온Venevisión 방송국으로 가기로 결정했다. 경비대장은 페레스 대통령을 회색 포드 차량에 태운 뒤 민간 차량 표지판을 달고 지하 통로를 지나 주차장 문을 통해 경내를 빠져나갔다. 탱크는 그대로 대통령궁으로 돌진했지만, 플랜 C마저 실패.

대통령 일행이 민영방송국에 도착하던 2월 4일 새벽 1시경, 차베스 중령은 쿠데타 동료들이 국영방송국을 접수했다는 소식을 들었다. 10여 명의 대원들이 맡은 임무는 미리 준비해둔 영상을 방송하는 것이었다. 녹화 테이프에는 차베스 중령이 직접 국민들에게 반란에 합류해달라고 요청하는 연설이 담겨 있었다. 하지만 기술적인 문제를 해결하지 못해 방송을 못하고 있었다.(결국 그 테이프는 방영하지 못했다.)

그러는 사이 1시 15분경 페레스 대통령이 헝클어진 머리로 텔레비전에 등장했다. "몇몇 사악한 무리들이 민주주의를 무너뜨리려고 시도했으나, 그 행동은 실패할 것"이라고 일갈했다. 실패하리라는 대통령의 예상은 적중했다.

새벽 4시경 정부군의 반격이 시작되었다. 대통령궁으로 돌진했던 탱크의 운전병들이 모두 체포되었다. 정부군은 전파방해작전을 펼쳐 쿠데타군의 통신장비도 마비시켰다. 대통령 체포에도 실패하고, 기대하던 지원군도 오지 않고, 쿠데타가 실패한 것이 명백해지던 순간, 차베스 중령은 자신이 "철창에 갇힌 호랑이" 신세라고 느꼈다.

사실 쿠데타 첩보는 이미 전날 군 지휘부에 접수되었다. 2월 3일 오후 1시, 거사 음모에 참여한 대위 하나가 쿠데타 사실을 상관에게 알렸고, 국방부장관의 귀에까지 들어갔다. 배신한 대위가 갖고 있던 정보가 충분하지 않았던 탓에 만일의 사태를 대비하기 위해 일단 국방부장관이 직접 공항에 대통령을 마중 나갔고, 군 지도부도 몇 가지 조치를 긴급하게 취해두었다. 그 때문에 쿠데타 당일에 지원군으로 출동하기로 했던 27명의 사령관 중 고작 5명의 사령관만 실제 출동에 참가했던 것이다.

쿠데타군은 계획이 새어나갔다는 것을 나중에서야 눈치 챘다. 그도 그럴 것이 쿠데타군에서 가장 높은 계급은 중령에 불과했다. 쿠데타군에는 총사령관은커녕 장성급 고위장교가 단 한 명도 없었다. 그러다보니 베네수엘라군 전체를 장악하지도 못했고, 군 상층부를 통제할 수도 없었다. 허술하기 짝이 없는 쿠데타 계획이었다.

그날 아침, 대통령 집무실에 복귀한 페레스 대통령은 다시 텔레비전에 출연해 "반란은 과거의 일"이라며 국민들을 안심시킨 뒤, 쿠데타 지휘부가 있는 군사박물관을 폭격할 것인지를 놓고 고심했다. 박물관 주변이 민간인 거주지역이라 폭격은 않기로 했지만, F16 전투기 두 대를 출격시켜 쿠데타군의 사기를 꺾었다.

쿠데타가 실패한 것이 명확해지자 차베스는 자신과 나머지 병사의 생명을 보장해주는 조건으로 항복한다. 그런데 남은 문제가 하나 있었다. 여전히 다른 도시들에서는 쿠데타 세력이 주요 군사시설을 점령하고 있었다. 정부군은 이 잔당들을 전투기로 폭격할 생각이었다. 그대로 두면 쿠데타 동지들이 모두 목숨을 잃을 지경이 되자 차베스가 직접 나서 자신과 동료들을 연결시켜주면 무기를 버리고 항복하게 만들겠다고 장담했다. 하지만 쿠데타 동료들과 연락할 수단이 없었다. 그

때 군 지도부 중에 한 사람이 차베스가 텔레비전에 직접 출연해 투항을 명령하는 것이 좋겠다는 아이디어를 내놓았다. 리더가 직접 실패를 시인하는 모습을 전국에 생중계함으로써 사태가 확실히 수습되었다는 것을 국민들에게 보여주겠다는 심산이었다.

녹화방송을 할까 했지만, 오초아 국방장관은 정부군과 쿠데타군이 이미 교전을 개시했기 때문에 시급히 유혈사태를 막아야 한다는 생각에 생중계를 결정한다. 훗날 오초아 장관은 그것이 "의심할 여지없이 심각한 실수였다"고 인정했다.

엉겁결에 방송 출연이 결정되자 차베스 중령은 공수부대의 상징인 붉은 베레모를 찾아 쓰고, 화장실 세면대에서 초췌해진 얼굴도 말끔히 씻었다. 그리고 공수부대 제복을 제대로 갖추고 카메라 앞에 서서 정면을 응시했다. 이윽고 숨을 한번 들이쉬더니 1분 남짓의 짧은 시간 동안 총 169개의 단어를 막힘없이 내뱉었다.

베네수엘라 국민 여러분, 안녕하십니까. 이 메시지를 용감한 병사들에게 보냅니다. 동지 여러분, 비록 지금은 카라카스에서 우리가 이루려던 일이 불행히도 실패로 돌아갔습니다. 카라카스에서 우리가 권력을 장악하려던 시도는 실패했습니다. 하지만 여러분들은 그곳에서 훌륭하게 작전을 수행했습니다. 지금은 유혈사태를 막아야 할 때입니다. 지금은 우리의 처지를 숙고할 시간입니다. 새로운 조건이 마련될 것입니다. 우리나라는 더 나은 길로 나아가야 합니다. (…) 이제 무기를 내려놓으십시오. 우리 목표를 달성하기가 불가능해졌습니다. 동지 여러분! 연대의 메시지를 경청해주십시오. 여러분의 충성, 용기, 헌신에 감사합니다. 국가와 여러분 앞에서 이 볼리바르군사운동의 모든 책임을 제가 지겠습니다.

오전 10시 30분 베네수엘라 국민들은 '쿠데타 주동자' 차베스의 얼굴을 텔레비전에서 보았다. 쿠데타에 실패한 데다가 동료들에게 투항 명령을 내려야 하는 궁색한 처지인데도 "베네수엘라 국민 여러분, 안녕하십니까?"로 말문을 여는 빨간 베레모의 남자를 지켜보았다. 거기서 베네수엘라 사람들은 쿠데타 실패의 책임을 지겠다고 말하는 지도자의 모습을 보았다. 기존 거대 양당의 노회한 정치가들과 훈장을 줄줄이 단 장성들 누구 하나 무슨 일에서건 책임지겠다고 나서는 것을 본 적이 없는데, 고작 38세의 공수부대 중령이 자신이 벌인 일에 책임을 지겠다고 하니 놀라웠던 것일까. 게다가 그는 "비록 지금은" 실패했지만 베네수엘라가 "더 나은 길"로 나아가야 한다고 말하지 않는가. 무심코 던진 그 말은 자신이 다시 돌아오겠다는 소리인 것만 같았다. '볼리바르군사운동'이란 표현도 사람들의 호기심을 불러일으켰다. 그것이 정확히 무엇인지는 몰라도, 무언가 현 정부를 교체하는 일과 관련이 있을 것만 같았다.

실패한 쿠데타의 주모자가 텔레비전에 출연한 것은 매우 드문 일이었기 때문에 차베스의 방송 출연은 국민적 화제가 되었다. 빅뉴스였기 때문에 텔레비전 방송사들도 반복해서 그 장면을 방영했다. 덕분에 방송사들이 의도한 것은 아니었겠지만, 차베스 중령은 단번에 무명의 군인에서 베네수엘라 온 국민이 아는 사람으로 바뀌었다.

고작 5명의 중령이 베네수엘라 전체 군대의 10%에 불과한 10개 부대, 총 2367명의 군인으로 일으킨 쿠데타는 실패했다. 하지만 1분 남짓의 방송 출연은 차베스의 운명을 영원히 바꿔놓았다. 쿠데타 바로 다음날 실시된 여론조사에서 국민의 90%가 이 실패한 쿠데타의 주동자에게 호감을 표시했다. 차베스는 군사적으로는 실패했지만 정치적으로는 성공한 것이다.

하룻밤새 100%가 오른 빈민의 버스 요금

베네수엘라 국민들은 왜 실패한 쿠데타 지도자에게 이토록 호의를 보였을까? 차베스가 베네수엘라 국민들, 특히 빈민들이 원하는 바를 잘 알고 있었기 때문이다. 사실 쿠데타 이전에 베네수엘라와 수도 카라카스에서 무슨 일이 일어났는지 이해하는 사람이라면 그들의 마음을 모를 리 없었다.

베네수엘라는 1960~1970년대만 해도 "민주주의의 진열장"이라 불리며 보기 드물게 정치적 안정을 누렸다. 주변 국가들이 군사 쿠데타로 몸살을 앓고 있던 그때에도 베네수엘라는 거대 양당인 민주행동당AD과 기독사회당COPEI이 평화롭게 정권을 교체했다. 1970년대 베네수엘라의 투표율은 늘 80%를 넘었고, 거대 양당이 내세운 대선 후보 지지율의 합도 늘 90%에 이르렀다.

그 안정의 비결은 연립정부였다. 당시 베네수엘라의 정당 지도자들은 누가 대통령이 되더라도 늘 연립정부를 만든다는 협약을 준수하며 정치를 펴고 있었다. 양당의 대통령 후보들이 대선에서 서로 경쟁하더라도 선거를 마치고 나면 연립정부를 꾸려 나라를 함께 다스린 것이다. 이는 극우파 군인들의 쿠데타 기도를 미연에 막는 데 효과적이었지만, 무엇보다 좌파정당의 집권을 막는 데 매우 효과적이었다. 즉 베네수엘라가 냉전 시기에 보기 드문 정치안정을 이룬 비결은 바로 미국 개입과 군사쿠데타를 불러들이는 좌파 집권을 차단했기 때문이었다.

그뿐만이 아니었다. 그 시절 베네수엘라는 라틴아메리카에서 손꼽히는 부자 나라였다. 1인당 국내총생산이 가장 높았다. 한국 같은 석유수입국은 1973년과 1978년 두 차례에 걸친 석유파동 때문에 힘든 시기를 보내야 했지만, 산유국 베네수엘라는 덕분에 엄청난 오일달러를 벌어들였다. 1970년 배럴당 2.01달러였던 유가는 오일쇼크 이후인 74년 1월에는 무려 14.65달러로 7배 이상 급등했다. 오죽하면 "사우디 베네수엘라"라는 별명까지 생겼을까. 오늘날에도 석유는 베네수엘라 수출소득의 80%를 차지하고, 국가 재정의 50%를 차지하는 가장 중요한 자원이다. 1975년에 외국 기업들이 소유하던 석유기업들을 국유화하기로 결정한 뒤에는 재정수입이 더욱 증가했다.

수입이 늘어나자 정부는 재정지출을 대폭 늘렸다. 소비재 산업과 사회간접자본 등에 투자하면서 여러 공기업들을 신설했다. 오일달러로도 투자를 충당하기가 어려워지자 금리가 낮은 외채도 마구 들여왔다. 물론 소득세와 법인세를 늘려 안정적인 세수를 확보할 수도 있었지만 중상류층의 지지를 잃는 것이 두려워 손쉬운 외채를 도입했다.

문제는 정부 투자의 편중이었다. 투자 혜택은 대부분 중상류층에게만 돌아갔다. 석유 부문에 종사하는 사업가들과 노동자들이 베네수엘라의 중상류층이었다. 정부가 만들어낸 많은 공기업 일자리들은 양대 정당 지지자들이 차지했고, 노동조합에 속한 노동자들은 정부를 지지하는 대가로 임금 인상과 공직 진출의 혜택을 누렸다.

복지정책도 중상류층이 주로 혜택을 보았다. 대표적인 것이 대학 무상교육이다. 국민 전체의 평균 교육 연수가 6년이 채 안 되는 나라, 즉 국민 대다수가 초등학교도 못 마치는 나라에서 정부는 초중등 교육에 투자하는 대신 대학 교육을 무상으로 운영하는 일을 더 중요하게 여겼다. 소득이 늘어나고 복지 혜택까지 얻은 중산층은 라틴아메리카에서 가장 많은 위스키를 소비하는 집단이 되었고, 마이애미에서 휴가를 보내고 메이저리그 야구를 즐기는 미국화한 중산층이 되어갔다.

정치안정과 경제호황 속에서 베네수엘라 중상류층은 쿠데타와 경제위기가 빈번한 주변 라틴아메리카 국가들과 자기 나라가 다르다는 생각을 강하게 품게 된다. 이른바 '베네수엘라 예외주의'란 말까지 생긴다. 하지만 곧 베네수엘라도 주변 국가들과 다르지 않다는 것이 곧 드러났다.

1980년대가 되면서 유가는 곤두박질치고, 외채 금리가 치솟았다. 석유와 외채에 의존해온 베네수엘라 경제는 바로 충격을 받았다. 파국은 1983년에 왔다. 하이메 루신치Jaime Lusinchi 대통령(1984~1989년 재임)은 외국 은행에 진 모든 빚을 갚지 못하겠다고 모라토리엄을 선언하고 말았다. 경제가 성장을 멈추자 실업자들이 대거 늘어났다. 일자리를 가진 노동자들도 이전보다 낮은 임금을 받아야 했다. 자연히 빈곤층도 증가하기 시작했다.

카를로스 안드레스 페레스Carlos Andrés Pérez 대통령(1974~1979년, 1989~1993년 재임)이 다시 선출된 것은 그런 위기가 누적되어 위험 수위에 다다른 1988년이었다. 페레스는 1970년대에 베네수엘라가 맛본 '영광의 나날'을 이끌던 사람이다. 그는 외국 금융자본가에 대한 종속을 비난하는 선거운동을 벌였다. 경제위기에 지치고, 빈곤과 부패에 화가 치민 베네수엘라 국민들은 '경제 기적'의 시대를 이끈 지도자가 해결책을 제시해줄 것을 기대하며 그를 당선시켰다.

하지만 페레스는 국민들의 기대를 완전히 배반했다. 국민들이 그것을 알아채는 데는 불과 한 달도 필요하지 않았다. 페레스는 집권 2주차에 대선 공약을 파기했다. 3년 동안에 45억 달러의 구제금융을 받는 대가로 국제통화기금IMF이 요구한 구조조정 정책을 받아들인 것이다. 그중에는 휘발유·빵·전기 등 생필품에 대한 가격 규제를 없애고, 정부 보조금을 폐지하는 정책도 있었다. 가격 인상이 예상되자 상인들이 높은 가격에 팔기 위해 식료품을 아예 진열대에서 모조리 치워버리는 일도 벌어졌다. 빈민들의 삶은 더욱 힘겨워졌고, 결국 수도권에서 사건이 터지고 말았다.

1989년 2월 27일 월요일 새벽 6시경이었다. 새 정부가 출범한 지 25일이 흐른 시점이었다. 카라카스에서 30km 떨어진 위성도시 과레나스에서 첫차를 타고 출근길에 나선 사람들과 운전사들 사이에 실랑이가 벌어졌다. 버스 회사들이 요금을 100% 인상해버렸기 때문이다. 어떤 노동자들에겐 하루 일당 수준의 금액이었다. 학생들은 50% 할인의 혜택을 누렸는데 그것도 사라졌다. 가뜩이나 월말이라 호주머니가 가벼울 때였다.

그 전날 2월 26일에 정부가 유가를 100% 인상하겠다고 발표해서 벌어진 일이었다. 물론 정부는 급격한 요금 인상이 미칠 충격을 줄이고자 버스 회사에 요금을 순차적으로 인상하라고 요청했다. 하지만 버스 회사들은 다음날 바로 유가 인상분을 고스란히 승객에게 전가시켜버렸다.

승객들과 버스 기사들이 예전 요금을 내겠다, 그러면 차 문을 닫겠다, 옥신각신 하는 와중에 일부 버스들이 차문을 닫고 출발하자 흥분한 시민들이 버스를 세우고 불태웠다. 승객들의 분노에 그 광경을 지켜보던 주민들이 합류하면서 실랑이는 어느새 군중시위로 변해버렸다. 비슷한 시위는 카라카스 빈민지역 곳곳에서 일어났다. 처음에는 거리에 바리케이드를 세우고 경찰과 대치하는 수준이었지만, 이내 대규모 약탈과 폭동으로 번져갔다. 오후가 되자 폭동은 베네수엘라 전역으로 확산되었다.

정부는 계엄령을 발동했다. 군대를 동원하고 발포 명령도 내렸다. 계엄군은 무장도 하지 않은 군중을 향해 닥치는 대로 총을 쏘았다. 약 1주일 동안 계속된 유혈사태 이후, 정부는 총 287명이 사망했다고 발

비무장한 국민들에 대한 군인들의 무차별 총격과 학살. 마치 '5·18 광주'를 연상시키는 일이 1989년 베네수엘라의 수도 카라카스에서 벌어졌다. 이 사건은 베네수엘라 국민들에게 기존 정당들에 대한 깊은 불신감을 심어주었다.

표했다. 하지만 베네수엘라 사람들은 수천 명의 사람들이 죽어갔다고 믿는다. 이 폭동과 학살의 1주일은 훗날 '카라카스 충돌Caracazo'로 불린다.

'카라카스 충돌'로 가장 큰 충격을 받은 사람은 다름 아닌 군인들이었다. 베네수엘라 독립영웅 시몬 볼리바르Simón Bolívar(1783~1830년)는 "자기 국민을 향해 총구를 들이대는 군인은 저주 받아 마땅하다"고 말한 적이 있다. 당시 군인이었던 차베스는 '볼리바르의 저주'가 자신을 덮쳤다고 생각했다. 그만 그렇게 생각한 것이 아니었다. 많은 장교들과 사병들이 스스로를 '저주받을 군인'이라고 여겼다.

이 사건은 베네수엘라 군 내부에 존재하고 있던 민족주의 성향의 군인들이 똘똘 뭉치는 계기가 되었다. 이들은 미국이 주도하는 국제통화기금의 정책을 받아들인 대통령에게 강한 분노를 느꼈고, 대통령의 발포 명령에 아무런 저항을 하지 않은 군 상층부에도 강한 거부감을 가졌다. 쿠데타군이 만들어지는 결정적인 계기가 된 것이다. 또한 이 사건은 차베스가 '구체제'를 무너뜨리고 베네수엘라 민중의 '챔피언'이 되겠다는 '몽상'을 꾸게 된 계기였다. 기어이 쿠데타를 시도한 날, 차베스는 카라카스 빈민지역에서 순식간에 영웅이 되었다. 그곳은 바로 '카라카스 충돌' 당시 가장 많은 사람들이 학살된 곳이었다.

노동자와 농민을 대변하는 군인

1990년대에, 그것도 베네수엘라에서 군사쿠데타가 일어나다니. 라틴아메리카 사람들조차도 놀랐다. 게다가 1960~1970년대에 흔했던 극우파의 쿠데타도 아니고, 좌파 군인들의 쿠데타였다.

하지만 라틴아메리카 군부 내에는 좌파 군인의 전통도 늘 존재해왔다. 19세기 독립 이후부터 20세기 전반기까지 라틴아메리카 국가들에는 노동자와 농민의 처지에 공감하는 개혁적인 장교 혹은 혁명적 장교들이 수시로 등장해 국내 대지주들과 외국 자본가들에 대항해 싸웠다. 가령 1920년대 브라질에서는 루이스 카를루스 프레스치스Luís Carlos Prestes 대령이 '위관들의 반란'을 주도하고 브라질 공산당PCB을 창당한 적이 있다. 1944년 과테말라에서는 하코보 아르벤스Jacobo Árbenz 대령이 이끄는 진보적 장교 집단이 독재체제를 타도하고 민주화와 토지개혁을 추진하기도 했다.

라틴아메리카 국가 대다수에 우익군사정권이 들어서던 1960~1970
년대에도 몇 나라에선 좌파군사정권이 수립되었다. 1968년에는 페루
와 파나마에서, 1972년에는 에콰도르에서 좌파 군인들이 집권했다. 세
정권 모두 냉전 시기에 '미국의 뒷마당'이라 불리던 라틴아메리카에서
미국에 반대하는 민족주의 좌파 성향의 독재정권이었다.

파나마의 좌파 성향 군사정권을 이끈 오마르 토리호스Omar Torrijos
(1968~1981년 집권)는 미국과 오랜 협상 끝에 파마나 운하를 되찾는 협
정을 체결했다. 미국과 결탁해 부정부패를 일삼던 정치인들을 쫓아냈
고, 자작농을 위한 토지개혁도 벌였다. 페루의 후안 벨라스코 알바라
도Juan Velasco Alvarado(1968~1975년 집권) 군사정부도 흥미롭다. 집권 기
간 벨라스코 알바라도는 외국 석유기업들을 모두 국유화하고, 사탕수
수 대농장도 몰수했다. 대규모 토지개혁으로 농민들에게 땅을 나눠주
고, 국영기업 노동자들을 경영에 참여하라고 독려했다. 안데스 고원지
대 원주민의 언어인 케추아어를 공용어로 채택하기도 했다.

차베스도 이들 좌파 군인들에게 영향을 받았다. 그는 저명한 좌파
지식인 이그나시오 라모네Ignacio Ramonet와의 인터뷰에서 "토리호스를
보고 토리호스주의자가 되었고, 벨라스코를 보고 벨라스코주의자가
되었다. 그러나 피노체트를 보자 반피노체트주의자가 되었다"고 말했
다. 극우파 군인 피노체트에 대해서는 노골적으로 반감을 표하면서도
좌파 군인들에 대해서는 거침없이 호감을 표시한 것이다.

6년 만에 무명의 군인이 대통령이 되다

쿠데타 당시 차베스는 방송 출연 이후 곧바로 수감되었다가 26개월

만인 1994년 3월 26일에 석방된다. 어떻게 반역자가 종신형이나 사형 같은 법정 최고형을 받지 않고 고작 2년 2개월 만에 풀려났을까?

그가 감옥에 갇힌 사이에 베네수엘라 정치는 숨 가쁘게 변해갔다. 차베스가 체포하려던 페레스 대통령은 1993년에 1700만 달러에 달하는 거액의 공금을 횡령한 혐의로 탄핵되었다. 그해 말에는 라파엘 칼데라Rafael Caldera가 신임 대통령(1994~1999년 재임)으로 선출되었다.

1993년 베네수엘라 대선은 여러모로 특별했다. 우선 1958년 이래 이 나라를 지배해온 거대 양당의 후보가 처음으로 대선에서 패배했고, 이 나라 정치사상 처음으로 좌파정당들이 연립정부에 참여했다. 칼데라 신임 대통령은 차베스의 쿠데타 기도 직후에 페레스 대통령과 그의 잘못된 경제정책 때문에 군사반란이 일어났다고 갈파한 적이 있다. 그런 그였기에 이례적으로 취임한 지 두 달 만에 국민 화합 차원에서 쿠데타에 참여한 군인들을 사면하고 석방하기로 결정했을 것이다.

우고 차베스가 자유의 몸이 된 날은 부활절 주간을 앞둔 토요일이었다. 가톨릭교도가 다수인 베네수엘라 시민들은 이 시기가 되면 모두 휴가를 떠난다. 차베스에게 쏠리는 언론과 군중의 관심을 최소화하기 위해 정부가 일부러 그날을 택한 것이다.

그날 정오에 차베스는 사관학교에 직접 출두해 퇴역 신청서에 서명했다. 퇴역이 석방의 조건이었다. 그는 감옥 안에서 내내 입었던 군복을 벗고 고향의 전통복장으로 갈아입었다. 그리고 쿠데타를 모의한 사관학교 마당을 가로질러 정문으로 향했다.

정문 앞에는 놀라운 광경이 펼쳐져 있었다. 한바탕 축제라도 벌이는 분위기였다. 여론의 관심을 따돌리려던 정부의 계산은 빗나갔다. 기자들과 군중들이 우르르 몰려들어 차베스를 기다리고 있었다. 기자회견을 하겠다고 한 적도 없는데 벌써 기자회견용 탁자가 놓여 있었다. 그렇다고 기자회견을 열 수도 없었다. 군중이 탁자 위로 건너와서 차베스를 만지고 포옹하고, 옷을 잡아당겼다. 차베스는 자동차에 타고 그곳을 빠져나가려고 했지만, 누군가가 아예 차 문짝마저 떼버렸다.

이튿날 아침 베네수엘라 언론들은 일제히 차베스의 석방 기사를 실었다. 한 언론은 이런 표제를 내걸었다. "사령관은 어디로 향할까? 바로 권력을 향해!"

차베스는 어떻게 권력으로 나아갈 것인가? 그는 군인 신분으로 쿠데타를 일으켰다가 실패하고서 1분 남짓의 방송 출연으로 유명인사가 된 것이 전부였다. 단 한 번의 공직도 맡아본 적이 없는 아웃사이더에 불과했다.

그에게는 네 가지의 선택지가 있었다. 우선 다시 군사행동을 벌이는 방법이 있었다. 실제로 차베스는 1996년까지 군사전략을 완전히 버리지 않았다. 하지만 이미 군정보국이 군 전체를 완전히 장악했고, 심지어 차베스의 운전사까지 매수한 상태였다. 그렇다고 라틴아메리카에 흔하던 무장 게릴라 전략을 구사할 수도 없었다. 인구의 80% 이상이 도시에 거주하는 베네수엘라에선 농민을 기반으로 하는 게릴라 운동은 사실상 불가능했다. 게다가 1990년대 민주화시기를 거치면서 라틴아메리카 게릴라 운동은 완연히 쇠퇴기로 접어들었다.

사회운동을 주도하는 길도 있었다. 노동조합 내부에 전투적인 세력도 존재했고 차베스에 우호적인 노동운동가들도 있었다. 하지만 노동조합의 전반적인 사정은 좋지 않았다. 베네수엘라노동자총연맹CTV은 신자유주의 정책을 추진하고 빈민을 학살한 페레스 전 대통령이 소속된 민주행동당AD의 하부조직에 불과했다. 타협적인 지도부는 90년대 초반에 사회복지 민영화에도 찬성했다. 게다가 노조 내부의 개혁파는 소수였고 다툼도 잦았다.

기존 좌파정당에 들어가서 지도자가 되는 길도 있었다. 1993년 대선에서 기존 좌파는 분열되었다. 급진대의당LCR의 안드레스 벨라스케스Andrés Velásquez 후보가 21.95%를 기록해 베네수엘라 좌파 역사상 최고의 기록을 세웠지만, 나머지 세 좌파정당인 베네수엘라공산당PCV, 사회주의운동당MAS, 민중선거운동MEP은 급진대의당 후보를 지지하지 않았다. 당선 가능성이 높다고 여긴 중도우파 후보 라파엘 칼데라와 연합했다. 한편 차베스는 당시에 옥중에서 선거 자체를 보이콧하자면서 즉각 제헌의회를 수립해야 한다고 주장했다. 이 급진적 주장 때문에 차베스는 기존 좌파정당 지도자들과도 소원해진 상태였다.

마지막으로 차베스가 직접 대중과 소통하면서 독자적으로 지지세력을 규합하는 길이 있었다. 차베스에게는 쿠데타 당일의 방송 출연에서 잠시 발휘된 적이 있는, 뛰어난 웅변술이 있었다. 유머감각도 넘쳤다. 빈민들의 생활 언어를 거침없이 구사하고, 베네수엘라 사람들이라면 누구나 알 만한 역사 속 인물들이나 유명한 성경 구절을 인용하여 이야기를 친근하게 전달할 줄 알았다. 복잡한 일을 베네수엘라 사람들이 좋아하는 야구에 빗대서 쉽고 명쾌하게 설명하는 것도 잘했다.

차베스는 이 마지막 길을 가기로 결정했다. 훗날 사람들이 그를 포퓰리스트라고 부르게 된 이유이다. 출소한 다음날부터 차베스는 3일간 카라카스 시내를 행진했다. 서부 빈민가는 물론이고 동부의 부유한 지역까지 가리지 않고 행진했다. 무수한 깃발을 들고 군중이 함께 뒤따랐다. 그다음에는 베네수엘라 전국을 방문했다. 1994년, 1995년, 1996년 동안 전국을 무려 5차례나 순회했다.

1997년에는 '제5공화국당MVR'을 창당하고 본격적으로 선거 준비에 돌입했다. 당시 칼데라 대통령은 초기의 개혁정책을 버리고 다시 국제통화기금의 구제금융을 받고, 국영석유회사의 민영화를 추진했다. 경제는 다시 침체에 빠졌고 실업자는 늘었으며 빈민들은 급격히 불어났다. 기존 정치권 전체에 대한 불신이 극에 달했다.

차베스가 정당을 만들고 본격적으로 대선에 뛰어들자, 기존의 좌파 정당들이 칼데라 연정에서 이탈해 속속 차베스 캠프에 합류했다. 차베스 후보를 지지하는 여러 정당들은 연합해서 '애국의 축PP'이라고 스스로를 칭했다. 이 좌파 연합군이 구체제의 주도세력과 맞붙었고, 마침내 1998년 12월 6일 차베스는 압승을 거두었다.

그 선거에서 30년 넘게 베네수엘라 정치를 좌우해온 거대 양당은 완전히 몰락했다. 거대 양당 후보의 득표율은 도합 11%에 불과한 반면, 차베스는 56.5%를 획득했다. 차베스의 정당인 제5공화국당은 총선에서도 제1당이 되었다. 그렇게 쿠데타 시도 이후 6년 만에 무명의 좌파 군인이 공화국의 대통령으로 우뚝 섰다.

"우리가 정치를 더 잘 안다"

중국에서는 난세가 영웅을 만든다지만, 라틴아메리카에선 난세가 포퓰리스트를 만든다. 포퓰리즘populismo은 라틴아메리카의 뿌리 깊은 전통이다. 한 나라가 큰 위기를 맞았는데도 정당이나 사회조직이 인구의 대다수를 전혀 대변하지 못할 때, 국가기구를 비롯해 기존의 모든 제도들이 더 이상 작동하지 않을 때, 즉 난세가 되었을 때 오직 카리스마적인 지도력 외에는 아무것도 가진 것이 없는 아웃사이더들이 대중의 열광적인 지지를 받아 집권하는 일이 자주 벌어지곤 했다.•

• 　　 포퓰리즘은 흔히 정치적 경쟁자를 비난할 때 쓰인다. 허풍쟁이 선동 정치가가 국내외의 적들을 강도 높게 비난하면서 사람들의 환심을 사려는 술책을 표현할 때 쓰이는 것이다. 그래서 대중영합주의니 인기영합주의라고 번역되곤 한다.

포퓰리즘에 대해 저마다 다른 견해를 내세우는 정치학자들도, 대체로 두 가지에는 합의한다. 거칠게 말하자면 포퓰리즘 현상에는 '위기'와 '카리스마 넘치는 지도자'가 필요하다.

1930년대와 1940년대의 상황이 딱 그러했다. 몇몇 국가에서 산업화가 본격적으로 추진되면서 도시 곳곳에는 농촌을 떠나온 가난한 노동자들이 넘쳐났다. 그들은 정치에서 완전히 배제되었고 사회적으로도 전혀 대우받지 못했다. 바로 그때 그들에게서 압도적인 지지를 받은 포퓰리스트 정치가들이 생겨났다. 대표적인 나라로 멕시코, 브라질, 아르헨티나가 있다.

포퓰리스트의 대명사로 불리는 아르헨티나의 후안 도밍고 페론 (1946~1955년, 1973~1974년 재임)은 이탈리아의 무솔리니에 열광한 파시스트였지만, 가난에 찌든 노동자들의 임금을 인상하고 노동조건을 개선하는 데 앞장서면서 도시 노동계급의 지지를 받았다.

브라질의 제툴리우 바르가스Getúlio Vargas 대통령(1930~1945년, 1951~1954년 재임)은 부유한 목장주였지만, 산업화를 주도하고 신생 노동계급의 강력한 지지를 받았다. 멕시코의 라사로 카르데나스Lázaro Cárdenas 대통령(1934~1940년 재임)도 한국 면적의 2배 가까운 규모의 땅을 농민들에게 분배하고, 노동계급의 요구에 부응하면서 대중적 지지를 얻었다.

그렇다고 이들이 좌파는 아니었다. 노동조합의 요구를 들어주는 대신 행동의 자유는 모조리 빼앗았다. 브라질의 바르가스는 다수 노동자들에게 투표권을 주지 않았다. 또한 이들은 중상류층에게 세금을 더 거두지도 않았다. 그 대신에 자기 나라에 넘치는 천연자원, 농축산물과 같은 1차산품의 수출소득을 분배했다.

세 지도자의 가장 눈에 띄는 공통점은 정당정치 대신에 직접 대중과 소통하는 정치를 추구한 것이다. 가령 페론은 "저들은 정치가 뭔지도 모른 채 평생 정치를 해온 사람들이다. 반면 우리는 정치를 해본 적이 없지만 무엇인지 잘 안다"라며 기존 정당 지도자들을 철저히 무시했다. 이들 모두는 기득권층을 거침없이 공격하면서 대중을 선동하는 카리스마를 과시했다.

누구도 이들 지도자를 뚜렷한 이념과 강령을 갖춘 정당의 지도자로 기억하지 않는다. 이들은 대중이 두루 수용할 만한 반미주의와 민족주의, 근대화와 경제발전 레토릭을 모두 활용했다. 가령 페론은 1946년 선거에서 "브레이든이냐 페론이냐"를 선거 슬로건으로 내세웠다. 스푸루일 브레이든Spruille Braden은 부에노스아이레스에 주재하는 미국대사였으니, 그의 슬로건은 '미국이냐 페론이냐'인 셈이고, 둘 중에 하나를 택하라고 요구한 것이었다.

1990년대의 차베스도 이들처럼 난세에 포퓰리스트로 등장했다. 정부와 군대가 국민을 학살하고, 대통령이 선거 때 내건 약속을 손바닥 뒤집듯 어기고, 정당이 국민을 대변하기를 포기하고, 심지어 노동조합마저 노동계급의 이익을 방어하기를 멈춘 위기 국면에서 '지배엘리트 대 대중'이라는 이분법적 레토릭을 효과적으로 구사했다. 기득권층 전체를 향해 "학살자들" "매국노들" "부패집단" "과두제 세력"이라고 거센 공격을 퍼부으면서, 가난하고 지친 대중들에게 다가갔다. 그러면서도 '구체제' 전체를 제헌의회로 무너뜨리겠다고 약속하고, 미국이 강요한 신자유주의 정책을 폐지하겠다고 다짐했다. 타고난 카리스마가 없었다면 불가능했겠지만, 그런 카리스마도 베네수엘라가 난세를 맞지 않았다면 발휘하기 힘들었을 것이다.

14년에 걸친 빈민 대통령의 활약

차베스는 1999년에서 2013년 사망할 때까지 계속 베네수엘라 대통령으로 재임했다. 그는 1998년, 2000년, 2006년, 2012년 대선까지 무려 4차례나 당선되었고, 재임 14년간 자신이 '볼리바르 혁명' 혹은 '21세기 사회주의'라고 명명한 개혁을 추진했다.

우선 차베스는 새로운 유형의 '민주주의'를 실험했다. 그의 행보를 한마디로 요약하면 이렇다. '자유민주주의'만 아니면 뭐든지 좋다! 정치학자 애덤 셰보르스키는 민주정부가 독재정권보다 확실하게 낫다고 주장할 수 있는 것은 정부가 국민을 살해하지 않는 것이라고 언급한 적이 있다. 그는 1973년 칠레에서 일어난 군사쿠데타를 보면서 그런 결론에 도달했다고 설명했다.

그러나 차베스라면 셰보르스키의 주장에 동조하지 않을 것이다. 1989년 2월 27일 카라카스에서 빈민을 학살한 것은 독재정권이 아니라 시민들이 직접 선출한 '민주'정부였기 때문이다. 이는 차베스가 '자유민주주의'에 그토록 큰 반감을 갖게 된 이유이기도 하다.

그렇다고 차베스가 선거를 폐지한 것은 아니다. 베네수엘라 국민들은 차베스의 집권 기간에 사상 유례가 없을 정도로 많은 표결에 참여했다. 여느 나라들처럼 정기적으로 실시되는 대선·총선·지방선거는 물론이고 여러 유형의 국민투표에도 참가했다. 제헌의회 소집 국민투표 1회, 대통령에 대한 국민소환투표 1회, 헌법개정 국민투표 2회 등 총 5회의 국민투표가 실시되었다.

동시에 차베스는 여러 가지 정치적 대안을 실험한다. 브라질의 참여예산제처럼 대의제도와 공존을 추구하는 급진민주제도를 도입하거나, 국민소환제나 마을평의회consejo comunal제도와 같은 직접민주제도를 채택하기도 했다.*

또한 차베스는 새로운 경제모델도 실험했다. 이 또한 한마디로 요약하면 이렇다. '신자유주의'만 아니면 뭐든지 좋다! 차베스 대통령은 미국과 국내 기득권 세력이 결탁해 신자유주의 정책을 추진하는 과정에서 빈민들이 살해되었다고 생각했다. 그래서 신자유주의 발전모델의 대안을 찾는 데 총력을 기울였다. 그 일환으로 외국 자본이 지배하는 기업들을 국유화했다. 가스·석유와 같은 천연자원이나 전기·통신과 같은 필수 서비스는 물론이고 슈퍼마켓 체인까지 국유화했다. 민영기업으로 변신한 공기업을 다시 국유화하기도 했고, 아예 새로 공기업을 만들기도 했다. 그뿐만 아니라 국영 부문도 시장 부문도 아닌 사회적 경제에도 투자를 급격히 늘렸다. 노동자가 직접 소유하고 경영하는 협동조합기업의 수가 1997년 766개에서 2007년에는 무려 7만 개로 급증했다.

그리고 차베스는 자유민주주의체제와 신자유주의 모델의 최대 피해자인 도시빈민을 위한 정치를 펼친다. 국부의 원천인 석유에서 얻은 소득으로, 도시 거주민들을 비롯한 가난한 민중들의 삶을 개선하는 대담한 복지정책을 추진했다. 교육·건강·영양상태·주택 등 생활의 모든 분야를 망라한 전방위적 복지서비스를 제공했다. 가령 빈민들에게 무상의료서비스를 제공하기 위해서 전국적으로 1만 개의 의료센터를 신설했다. 이런 정책 덕분에 빈민층은 차베스정부의 든든한 정치적 기반

---

* 마을평의회는 소규모 공동체 단위의 자치기구로 주민들이 직접 참여해 마을 발전에 필요한 사업을 결정하면 정부가 지원하는 제도이다. 가령 도시에 사는 주민이 동네에 의료센터를 짓고자 한다면 마을평의회에서 결정해서 예산 지원을 요청하면 된다. 2008년 기준으로 3만 5000개의 마을평의회가 만들어졌고, 전체 인구 약 3000만 명 중에서 800만 명이 넘는 시민들이 참여했다.

이 되었다. 빈민들의 전폭적인 지원이 없었다면 4번이나 이어진 연임은 불가능했을 것이다. 33세의 빈민 여성 타마라 론돈Tamara Rondon은 영국 일간지 『가디언The Guardian』과의 인터뷰에서 차베스 대통령에 대해 이렇게 말했다. "그는 내게 집을 주었다. 그것이 내 인생을 바꾸었다."

또한 차베스는 유럽과 미국에 맞서 라틴아메리카연방공화국을 세우려다가 실패한 시몬 볼리바르의 꿈을 되살리고자 노력했다. 볼리바르조차 말년에 그 과업은 "바다에서 쟁기질을 하는 것과 같다"고 한탄했지만, '현대의 볼리바르'를 자처한 차베스는 결코 볼리바르의 비관주의를 받아들이지 않았다.

차베스는 라틴아메리카도 궁극적으로는 유럽연합처럼 하나의 통화를 쓰고, 하나의 여권을 갖는 하나의 대륙이 되기를 바랐을 것이다. 이를 위해서 카리브해와 안데스 지역의 빈국들이 2004년부터 천정부지로 치솟은 고유가로 어려움을 겪자 저렴한 가격으로 석유를 공급하면서 유대를 강화했다. 또한 볼리비아·에콰도르·니카라과·쿠바의 좌파 정부들과는 '아메리카볼리바르동맹ALBA'을 결성해 경제교류와 정치적 단결을 도모했다.

그는 남미 12개국 모두가 참가하는 남미국가연합UNASUR, 라틴아메리카 33개국 모두가 참가하는 라틴아메리카·카리브해 국가공동체CELAC를 만드는 데 엔진 노릇을 했다. 또한 미국이 주도하는 나토NATO에 대항하는 남아메리카 국가들의 공동방위기구인 남미국가연합의 방위이사회, 미국이 지배하고 신자유주의 정책을 강요해온 국제통화기금과 세계은행, 미주개발은행 등에 대항하는 남미은행BANCOSUR의 창설을 주도했다. 미국이 배제된 라틴아메리카 고유의 기구를 만드는 일에 그는 매우 감격하곤 했다.

2005년 11월 5일 미주정상회담장에서는 라틴아메리카 9개 좌파정부 수반들과 힘을 합쳐 미국이 주도해온 미주자유무역지대FTAA 협상을 중단시키는 데 앞장섰다. 당시 그는 협상장을 박차고 나와 시민들이 모여 있는 집회장 연단에서 "아메리카 민중들이 미주자유무역협정을 파묻을 것"이라고 역설했다.

차베스는 재임 기간 내내 대중과의 직접 소통을 중시했다. 가장 파격적인 소통 채널은 국영방송국의 〈안녕하세요, 대통령님Aló Presidente〉이라는 코너였다. 매주 일요일 11시부터 시작되는 이 프로그램은 종영 시간이 미리 정해지지 않은 채 진행되었다. 때론 밤늦게까지 진행되기도 했지만 대체로 오후 5시 즈음에 끝이 났다.

이 프로그램의 사회자가 바로 차베스 본인이었다. 그는 때론 군복을 입고, 때론 대평원 농민들의 전통복장을 입고 출연해서는 직접 초대 손님을 인터뷰하고, 연설도 하고, 민요도 부르는 등 자신이 가진 모든 재주를 뽐내곤 했다. 자신이 열대초원 지역 출신으로 야자수 이파리로 지은 가난한 농가에서 자랐다는 것을 자랑스럽게 말하곤 했다. 흑인과 원주민의 후손이라는 사실에 강한 자부심을 드러내기도 했다. '출신 성분'을 강조하는 소통 전략은 베네수엘라 빈민층의 다수를 차지하고 있는 혼혈인·흑인·원주민의 자긍심을 북돋는 데도 기여했고, 무엇보다 정치적 기반을 튼튼히 다지는 데 효과 만점이었다.●

● 　　라틴아메리카는 혼혈인종의 대륙으로 잘 알려져 있다. 메스티소mestizo는 백인과 원주민의 혼혈인을 가리키고, 물라토mulato는 흑인과 백인의 혼혈인을, 삼보zambo는 흑인과 원주민의 혼혈인을 가리킨다. 오늘날 메스티소는 비교적 중립적인 용어로 쓰이는 편이지만, 물라토나 삼보와 같은 용어는 여전히 비칭으로 쓰이는 경우가 많다. 차베스는 빈민과의 소통을 강화하는 수단으로 자신의 계급적, 인종적 출신성분을 부각시키는 방법을 활용했다.

도사린 위험들

차베스의 거대한 실험에는 몇 가지 위험이 도사리고 있었다. 우선 차베스의 '새로운 민주주의'는 위태로운 행보였다. 그는 자신이 만든 신헌법을 다시 개정해 대통령의 임기 제한을 없애버렸다. 이로써 2021년까지, 2031년까지 집권하겠다던 차베스 대통령의 농담은 현실이 될 수 있게 되었다. 또한 비상대권으로 주어진 대통령의 입법권을 세 차례나 행사하여 입법부의 역할을 축소시켰다. 대법원·검찰·선관위·감사원 등에 자신의 지지자들을 임명해 행정부 권력에 대한 견제력도 줄여버렸다. 이런 조치의 결과로 권력은 행정부와 대통령에 집중되어 갔다.

이 같은 권력 집중을 제어할 장치는 있을까? 권력 분산을 위해 도입한 마을평의회와 같은 직접민주제도도 얼마든지 정부 지지자들끼리 중앙정부 예산을 나눠먹는 조직으로 변질될 가능성이 있었다. 마을평의회 재원이 전적으로 정부 지원에 의존하고 있었고, 차베스정부 지지자들이 마을평의회에 참여하는 정부 반대파를 배제할 가능성도 있었기 때문이다. 그렇게 되면 마을평의회는 정부의 하부조직으로 변질되고, 선거 때에는 정부의 선거운동조직으로 전락할 것이다.

차베스의 경제실험도 아슬아슬한 모험이었다. 국유화로 공공부문이 매우 커졌고, 그 과정에서 새로 생겨난 일자리들이 차베스정부 지지자들에게 배타적으로 분배되는 일이 벌어졌다. 사회적 경제 부문도 아래로부터 자생적으로 생겨난 것이 아니라 위로부터 정부의 후원으로 만들어졌기 때문에 얼마든지 정부예산만 축내는 부문으로 전락할 우려가 컸다. 빈민층을 위한 야심찬 복지정책도 중상류층까지 포괄하는 보편적인 복지정책으로 발전시키고 이를 제도화해야 했다.

이 모든 사회·경제 정책의 가장 큰 약점은 재원을 전적으로 변덕스러운 국제유가에 의존하고 있다는 것이었다. 차베스의 재임기간 무려 7배나 급등한 유가가 어느 순간 급락해 불황기가 찾아오면 어떻게 될 것인가?

이뿐만이 아니었다. 차베스정부는 거시경제를 안정시키는 일에 도무지 관심을 기울이지 않았다. 특히 인플레이션과 잦은 물자부족 문제를 제대로 해결하지 못했다. 라틴아메리카에서 도시화가 가장 빨리 진행된 베네수엘라는 식량자립도가 매우 낮아서 식료품 대부분을 외국에서 수입해왔다. 유가가 천정부지로 치솟아 오일달러가 대거 유입되고, 라틴아메리카 국가들과의 교류가 활발해지면서 식료품 수입이 급증할 때는 문제가 없었다. 하지만 유가가 급락하고 물가가 천정부지로 치솟으면, 유통기업과 상인들은 더 비싼 가격에 팔려는 속셈에 식료품을 진열대에서 모두 치워버릴 것이다.

여기에 치안 문제가 화약고로 남아 있었다. 베네수엘라에서 총기살인이 급증해 라틴아메리카 최악의 상태로 치달은 데는 정치세력의 무장도 한몫했다. 무기 소유는 법적으로 금지되어 있지만 총기를 구하는 것은 어렵지 않았고, 정치적 갈등은 종종 총격전으로 비화되었다. 2002년 4월 11일, 차베스 대통령을 48시간 동안 쫓아낸 쿠데타가 벌어졌을 때도 유혈사태가 벌어졌다. 사망자는 반정부 시위대와 친정부 시위대 모두에서 나왔다. 사실 친정부 진영이나 반정부 진영을 가리지 않고 내부에는 총기를 소유한 세력들이 엄연히 존재했다. 그래서 정치적 갈등이 극단적으로 커질 때마다 내전이 발발할지도 모른다는 우려가 늘 나왔다.

하지만 무엇보다 중요한 문제는 이 거대한 실험실의 지휘자인 차베스 자신이었다. 과연 누가 그의 자리를 대체할 수 있을 것인가? 차베스정부는 노동조합과 같은 튼튼한 사회운동에 기초한 것도, 이념과 강령으로 결속한 정당을 바탕으로 세워진 것도 아니었다. 내각의 장관들도 자율성과 전문성보다는 차베스 대통령에 대한 충성을 잣대로 임명되었다. 차베스정부의 장관들이나 주요 국가기구의 수장들이건, 집권여당이건, 차베스가 위로부터 만든 노동조합을 비롯한 대중조직이건, 마을평의회와 같은 주민자치기구이건 이 모든 기구들을 작동시키는 것은 제도에 대한 합의가 아니라 차베스의 강력한 카리스마였다. 그 모든 권력의 정점에는 바로 차베스 대통령이 있었다. 이 때문에 차베스 대통령과 같은 강력한 카리스마를 갖춘 지도자가 없다면 이 모든 기구들 내부에 존재하는 이질적인 세력들을 어떻게 결속시킬 수 있을까라는 질문이 줄곧 제기되었다.

이 모든 위험에도 차베스정부은 뚜렷한 성과를 남겼다. 베네수엘라 국민의 절반가량은 차베스의 민주주의에 만족감을 표시했다. 1999년부터 2007년까지 베네수엘라 국민의 민주주 만족도는 48%를 기록해 라틴아메리카 평균 32%에 비해 매우 높은 편이었다. 또한 차베스 재임 기간 부유층의 소득은 줄어들었고, 하층의 소득은 늘어났다. 한때 전체 국민의 60%에 달하던 빈곤층도 급격히 줄어들었다. 2011년에는 미 중앙정보국CIA조차도 자신들이 발행하는 『월드팩트북World factbook』에서 빈민의 수가 반으로 줄어들었다고 인정했다.

링 위의 차베스

차베스의 정치와 통치스타일은 집권 내내 반대 세력으로부터 공격을 받았다. 2002년 4월 11일에는 재계 지도자, 노동계 지도자, 가톨릭 상층부, 군 상층부, 기존 정당의 지도자 그리고 미국이 손잡고 쿠데타를 일으켜 48시간 동안 차베스를 감금하기도 했다. 쿠데타 소식이 알려지자마자 빈민들이 거리에 쏟아져 나와 차베스 대통령을 돌려달라고 시위를 벌였고, 차베스 충성파 장교들은 아예 헬리콥터를 타고 날아가서 카리브해의 작은 섬에 갇혀 있던 대통령을 직접 구출해왔다.

쿠데타 실패 이후에도 반대파의 기세는 꺾일 줄을 몰랐다. 2002년 12월 2일 '차베스 없는 크리스마스'라는 슬로건을 내걸고 재계와 노동계가 공동으로 '파업'을 벌였다. 국부의 원천인 국영석유회사를 마비시킨 파업은 베네수엘라 경제에 큰 타격을 주었다. 차베스 대통령은 기존 경영진과 파업 참가 노동자들을 전원 해고하는 초강수로 대처했다.

2004년 야권은 새로운 전략의 일환으로 제도적 해법을 모색한다. 그간 야권은 차베스 대통령이 주도한 신헌법을 아예 무시하던 전략을 수정해서 신헌법이 보장하는 국민소환투표 제도를 활용하기로 결정했다. 그렇게 해서 세계 정치사상 그 유례가 없는 대통령에 대한 국민소환투표가 실시되었다. 하지만 베네수엘라 국민들의 과반수 이상이 대통령을 신임하고 있다는 것을 보여주었다. 2004년 6월 3일 저녁, 국민소환투표에서 승리를 거둔 차베스는 미라플로레스 대통령궁 발코니에 나와 지지자들 앞에서 이렇게 연설했다.

국민 여러분, 오늘 우리는 홈런을 날렸습니다. 우리가 때린 공이 백악관 앞뜰에 떨어졌습니다.

미국 정부가 국민소환투표에서 자신이 패배하기를 바랐다는 것을 딱 꼬집어서 비꼰 것이다. 미국은 1998년 대선 때부터 집요하게 차베스를 방해해왔다. 미국은 당시 유력 대선 후보였던 차베스의 여권 발급도 거절했다. 겉으로는 쿠데타를 일으킨 군인이라 비자 발급을 거부한다고 밝혔다. 하지만 미국의 주장을 곧이곧대로 믿는 사람은 없었다.

조지 W. 부시 대통령(2001~2009년 재임)과의 관계는 원수지간이라도 해도 과언이 아니었다. 부시는 냉전시대의 반공 전사들을 라틴아메리카 담당 차관보로 임명했는데, 이들이 2002년 4월 11일 반反차베스 쿠데타 모의에 가담했다. 쿠데타 정부가 들어서자 미국은 스페인, 멕시코와 함께 쿠데타 정부를 가장 먼저 승인하기도 했다.

차베스도 결코 가만히 있지 않았다. 2006년 유엔총회장에서 "어제 여기에 악마가 왔었나 보다. 아직도 유황 냄새가 난다"고 독설을 날렸다. 그 전날 유엔총회장에서 연설한 부시 대통령을 맹렬하게 공격한 것이다. 부시에 대한 그의 혹평은 거기서 멈추지 않았다. 그는 빈민들이 쓰는 생생한 언어로 "꼴통, 당나귀, 환자, 망나니, 겁쟁이, 거짓말쟁이, 살인자, 아동 학살자, 술주정뱅이, 머저리"라고 부시를 조롱했다. 2009년 베니스영화제에서 미국 다큐멘터리 감독 마이클 무어를 만나서는 "부시가 나보다 더 싫어하는 사람을 드디어 만났다"라며 반가워하기도 했다.

이 같은 격렬한 대결의 정치에서 승자는 단연 차베스 대통령이었다. 그는 재임 기간 치러진 13번의 전국단위 선거나 국민투표에서 11번이나 승리를 거두었다. 11승 2패의 화려한 전적에는 반대파의 허약함도 톡톡히 기여했다.

반대파는 차베스 재임 기간 내내 정부의 개혁에 지속적으로 딴지를 걸었을 뿐 더 나은 비전을 제시하는 데 실패했다. 과거 거대 양당의 잔당, 재계와 노동계의 지도자들, 과거 군부와 국가기구의 수장들은 미국의 손을 잡고 쿠데타를 일으키거나 국가경제를 아예 마비시키거나

차베스 집권기간 내내 베네수엘라 국민들은 차베스'까'(위)와 차베스'빠'(아래)로 나뉘어 격렬히 대립했다. 심지어 반대파들은 쿠데타라는 수단으로 차베스를 몰아내려고도 했다. 그러나 베네수엘라인들의 다수는 항상 차베스의 편에 섰다. 그가 숨을 거둘 때까지.

의원선거를 보이콧하는 전략으로 차베스정부에 맞섰다. 이 모든 것이 실패로 돌아가고 나서야 차베스의 신헌법이 보장하는 국민소환투표를 추진했다. 차베스 체제 자체를 거부하는 급진적 대응에서 벗어나서 제도 내부에서 해결책을 모색한 것이다.

그 이후부터 반대파 진영 내부도 서서히 달라지기 시작했다. 베네수엘라 국민들이 차베스정부를 지지하는 이유를 간파하기 시작했고, 더 나은 비전과 리더십을 제시하는 것이 중요하다고 생각했다. 2012

년 대선에서 차베스 대통령과 맞붙은 야권 지도자 엔리케 카프릴레스Henrique Capriles는 차베스 대통령의 사회복지정책을 계승하고 발전시키겠다고 약속하고, "나를 찬성하건 반대하건 상관없이 저는 모든 베네수엘라 국민들의 대통령이 되고 싶다"며 대결의 정치에서 벗어나는 '통합의 정치'를 제시하기도 했다. 차베스정부가 벌이는 모든 일에 딴죽을 걸고, 차베스 대통령에게 "사이코" "독재자"로 원색적인 공격이나 퍼부으며, 나라경제가 거덜 나든지 말든지 신경조차 쓰지 않던 야당이 나름대로 원숙한 정치가를 배출한 것이다.

차베스는 무엇이 달랐나

차베스는 과연 누구인가? 라틴아메리카 사람들조차 차베스가 어떤 정치가인지를 놓고 설전을 벌였다. 라틴아메리카 정치사에서도 매우 독특한 리더였기 때문이다. 그는 마치 그리스신화에 나오는 반인반수의 켄타우루스처럼 보인다. 인간도 아니고 그렇다고 동물도 아닌 존재처럼 이것 같다가도 저것 같은 그런 정치가였다.

무엇보다 차베스는 좌파 군인이었다. 하지만 독재자는 아니었다. 과거의 좌파 군인들은 예외 없이 군사정권을 수립해서 선거를 폐지하고 야당을 탄압하고, 집회의 자유와 언론의 자유 등 모든 기본권을 중지시켰다. 그들은 사회개혁을 추진하기는 했지만 엄연히 독재자들이었다.

하지만 차베스는 선거로 집권했을 뿐만 아니라 정치학 교과서에나 나오는 국민소환투표를 실험한 정치가다. 집권 기간에 그를 "무솔리니" 혹은 "히틀러"라고 비판하는 언론도 계속 표현의 자유를 누렸다. 야권은 시위의 자유를 마음껏 누리면서 노사공동파업, 심지어는 쿠데타까지 벌이기도 했다. 게다가 차베스 반대파들이 다수를 차지한 사법부는 2002년 4월의 반차베스 쿠데타 주모자들을 무죄로 석방하기도 했다.

차베스는 포퓰리스트였다. 그러나 페론이 아니었다. 라틴아메리카의 오랜 포퓰리즘 전통에 속하면서도 이와 달랐다. 과거의 포퓰리스트들은 이념적으로 모호했다. 그들은 노동계급을 위해 재분배정책을 펼칠 때는 좌파였다가 국가정책에 도전하는 노동자들에게 탄압을 가할 때는 우파였다. 하지만 차베스는 일관되게 좌파적 입장을 지켰고, 어떤 포퓰리스트들보다 더 급진적으로 부와 토지를 재분배했다.

또한 과거의 포퓰리스트들은 노동가계급과 자본가계급은 물론이고 여러 이질적인 사회집단을 국가의 힘으로 통합시켰다. 하지만 차베스는 계급간의 대결을 부추기는 전략으로 기득권 세력에 대한 개혁을 일종의 권투경기처럼 만들어놓았다. 특히 원래 포퓰리즘 정권은 민주주의에 대해서도 매우 이중적인 태도를 갖고 있었다. 필요하면 선거로 집권했지만, 필요하지 않으면 기꺼이 독재적인 수단으로 권력을 잡았다. 그러나 차베스는 늘 선거를 중시했고, 대안적인 민주주의를 실험했다.

차베스는 혁명가를 자처했다. 하지만 카스트로가 아니었다. 그는 쿠바혁명에 심취한 혁명적 좌파에 속하고, 쿠바가 이룬 급진적 사회개혁에 영감을 받았다. 그는 제헌의회로 '구체제'를 무너뜨리고, 신자유주의 경제모델과 완전히 단절하는 개혁을 집권 초부터 주도했다. 하지만 쿠바혁명처럼 일당체제와 시장경제 폐지를 채택하지 않았다.

차베스는 좌파 군인 전통에서 비타협의 대결 정치를 배웠고, 포퓰리즘 전통에서는 대중과 소통하는 전략을 챙겼다. 그리고 혁명적 좌파 전통에서는 급진적 목표를 받아들였다. 하지만 세 전통에 존재하는 권위주의적 해법은 채택하지 않았다. 그 결과 매우 독특한 차베스식 정치 체제가 탄생했다. 차베스는 선거민주주의와 직접민주제, 급진민주제가 공존하는 가운데 대중과 끊임없이 소통하면서도 정적들과는 지속적으로 대결하는 정치를 펼쳤다.

말하자면 차베스는 자유민주주의 정치체제와 신자유주의 경제모델의 대안을 찾기 위해 기존 체제를 무너뜨리는 한편 끊임없이 정치적 실험을 시도한 정치가이다. 그의 제헌의회 전략과 반신자유주의 정책은 몇몇 국가들에서 벤치마킹되었다. 볼리비아의 에보 모랄레스Evo Morales 정부와 에콰도르의 라파엘 코레아Rafael Correa 정부는 제헌의회 전략으로 구체제를 무너뜨렸고, 주요 자원의 국유화 정책 등으로 차베스의 길을 좇기도 했다. 니카라과의 다니엘 오르테가와 온두라스의 마누엘 셀라야Manuel Zelaya 대통령은 차베스 대통령에 공감하여 빈민을 위한 재분배정책을 추진하고자 시도했다. 이들은 '차베스형 좌파'로 불렸는데, 자유민주주의와 세계화된 시장경제 내에서 여러 개혁을 시도한 '룰라형 좌파'와는 명백히 다른 유형이었다.

챔피언의 장례식

2013년 3월 8일, 베네수엘라 수도 카라카스의 사관학교 강당에서 차베스 대통령의 장례식이 열렸다. 그날 베네수엘라의 모든 일상이 정지되었다. 학교는 수업을 멈추었고 상가는 문을 닫았으며 거리는 텅 비었다. 무더위가 기승을 부리고 있었지만 해수욕장은 개장하지 않았다. 술 판매는 금지되었다. 베네수엘라 각지에서 카라카스로 향하는 비행기와 버스 등 대중교통수단의 승차권은 모두 매진되었다.

베네수엘라 국민들은 차베스 대통령이 선거 때가 되면 즐겨 입던 붉은 셔츠를 입고 장례식장 앞에 길게 늘어섰다. 오열하는 시민들 사이로 마치 주문처럼 구호가 흘러나왔다. "우리 모두가 차베스다." "차베스는 살아 있다." 몇몇은 새 슬로건도 만들었다. "차베스는 죽지 않는다. 그는 여럿이다."

시민들은 고인의 마지막 얼굴을 보기 위해 뙤약볕 아래서 장장 10시간 이상을 기다리는 것도 마다하지 않았다. 오랜 기다림 끝에 장례식장에 들어서서는 군복을 차려입고 붉은 베레모를 쓰고 관 속에 누워 있는 고인의 얼굴을 스쳐지나가듯 잠시 일별했다.

조문하는 모두가 믿기지 않는 눈치였다. 그도 그럴 것이 불과 몇 달 전만 해도 차베스 대통령은 멀쩡해보였다. 2012년 10월 대선에 출마해서는 몸이 건강하다는 것을 보여주기 위해 무려 9시간 동안 마라톤 연설을 펼치기도 했다. 그러나 당선된 지 두 달 만에 대통령은 수술실로 들어갔고 다시는 걸어 나오지 못했다. 취임식도 치르지 못한 채 2013년 3월 5일 사망했다. 2011년 6월 종양이 발견되었으니 그때부터 2년도 채 안 된 시점이었다.

기나긴 대열에는 훈장을 달고 나온 장성들도 여럿 눈에 띄었다. 그 광경을 지켜본 우루과이의 전임 대통령 호세 무히카는 이렇게 회상했다.

"장군들이 마치 아비 잃은 아이들처럼 울고 있었다. 나는 한 번도 그런 광경을 상상해보지 못했다."

또한 무히카는 "친구란 감자가 불타 없어지면 도와주는 사이"라고 하면서, 라틴아메리카 역사에서 차베스와 같은 정치가는 일찍이 없었다고 추모했다. 룰라 전 브라질 대통령은 "시몬 볼리바르의 사상처럼, 차베스의 아이디어들도 오래 지속될 것"이라면서 라틴아메리카 통합 노력을 높이 평가했다. 볼리비아 대통령 에보 모랄레스는 "문제가 생길 때마다 차베스는 전화를 걸어와 뭐 필요한 것이 없느냐고 묻곤 했다"면서 눈물을 흘렸다. 라틴아메리카 정상들은 차베스 대통령을 '조금 특이하지만 의리 있는 친구'로 기억했다.

장례식에는 특별한 손님도 있었다. 할리우드의 진보파로 유명한 영화배우 숀 펜이었다. 그는 트위터에 "온 세계의 빈민들은 챔피언을 잃었다"고 차베스를 애도했다.

이날만큼은 정적들도 점잖은 말로 조의를 표했다. 2012년 대선에서 차베스와 경쟁했던 야권 지도자 엔리케 카프릴레스도 "우리가 경쟁자긴 했지만 결코 적은 아니었다"고 조의를 표했다.

그날 무려 200만 명의 시민들이 직접 대통령을 조문했고, 30명이 넘는 국가정상들이 직접 장례식장을 찾았다. 이웃 국가들도 연대의 의미로 3일이나 7일씩 국가 애도 기간을 공표했다. 볼리비아는 7일, 브라질은 3일, 그리고 보수파인 세바스티안 피녜라 칠레 대통령도 3일간의 애도 기간을 가졌다.

차베스는 빈민의 벗이자, 빈국의 벗이었다. 차베스 대통령을 조문하기 위해 길게 늘어선 시민들의 피부색과 행색만 보아도 금세 알 수 있었다. 카리브해와 대륙의 작고 가난한 나라 정상들이 대거 참석한 것을 보아도 알 수 있었다.

생전의 차베스는 수많은 사람과 비교되었다. 그를 반대하는 사람이나 옹호하는 사람이나 모두 그를 다른 사람과 견주었다. 하지만 그가 죽은 뒤에야 사람들은 차베스가 그 누구와도 같지 않다는 것을 깨달았다.

차베스는 페론도 카스트로도 아니었다. 토리호스나 벨라스코도 아니었다. 무솔리니나 히틀러는 더욱 아니었다. 차베스는 차베스였다. 그는 역사에서 얻을 것은 챙기고 버릴 것은 내던졌다. 그렇게 역사의 교훈을 간추려 자신의 방식으로 뒤섞어서 '차베스주의'를 만들어냈다. 그가 죽고 나서야 세상은 그의 정치 생애 전체가 통념과 상식을 깨는 역설과 모순으로 가득 차 있다는 것을 비로소 깨달았다.

후계자 마두로의 난폭 운전

'차베스 없는 차베스주의'는 가능할까. 과연 '차베스주의자'들이 차베스라는 거대한 빈자리를 신속하게 메울 수 있을까. 차베스 사후 베네수엘라 국민은 물론이고 많은 사람들이 의문을 품었다.

2012년 12월 10일 차베스 대통령은 수술을 하러 쿠바로 떠나기 직전에 직접 텔레비전에 나왔다. 당시만 해도 아무도 그것이 마지막 출연이 될 줄 몰랐다. 차베스는 예감했던 것일까. 그는 자신의 후계자를 지목했다. "내게 만약 무슨 일이 벌어진다면, 니콜라스 마두로Nicolás Maduro를 대통령으로 선출해주기를 바란다. 진심으로 여러분들에게 요청한다"고 지지자들에게 당부했다. 차베스가 엄숙하게 전달한 이 메시지는 결국 그의 유언이 되었다.

당시 부통령직을 맡고 있던 마두로는 버스기사노조 지도자 출신으로 머리끝에서 발끝까지 '차베스빠'로 불렸다. 1994년 3월 26일 차베스가 감옥에서 석방되던 그날부터 사망하던 날까지 그의 곁을 지킨 최측근 인물이었다.

정치이력의 시작과 끝이 차베스에서 시작해서 차베스로 끝나는 마두로의 역할은 영리한 '유산관리자'일 것이다. 차베스의 그림자에 가려져 있던 마두로에게 아무도 카리스마를 기대하지는 않았다. 그건 차베스의 지지자건 반대자건 마찬가지였다.

하지만 마두로는 시작부터 실수를 저질렀다. 차베스가 없는 베네수엘라에서 그가 내린 첫번째 결정은 고인의 시신을 방부처리해서 영구 보존하겠다는 것이었다. "호치민, 레닌, 마오쩌둥처럼" 영원히 전시하겠다고 직접 말했다. 살아생전 늘 입버릇처럼 고향인 열대 초원에 묻어 달라던 고인의 소망을 짓밟은 것은 물론이고, 고인에 대한 추모 열기를 숭배로 바꾸어 통치전략으로 삼으려는 얄팍한 속셈을 고스란히 드러냈다. 어처구니없게도 그 결정마저 시신이 이미 부패가 시작되는 바람에 스스로 번복해야 했다. 이 일로 마두로는 호된 정치적 대가를 치러야 했다.

차베스 사후 40일 만에 대선이 실시되었다. 국민의 일상을 마비시킬 정도의 추모 열기 속에서 승리를 확정지으려는 계산이 담긴 일정이었다. 하지만 이 대선에서 마두로 후보는 고작 1.6% 차이로 어렵사리 승리를 거두었다. 차베스 대통령의 유언, 200만 명의 조문객이 보여준 추모 열기를 고려한다면 초라하기 짝이 없는 승리였다.

차베스의 유산 전체는 냉혹한 시간의 시험을 통과해야 한다. 그래서 후계자 마두로 앞에는 과제들이 산적해 있었다. 가장 중요한 것은 두 가지였다. 차베스의 정치체제가 창안자의 강력한 카리스마에 전적으로 의존하지 않는 체제라는 것, 즉 보편적인 정치체제라는 것을 보여주어야 했다. 또한 차베스가 남긴 사회경제모델이 유가급락 시대에도 멀쩡하게 굴러간다는 것도 입증해야 했다. 이것은 곧 전임자 차베스정부의 여러 정치적·경제적 실험이 안고 있는 위험들을 관리해가는 일이었다.

그런데 마두로는 관리는커녕 전임자의 유산을 탕진하기 시작했다. 취임 이전부터 리더십의 위기를 자초하더니, 경제위기에도 제대로 대처하지 못했다. 모두가 예상한 대로 유가가 곤두박질치고 물가가 상승하고 물자부족이 심해지고 있는데도, 마두로정부는 미국과 베네수엘

차베스와 같은 카리스마 있는 리더가 사라지고, 유가 하락에 이은 경제위기가 닥치면서 베네수엘라의 상황은 악화일로를 걷고 있다. 차베스의 후계자인 마두로 대통령은 연이은 정치적 실책을 저지르면서 국민들의 신망을 잃었다. 제도적으로 안정되어 있지 않은 나라에서 정치 지도자가 얼마나 중요한지 잘 보여준다고 하겠다.(머니투데이, 2017년 7월 31일)

라 부자들 탓만 하고 있었다. 위기가 더욱 악화되면서 2015년 의회선거에서는 야권이 의석의 67%를 차지하는 압승을 거두었다. 설상가상으로 마두로 대통령에 대한 국민소환투표도 추진하기 시작했다. 이중삼중의 위기가 마두로정부를 덮쳤다. 차베스의 거대한 빈자리를 채우기는커녕, 유산관리자로서 자리보전이나 제대로 할는지 사람들이 의구심을 갖게 되었다.

여기에 내부의 위기마저 겹치면 베네수엘라 정국은 파국으로 치달을 것이다. 차베스정부를 지지하던 빈민들마저 등을 돌리고, 차베스주의자들 사이에서 비토가 개시되는 그 순간에 마두로는 사면초가의 위기에 놓일 것이다.

어느 날 갑자기 카리스마 넘치는 지도자가 사라지고, 경제위기가 쓰나미처럼 밀어닥치고, 이에 제대로 대처하지 못한 후임 정부가 위기를 눈덩이처럼 계속 키우는 상황. 가상역사소설에나 나올 법한 위기가 베네수엘라의 현실이 되고 말았다.

그러나 이것이 끝은 아니다. 최악의 사태는 마두로정부는 물론이고 야당조차 확고한 대안세력이 되지 못하는 것이다. 즉 두 세력 모두 무능해서 난국을 수습하지 못하는 무정부상태, 그것이야말로 베네수엘라 국민에게 재앙의 순간일 것이다.

제4장

복지국가는
어디서든 가능하다

가난한 나라에서 스웨덴을 향해 걷다

16세 소년 노동자가 수십 년의 시간이 흐른 뒤에
브라질의 대통령이 되었듯이,
브라질이 수십 년의 시간이 흘러
스웨덴과 같은 복지국가가 될지도 모른다는 희망.
아무리 냉혹한 현실이 앞에 있더라도
원대한 꿈을 향해 일보 전진해가는 낙관주의의 위대함이었다.

라틴아메리카 국가가 북유럽 같은 복지사회를 이룰 수 있을까? 이 나라들이 경제성장과 사회복지를 동시에 달성하는 것이 가능할까? 서로 다른 이념의 정당들이 자유롭게 경쟁하면서 시민들의 다양한 참여도 보장되는 민주주의를 만들 수 있을까?

1950~1960년대에 전성기를 구가한 유럽 각국의 사민주의 정당들은 성장과 복지라는 두 마리 토끼를 잡는 데 성공했다. 또한 대의제와 다양한 참여제도를 잘 결합해 민주정치의 전범도 보여주었다. 그리하여 '사민주의 복지국가'로 불리는 성취를 일구었다. 이 놀라운 성과는 여전히 세계의 나머지 나라들이 추구할 만한 모델로 남아 있다.

하지만 이런 일이 라틴아메리카에서 가능할 것이라고 생각하는 사람은 드물다. 이 대륙의 나라들은 툭하면 경제위기에 시달려 성장이 멈추기 일쑤였다. 소득분배도 최악 수준으로 여전히 세계에서 가장 불평등한 대륙으로 남아 있다. 게다가 걸핏하면 부자들이 자본을 해외로 빼돌리면서 경제를 마비시키는 곳이다. 이런 곳에서 어떻게 성장과 복지라는 두 마리 토끼를 잡을 수 있을까?

정치 사정도 여의치 않다. 라틴아메리카 국가들 대다수는 민주주의 역사가 매우 짧다. 1980년대가 되어서야 처음으로 보통선거권이 보장되고, 좌파정당이 암살의 공포 없이 선거에 나설 수 있었다. 이런 취약한 민주주의에서는 시민 참여를 확대하는 것도 쉽지 않았다. 노동조합을 비롯한 사회운동조직은 대표성이 약한 데다, 시민사회의 다양한 목소리를 반영할 통로도 많지 않다. 이러니 시민들은 대규모 거리시위로 자신들의 의사를 자주 표출한다. 기존 정당 전체에 대한 반감이 극에 달하면 아웃사이더 정치가들이 등장해서 집권하는 일도 자주 일어난다. 이런 곳에서 대의제를 안정시키고, 시민 참여를 확대시키는 것은 가능할까?

그런데 21세기 초엽 라틴아메리카에서 이 '미션 임파서블'이 가능하다고 믿는 대담한 정치가들이 나타났다. 그 대표선수가 바로 브라질 노동자당PT의 루이스 이나시우 룰라 다 시우바Luiz Inácio Lula da Silva 대통령(2003~2010년 재임)이다. 그는 평범한 선반공에 불과했던 자신이 브라질 최초의 노동자 대통령이 되었듯이, 브라질의 미래가 스웨덴이 되지 말란 법이 없다고 믿었다. 그리고는 일생을 낙관주의로 무장하고 후진국은 영원히 후진국으로 남을 것이라는 세계의 통념과 맞서 싸웠다.

"저는 선반공입니다"

어느 브라질 기자가 호기심 가득한 눈빛으로 룰라에게 물었다.

"당신은 마르크스주의자입니까?"

룰라는 한 치도 망설이지 않고 대답했다.

"아니오. 저는 선반공입니다."

룰라는 이와 비슷한 유사한 질문을 참 많이 받았다. 당신은 공산주의자입니까? 사회주의자입니까? 사민주의자입니까? 좌파입니까? 그때마다 그의 대답은 한결같았다. "선반공입니다." 자랑도 겸손도 아니었다. 자기 직업을 당당히 말했을 뿐이었다.

사실 그가 인생과 정치를 배운 곳이 공장이니 그보다 더 적절한 대답도 없었다. 그는 자신이 대변해야 할 사람들의 요구에는 늘 충실해야 한다고 여겼지만, 특정한 사상이나 이론을 추종해야 한다고 생각하지는 않았다. 그래서 이념적 딱지를 붙이려는 시도에 응하지 않았다.

룰라는 대학생이었던 적이 없었고, 지식인도 아니었다. 대학은커녕 초등학교도 제대로 마치지 못했다. 정치 데뷔 전까지 게릴라나 당원 활동을 한 적도 없다. 혁명적인 사상에 심취하지도 않았다. 그는 공장에서 일하고 투쟁하면서 사회와 정치와 자신을 바라보는 견해를 만들었고, 그곳에서 노동운동가가 되고, 정치지도자가 되었다.

룰라 인생의 초반기는 여느 브라질 노동자들과 크게 다르지 않았다. 그는 1945년에 가난과 가뭄, 체념과 무지의 땅인 브라질 북동부 페르남부쿠에 있는 한 농가에서 태어났다. 일곱 살이 되던 해 룰라의 가족은 고향을 떠나 대도시로 이주했다. 난간조차 없는 낡은 트럭의 짐칸에 올라타고 무려 13일간 여행한 끝에 상파울루의 외항인 상투스에 도착했고, 4년 뒤에는 상파울루 시로 이사했다. 1950년대와 1970년대 사이에 브라질 전역에서 수백만, 수천만 가족들이 남동부 공업지대로 몰려들었는데, 룰라 가족도 그중 하나였다. 그때나 지금이나 상파울루가 있는 남동부 지역은 브라질에서 농업과 공업이 가장 발달한 곳이자 가장 부유한 지역이다.

룰라는 어린 시절에 대해 누가 물을 때마다 "내겐 유년기가 없었다"라고 답했다. 일곱 살 때부터 가족의 생계를 위해 일을 시작했기 때문이다. 모든 것이 낯설었던 시골 소년은 어마어마하게 복잡하고 크기만 하던 도시의 거리에서 땅콩·오렌지·타피오카를 팔았다. 때론 구두를 닦기도 하고, 세탁소 심부름꾼으로 일하기도 하고, 어느 기업 사무실의 안내전화를 받기도 했다.

룰라는 15세가 되던 해에 기술을 배워 어엿한 기계공이 되기로 결심했다. 국립기술연수원SENAI에 등록해 3년간 교육과 공장실습을 병행한 끝에 선반공 자격증도 취득하던 날, 룰라의 어머니는 "마치 대학 졸업장이라도 되는 듯이" 기뻐했다.

선반공이 된 이유는 간단했다. 그가 살던 집 근처에 자동차 공장이 있었다. 지금은 사라졌지만, 한때 미국과 독일 자동차를 조립하던 베마기Vemag 공장이다. 룰라는 그곳에서 일하는 노동자들의 부인들이 장바구니 가득 물건을 사고, 그 아이들이 크리스마스에 선물바구니를 받는 것을 보았다. 그래서 "세상의 모든 금속노동자들이 베마기 공장 노동자들처럼 살 것"이라고 믿었다.

하지만 그렇게 사는 노동자들은 극히 일부에 불과하다는 것을 곧 알게 되었다. 자동차 부품 공장에 취직해 기술자로 일을 시작했지만 노동자 인생이란 참으로 고달팠다. 단지 나이가 어리다는 이유로 제대로 임금을 받지 못하는 경우도 많았다. 휴일에 출근을 거부했다는 이유로 해고되기도 했다. 열아홉 살에는 야간작업 중 프레스 기계를 다루다가 그만 왼손 새끼손가락을 잃는 사고를 당했다. "손가락 하나가 없는 것이 너무도 부끄러웠다. 그 때문에 수개월을 고민하고 몇 해를 비관하며 살았다"라고 그는 회상했다.

스무 살에는 실업자가 되어 6개월이 넘게 일자리를 얻기 위해 이 공장 저 공장을 전전하기도 했다. "사람이 직장을 잃게 되면 가장 먼저 잃게 되는 것이 친구들"이라며 그 시절의 고충을 회고했다. 친구들조차 담배나 돈 따위를 빌리러 오는 천덕꾸러기로 취급하더란 얘기였다. 그렇게 "인생에서 가장 암울한 시기"를 보냈다.

그래도 선반공 룰라의 여가 시간은 활기찼다. 고단한 노동이 없는 시간에는 여느 브라질 청년들처럼 축구에 환장했다. 모두가 룰라를 자기 팀으로 데려가려고 했다. 파티와 연애에도 몰두했고, 이따금 사랑도 했다. 어느 일요일 댄스파티에서 룰라는 코냑을 연거푸 석 잔이나 들이킨 뒤에 용기를 내어 사랑을 고백하기도 했다.

결혼도 하고 가정도 꾸렸다. 하지만 2년 만에 소박한 행복이 끝나는 일이 벌어졌다. 간염과 빈혈 때문에 입원한 만삭의 아내와 배 속 아이가 모두 사망하는 일이 벌어진 것이다. 룰라는 가난한 사람들에 대한 "브라질 의료기관의 무관심"으로 벌어진 일이라고 생각했다. 아내의 죽음 이후 6개월 동안은 사람을 만나는 것을 기피하기도 했다. 일요일마다 아내와 아기의 무덤에 꽃을 가져다 놓는 것이 그의 유일한 외출이었다.

그때가 룰라의 나이 스물여섯이었다. 젊은 나이에 산재와 해고, 실업, 그리고 아내와 아이의 죽음까지 한 사람이 인생에서 겪을 법한 비극을 모두 겪었다. 사실 그만이 아니었다. 당시 수많은 노동자들이 정도는 다르지만 그와 비슷한 일들을 겪으며 살았다.

룰라가 인생의 여러 고비를 넘던 60~70년대에 브라질은 고도 성장기를 통과하고 있었다. 당시 '브라질의 기적'이라고 불리던 경제성장은 상파울루 공업지대가 주도했고, 자동차 산업이 핵심적인 역할을 했다. 상파울루의 위성도시들에는 제너럴모터스·폭스바겐·메르세데스벤츠와 같은 외국기업들의 공장이 들어섰다.

하지만 경제성장의 그늘도 짙었다. 브라질 노동자들은 저임금·장시간 노동에 허덕이고 있었다. 독일에 있는 폭스바겐 공장과 브라질 상파울루 폭스바겐 공장의 대우는 매우 달랐다. 브라질 노동자들은 더 오래 일하고 더 많은 차를 생산했지만 임금은 더 적었다. 많은 노동자가 룰라처럼 산업재해를 당했다. 노동자들의 불만이 쌓여간 것은 당연했다. 그런데도 1964년에 쿠데타로 들어선 군사정권은 노동자들의 파업과 시위를 모두 금지해버렸다.

처음 룰라에게는 이런 것들이 전혀 관심 대상이 아니었다. 그에게는 "안정된 생활과 월급을 꼬박꼬박 받는 것, 결혼해서 행복한 가정을 꾸리는 것"이 인생의 전부였다. 노조 활동을 할 바에야 "집에서 드라마나 한 편 보는 것이 더 낫다"라고 생각했고, 노조 집회에 참석하느니 동료들과 "축구를 한 판 더 하는 것이 낫다"라고 생각했다.

하지만 자동차 공장의 용접공이었던 친형 프레이 쉬쿠Frei chico와 동료들이 끈질기게 설득하자 1969년 4월에는 노동조합에 가입했다. 룰라는 자신이 좌파도 아니고 노동조합 자체는 불법이 아니었기 때문에 아무런 문제가 없을 것이라고 여겼다. 노조에 가입하긴 했어도 파업주동자나 노조 지도자가 된다는 것은 꿈에도 생각해본 적이 없었다.

하지만 노조가 인생의 방향을 송두리째 바꿔 놓으리란 것을 룰라는 알았을까? 룰라는 노조에서 가난한 노동자들을 돕는 일에 재미를 붙였다. 그는 1972년에서 1975년까지 노조에 직접 복지부를 만들어서 막 신설된 해고실직수당을 알리고 지급하는 일에 나섰다. 당시 그는 노동자들이 노동조합을 "읽기 어려운 유인물이나 가끔 나눠 주는 곳"으로 여긴다는 것을 잘 알고 있었다. 노조가 노동자들의 생활에 실제로 기여해야 한다고 믿었기에 복지부서 신설을 제안한 것이었다.

그의 판단은 적중했다. 복지부서는 룰라가 노동자들의 신뢰를 쌓아가고 노조가 조합원을 늘리는 기반이 되어주었다. 1975년에 룰라는 92%의 지지율로 상파울루의 위성도시이자 공업도시인 상베르나르두두캄푸São Bernardo do Campo 금속노조위원장으로 선출되었다. 1978년에는 98%라는 만장일치에 가까운 지지율로 연거푸 당선되었다. 자기 앞에 놓인 일에 몰두하다보니 어느새 꿈에도 생각한 적이 없던 노조 지도자가 된 것이다.

룰라가 상파울루 위성도시의 금속노조 위원장에서 브라질 노동계급 전체의 상징으로 부상한 것은 1978년에서 1980년까지 3년간 벌어진 총파업 때였다. 당시 독재정권은 물가상승률에 연동하는 임금제도를 시행하고 있었다. 이 제도는 두 가지 문제점이 있었다. 국가가 임금인상 상한선을 직접 정했고, 임금인상을 막으려고 물가상승률을 낮게 조작했다. 이 제도를 철폐하기 위해서는 독재정권과 맞서야 한다는 것을 노동자들은 알고 있었다.

상베르나르두두캄프의 금속노동자들은 그때까지 동맹파업도 벌여본 적이 없었다. 그런데 1978년 한 공장이 파업을 개시하자 다른 공장이 연달아 기계를 멈추었다. 파업이 삽시간에 들불처럼 번져갔다. '브라질 경제의 기관차'로 불리던 상파울루 대도시권 전역의 노동자들이 독재정권에 맞서 집단적인 저항을 벌인 것이다. 시작은 임금을 인상하는 것이었지만, 장시간 노동, 산재와 차별에 반대하고 독재정권의 억압 등에 맞서는 집단적인 저항이 되었다. 해가 지날수록 파업일수가 늘어났고, 파업 가담자수도 불어났다.

앞서 말했듯 브라질에서는 파업과 시위가 불법이었다. 그런데도 노동자들은 아랑곳하지 않았다. 총파업 기세에 독재정권도 놀라고, 민주화운동 진영도 놀랐지만, 무엇보다도 파업지도부가 놀랐다. 파업이 벌어질 가능성을 염두에 두기는 했지만, 파업의 기세는 예측하지 못했다. 룰라는 노동자들이 "파업에 신들린 것 같았다"라고 회상했다.

독재정권이 경찰과 군대를 동원하고, 경찰헬기를 띄우면서 파업집회를 탄압했지만 노동자들이 물러서지 않고 파업대열을 유지한 것은 많은 이들에게 깊은 인상을 남겼다. 브라질 민주화운동 진영도 상파울루 노동자들의 힘을 인정했다. 노동자들은 그 힘을 바탕으로 국가와 기업으로부터 독립적인 새로운 노동조합총연맹을 만드는 일에 나섰다.

훗날 룰라는 노동조합 지도자로서 활약하던 시절을 회상하며 이렇게 말했다.

노동자들이 전진하면 나도 앞서 나갔다. 노동자들이 후퇴하면 나도 뒷걸음질쳤다. 나는 나 개인을 대표하는 것이 아니라 내가 속한 사회를 대표한다. 그래서 노동자들의 소망이 곧 내 소망이다.

룰라는 자신의 리더십이 어디에서 비롯되는지를 잘 알았다. 그의 힘은 타고난 카리스마에서 온 것이 아니었다. 상파울루 노동자들의 응집력에서 온 것이었다. 룰라와 상파울루 노동자들은 총파업으로 서로 깊은 연대감을 만들었다. 그래서 룰라는 개인이 아니라 바로 브라질 사회의 일부를 대표했다.

세상을 바꾸는 재미는 끝이 없다. 이제 룰라는 총파업으로 공장을 바꾸는 것에서 나아가 브라질 사회 자체를 바꾸는 일에 나섰다. 그는 일단 노동자들이 자신들의 정당을 가져야 한다는 결론에 이르렀다. 계기는 이랬다. 동맹파업 첫해인 1978년 9월에 룰라는 노조 지도자들과 함께 연방 수도 브라질리아를 방문했다. 연방의회를 찾아가서 노동자들의 요구를 전달하고자 했다. 하지만 482명의 의원 가운데 그들을 만나준 의원은 고작 2명뿐이었다. 룰라의 신당 창당 이유는 간단명료했다. "노동자를 위한 법을 만드는 의원이 없는 현실"을 바꾸기 위해서였다.

그러나 룰라가 정당을 만들겠다고 나서자 총파업을 응원하던 사람들도 반대에 나섰다. 당시 군사정권은 거의 모든 사회집단으로부터 배척당하고 있었다. 언론과 지식인들은 물론이고 심지어 기업가들도 군

상파울루 빈민가에 걸린 노동자당PT의 선거포스터. 브라질은 계층간 소득 격차가 심각한 불평등 국가로, 브라질 인구의 4분의 1가량이 빈곤층이었다. 노동자 출신인 룰라는 이들을 대변하는 정당을 만들고 이들을 위한 정책을 폈다.

사정권이 물러나길 바랐기 때문에, 노동빈민들의 파업이 군사정권의 몰락을 가속화할 것이라는 기대로 총파업에 우호적인 태도를 보였다 하지만 룰라가 한 걸음 더 나아가 노동자들의 당을 만든다고 하자 "이방인 취급"을 했다. 좌파세력도 반대했다. 그들에게도 비밀리에 활동하던 정당이 있었다. 심지어 공산당은 레닌주의 정당과 마오주의 정당으로 나뉘어 두 개나 있었다. 굳이 새로운 좌파정당을 만들 필요가 없다는 것이다.

이때 선반공 룰라의 관점은 쾌도난마였다. 노동자들이 직접 만들지 않은 정당이 노동자를 대변할 리가 만무하다고 반박했다. 이 관점에 동의하는 인사라면 룰라는 그 누구와도 손을 잡았다. 그렇게 해서 더 진보적인 정당이 만들어지길 바라던 인사들이 노동자당PT, Partido dos Trabalhadores 건설에 합류했다.

당의 이념과 노선을 결정하는 데도 명쾌했다. 그는 공산주의체제도 거침없이 비판했다. 그가 특별히 다른 사상을 신봉했기 때문에 그런 것이 아니다. 그저 브라질 자본주의 독재체제나 공산주의체제나 모두 노동자에게 억압적이라고 봤기 때문이다. "표현의 자유도, 파업권도, 야당도 인정하지 않는 이념은 결코 받아들일 수 없다"라고 간명하게 정리했다. 그렇게 낡은 이념에 사로잡히지 않는 신생 좌파정당이 탄생했다.

1980년 2월 10일, 브라질 상파울루 중심가에 있는 조그만 학교 강당에 300여 명이 모여 브라질 노동자당을 창당했다. 참석자들의 행색은 모두 평범했지만 눈빛만은 빛났다. 그들은 자동차 기계공, 농민, 도시 빈민, 전직 게릴라, 해방신학 신부, 지식인, 전 공산당원들이었다.

소강당에는 연단도 없었다. 탁자만 하나 달랑 놓였다. 곧 당수로 선출될 35세의 선반공 룰라는 청바지 차림이었다. 참석자 중에 양복을 입은 사람도 아무도 없었다. 그래도 깃발은 있었다. 이탈리아 천에 직접 수를 놓아 깃발을 만든 사람은 룰라의 두번째 부인 마리자 레치시아Marisa Letícia(1950~2017년)였다. 마리자는 남편과 사별하고 아들 하나를 기르던 노동자였고, 그 둘이 처음 만난 곳도 노동조합의 복지부 사무실이었다. 한 지지자는 "전세계에서 유일하게 가난한 사람들이 직접 만든 정당"이라고 감격했다. 훗날 13년간 브라질을 통치할 정당의 시작은 그렇게 조촐했다.

처음에 룰라는 노조에 가입하는 것조차 꺼려했던 평범한 노동자였다. 노조에 가입하고 나서도 노조 지도자가 되겠다는 야심도 없었다. 그런 그가 신생 좌파정당의 당수가 되었고, 그로부터 22년 뒤에는 대통령이 된다.

언젠가 룰라는 자신의 정치인생을 브라질 국민들이 즐겨 마시는 술에 빗대어 이렇게 묘사했다.

정치는 잘 빚은 카샤사(사탕수수 증류주)와 같다. 첫 잔을 마시고 나면
한 병을 다 비우기 전까지 절대로 멈출 수 없다.

노동자당은 어떻게 진화했나

1980년대 내내 룰라가 이끄는 노동자당은 사회운동의 에너지를 대
거 흡수하면서 무럭무럭 성장해갔다.

우선 노동자당은 민주화 과정에서 가장 전투적인 정치세력으로 이
름을 떨쳤다. 브라질 민주화 이행은 1979년 야당 설립 허용에서 1982
년 연방의회선거, 1986년 제헌의회선거, 1989년 대통령 직선제 실시까
지 10년간의 기간을 거쳐서 완만하게 이뤄졌다. 노동자당은 민주화 이
행 속도를 높이는 역할을 했다. 민주화 진영과 손을 잡고서 1983년 "이
제 직선제를Diretas Já!"이라는 슬로건을 내걸고 여러 야당들과 함께 대
통령 직선제 운동을 열심히 벌였다.

노동자당은 신자유주의 반대운동에도 매우 적극적이었다. 1982년
외채위기 이후에 국제통화기금 등 국제금융기관이 외채를 빌려주는
조건으로 강요한 긴축재정·민영화·무역자유화 등에 반대했다. 미국
이 주도하는 국제금융기관이 브라질의 경제 주권을 침해하는 것으로
간주했기 때문이다. 이 과정에서 노동운동, 농민운동, 해방신학 사제들
이 주도한 도시빈민운동 등 여러 사회운동이 탄생시킨 대중조직들과
정치적 동맹을 맺었다.

사회운동의 에너지를 흡수한 노동자당은 각종 선거에도 매우 적극
적으로 참여했다. 창당 이후 처음으로 치른 1982년 연방의회선거에서

8명의 하원의원을 당선시켰고, 1986년 제헌의회선거에서는 16명의 하원의원을 당선시켰다. 1989년에는 '행복해지는 것을 두려워 말라'는 슬로건을 내걸고 대선에 참여했다. 이 대선에서 룰라가 처음 후보로 나서서 결선투표에서 47% 득표율을 기록하기도 했다. 비록 대선에서는 패배했지만 노동자당은 지방정부를 운영하면서 행정경험도 쌓아갔다. 1988년 이래 브라질 최대 도시인 상파울루 시장선거에서 연이어 승리하고, 1994년 주지사선거에서 2명이 당선되면서 노동자당의 지방정부 시대가 열렸다.

노동자당은 독재에 맞서 자유민주주의를 복원하기 위해 투쟁했지만, 그것에 만족하지 않았다. 노동자당이 추구한 민주주의는 1989년에서 1993년까지 포르투 알레그리Porto Alegre 시정부가 선보인 참여예산제서 잘 드러난다. 이는 시의회가 독점한 예산의 심의, 집행, 결산 전 과정에 시민들이 직접 참여하는 제도였다. 사실 이 제도는 온통 보수적인 시의원들이 장악한 시의회에 지역 주민들의 요구를 반영하기 위한 전략의 산물이었다. 이 제도는 기존 대의제와 시민참여제도를 결합시키는 실험으로, 노동자당의 혁신적 민주주의를 보여주는 상징이라 할 수 있다.

노동자당은 신자유주의 반대에서 더 나아가 자본주의 자체에 대해서도 비판적이었다. 1993년 노동자당 전당대회 결의안에는 "자본주의와 사적 소유가 있는 한 인류에겐 미래가 없다"고 적혀 있었다. 공약도 매우 급진적이었는데, 외채 상환 거부, 은행과 광산 국유화, 급진적 토지개혁 등의 정책도 내걸었다.

이때까지만 해도 노동자당은 계급간의 대결을 강조하던 급진적인 정당이었다. 그렇지만 1990년대를 거치면서 노동자당은 보다 온건한 정당으로 변신하게 된다.

노선 전환의 결정적인 계기는 연이은 대선 패배 때문이었다. 1989년 대선에서 선전을 거두고서 다음 대선에서 곧 집권할 것만 같았던 노동자당은 1994년과 1998년 대선에서 연달아 패배했다. 그것도 결선투표까지 가지도 못한 채 1차 투표에서 완패해버렸다. 노동자당 내에는 위기감이 팽배했고, 룰라 후보는 30%의 고정지지층만 가진 후보로 굳어져버렸다.

1998년 대선 패배 직후에 룰라는 당 지도자들에게 다른 후보를 찾아보라고 요청하기도 했다. 하지만 당 지도자들이 전국 순회와 토론을 거쳐 다시 룰라를 압도적으로 신임했다. 그리고 룰라는 완전히 새로운 길을 가기로 결심했다.

우선 노동자당은 이념이 다른 정당들과 협상하고 타협하는 길을 택했다. 노동자당은 이미 지방정부를 운영하면서 이념과 노선이 다른 정당들과 연립할 수밖에 없다는 것을 알았다. 제한적인 좌파 지지층으로는 지방의회에서 과반수를 넘길 수 없었기 때문이다. 그러다보니 노동자당의 원래 정책과 구상은 정당간 협상을 거치면서 온건하게 변할 수밖에 없었다.

노동자당은 연방정부 운영에서도 그와 같은 자유민주주의체제의 제약을 피해갈 수 없다고 생각했다. 그래서 좌파정당들과의 연합은 계속 유지하면서도 함께 국정운영의 파트너가 될 중도우파정당을 물색했다.

또한 노동자당은 기존에 추구한 급진적 경제정책에서도 완전히 벗어나기로 했다. 1990년대 페르난두 엥히키 카르도주Fernando Henrique Cardoso(1995~2002년 재임) 정부가 브라질 경제를 세계경제에 깊숙이 편입시키는 한편 인플레이션을 억제하는 데 성공한 것에서 배웠다. 당시 브라질은 인플레이션이 심각했는데, 1993년 한때 2500%까지 치솟아 노동자들의 임금을 휴지조각으로 만들어버리기도 했다. 이것을 카르도주정부가 해결하자, 중산층은 물론이고 노동자당의 전통적인 지지층인 노동계급의 지지까지 받았다.

노동자당은 인플레이션 억제와 같은 거시경제 안정책을 계승하기로 결정했다. 이미 세계화된 브라질 경제에서 급진적 정책을 추진할 경우 오히려 자본 유출과 같은 혼란이 일어나고 경제가 위기에 빠지면서 중간계급은 물론이고 노동계급의 지지마저 잃어버릴 가능성이 컸다. 그래서 노동자당은 신자유주의 세계화라는 현실적 제약도 받아들였다.

이 같은 인식을 바탕으로 대선 전략도 세웠다. 방향은 두 가지였다. 하나는 카르도주정부가 만든 중도파-우파 정당연합을 좌파-우파 정당연합으로 대체하는 것, 다른 하나는 상층계급-중간계급의 유권자 연합을 노동계급-중간계급의 유권자 연합으로 대체하는 것이었다.

노동자당은 1989년 대선에서는 "룰라를 찍어라! 나머지는 다 부자다"라는 구호를 내세웠다. 계급투쟁을 강조하고 '민주적 사회주의'라는 이념을 숨기지 않던 급진적인 정당이었다. 그런 정당이 수권정당이 되기 위해 '사회주의'에 대한 언급도 자제하는 온건한 정당으로 변신했다.

대선 4수생 룰라의 '역대급' 변신

2002년 대선 캠페인의 막이 올랐다. 대권 4수생 룰라와 노동자당은 이번에는 집권에 성공할까? 룰라는 과거의 실수만 반복하지 않는다면 승리할 것이라고 확신했다.

당시 카르도주정부의 지지율은 추락하고 있었다. 동아시아 경제위기의 여파로 1999년에서 2002년까지 브라질 경제가 침체되면서 인플레이션을 진정시킨 대통령의 업적도 약발이 떨어져 유권자들의 불만이 팽배했다. 룰라의 지지율이 오르기 시작했다.

이 대선에서 룰라는 '역대급' 변신을 선보였다. 먼저 그는 우파와의 연합을 성공시켰다. 룰라는 부통령 러닝메이트로 자유당PL의 주제 알렌카르José Alencar를 지명했다. 과거 세 번의 대선에서는 좌파와만 협력했던 그가 처음으로 우파 정치가와 손을 잡았다. 알렌카르는 중도우파 정당을 이끄는 사업가 출신 정치가였다. 초등학교를 중퇴하고 가업을 도우는 일에서 시작해 브라질 최대 의류기업의 사장이 된 입지전적 인물이었다. 게다가 이 자수성가한 억만장자는 라틴아메리카 최대의 재력을 자랑하는 개신교 단체의 명망가이기도 했다.

룰라는 가톨릭교도이자 노동계급의 지지를 받는 자신과, 개신교도이자 기업가의 지지를 받는 알렌카르의 결합이 환상적일 것이라고 여겼다. 그는 투기자본과 생산자본을 구분하면서 자신이 일자리를 만드는 생산자본가와 손을 잡았다고 설명했다.

선반공 출신 좌파가 사장 출신 우파와 손을 잡는다? 룰라는 자신들의 관계를 가문끼리 철천지원수였던 로미오와 줄리엣에 빗댔다. "우린 서로 깊은 애정을 고백했다. 남은 것은 부모의 허락뿐"이라고 말했다. 양당의 승인을 부모의 허락으로 능청스레 비유한 것이다.

룰라 후보는 급진적 경제정책에서 탈피하겠다고도 약속했다. 「브라질 국민에게 보내는 편지Carta ao Povo Brasileiro」라는 제목의 성명서를 발표하여 국제통화기금을 비롯해 국제금융기관에서 빌린 외채를 모두 상환할 것을 약속했고, 전임 카르도주정부의 거시경제 안정책도 고스란히 계승하겠다고 선언했다.

이런 변신을 시도하면서도 룰라는 노동자당의 색깔이 변하는 것은 아니라고 주장했다. 멕시코 주간지 『프로세소PROCESO』와의 인터뷰에서 이렇게 설명한다.

> 노동자당은 사회주의를 위해 싸우는 정당이란 사실을 단 한순간이라도 부인할 수 없다. 이것은 명확하다. (…) 하지만 노동자당이 만들 정부는 사회주의를 도입하지 않을 것이다. 어떤 사람들에게 유토피아는 공정하고 평등한 사회에 이르는 것이다. 그것은 장기적인 전망이다. 다른 이들에게 유토피아는 생애 처음 먹어 보는 강낭콩 한 접시이고, 생애 처음 갖는 일자리이며, 생애 처음 받아보는 진료이고, 생애 처음 가보는 학교이다.

룰라의 발언은 두 가지 의미를 담고 있었다. 하나는 노동자당의 노선에 관한 것이었다. '유토피아'를 추구하는 대신에 '생애 첫 강낭콩 한 접시'를 제공하는 것을 최우선 국정과제로 삼겠다는 것이었다. 급진적 개혁 대신에 점진적 변화를 추구하는 정당으로 노선을 전환하겠다는 선언이었다. 다른 하나는 '노동자당 정부'의 성격에 관한 것이었다. 노동자당은 사회주의 정당이 맞지만 '노동자당의 정부'는 여러 정파의 연립정부라는 지적이었다. 즉 노동자당이 이끄는 연립정부는 여러 정당들이 타협을 이룬 정책을 추진하게 될 것이라는 얘기였다.

당연히 당 안팎의 전통적인 지지층에서 반발이 터져 나왔다. "우경화" "배신"이라며 불만을 터뜨렸다. 당 내부에서 동요가 일자 룰라는 "아무리 훌륭한 정책도 실천할 기회를 얻지 못하면 책상 서랍 속에서 한 세기 이상 썩게 된다"며 반발을 무마하려 했다.

룰라는 당내 급진파 동료와 나눈 대화 한 토막을 언론에 공개하기도 했다. "여보게, 룰라! 자네가 대통령이 되면 민영화된 기업들도 재

2002년 대선 당시의 룰라 홍보 현수막. 룰라는 4번째 도전인 2002년 대선에서 우파 정당과 연합하고, 기존의 급진적 노선을 바꾸는 등 엄청난 변신을 거듭한 끝에 결국 집권에 성공한다. 그의 선택을 두고 당 안팎의 여러 비난이 쏟아졌지만, 그는 대통령이 되어 수행한 숱한 개혁정책으로 자신의 선택이 그릇된 게 아니었음을 입증했다.

국유화하고, 외국 자본이 차지한 은행들도 되찾아오고, 국제통화기금의 횡포에 굴하지 않겠다고 공약하게나!" 급진파 동료가 말에 룰라는 이렇게 답했다. "동의하네. 하지만 자네가 그 공약을 걸고 선거에 출마하게나. 1차 투표를 무사히 통과해 결선투표까지 가면 자네를 찍겠네!" 급진파 전략으론 1990년대처럼 30%대의 지지에 머무르게 될 것이라는 뜻이었다.

  룰라의 과감한 변신에도 국제금융계와 브라질 우파는 반신반의했다. 그들의 눈에 룰라와 노동자당은 여전히 불온한 좌파였다. 그래서 룰라 후보의 상승세를 보여주는 여론조사가 발표될 때마다 자본유출·주가추락·국가신인도 하락 등의 일이 발생하고, 브라질 헤알화의 가치가 출렁거렸다. '세계 최고의 펀드매니저' 조지 소로스는 아예 대놓고 "아르헨티나인가, 주세 세하인가"라고 물었다. 당시 여당 후보인 주세 세하를 찍지 않고 룰라에게 투표하면 브라질이 2001년 아르헨티나처럼 국가부도사태를 맞을 것이라는 협박이었다. 현임 카르도주 대통령까지 나서 "브라질이 아르헨티나가 될지 모른다"면서 불안감을 자극했다. 룰라는 끝까지 노동자당 정부를 거부하는 세력이 있다면서, 그들은 "브라질 국민의 삶의 질을 개선하려는 어떤 노력도 반대하는 세력"으로 투기와 부패집단에 불과하다고 강도 높게 비판했다.

이 와중에도 룰라에게 변함없는 지지를 보내는 이들이 있었다. 바로 상파울루 노동자들이었다. 1975년 선반공 룰라가 금속노조 위원장이 되었을 때부터 2002년까지 한결같이 지지를 보내온 이들이었다. 선반공 룰라가 기업가들을 만나느라 구레나룻도 다듬고, 정장과 넥타이로 말쑥하게 차려 입었지만, 노동자들은 박수로 룰라를 연호했다. 그들 앞에서 룰라가 굵고 허스키한 목소리로 굳게 다짐했다.

브라질 엘리트들이 결코 이루지 못한 것을 한 선반공이 이룰 수 있다는 것을 반드시 보여주고야 말겠다!

그해 2002년 10월 말에 룰라 후보는 결선 투표에서 61.3%의 지지를 얻어 승리를 거두었다.

라틴아메리카 사상 최초의 사민주의 정당들

브라질 노동자당의 변신이 극적이긴 하지만, 라틴아메리카의 대표적인 좌파정당은 모두 노선 변화 과정을 거쳤다. 1933년에 창당한 가장 오래된 좌파정당인 칠레 사회당PS, 1971년에 창당한 우루과이의 좌파 연합정당인 광역전선FA 등 주요 당들은 1980년대와 1990년대를 거치면서 노선 변화를 완료했다. 그리고 2000년대에 모두 집권당이 되었다.

라틴아메리카 좌파는 크게 3세대로 나눌 수 있다. 제1세대 좌파는 1917년 러시아혁명의 강력한 영향을 받았다. 이 시기 좌파는 1920년대와 1930년대에 라틴아메리카에서 산업화가 본격화되어 노동계급이 양산되었을 때 노동조합을 만들고 사회당과 공산당을 창당한 이들이었다. 칠레 사회당도 이 시기에 창당했다.

제2세대 좌파는 1959년 쿠바혁명에 열광하던 이들이었다. 이 시기 좌파는 매우 잔인했던 친미군사정권에 맞서 게릴라 투쟁으로 사회주의 혁명정부를 세우려고 했다. 이들은 1세대 좌파가 소련의 결정을 추종하고, 반파시즘 전선이란 이름으로 우파정당과 타협하면서 전투성을 완전히 상실했다고 간주했다. 이 시기 좌파는 사회주의로 가는 경로를 놓고 논쟁을 벌이기도 했다. 민주선거로 갈 것인가, 혁명으로 갈 것인가 논쟁했지만, 민주선거로 탄생한 칠레 아옌데정부가 쿠데타로 무너지면서 논쟁도 끝이 났다.

제3세대 좌파는 독재정권에 맞선 민주화 투쟁 과정에서 탄생했다. 브라질 노동자당, 칠레 사회당, 우루과이 광역전선의 지도자들은 모두 군사독재에 맞선 1980년대 민주화운동의 상징이었다. 이들은 라틴아메리카 전역에서 수많은 피노체트와 수많은 게바라가 대결하던 시대를 끝내기 위해 싸웠다. 그리고 민주화 이후에는 각기 자기 나라에서 민주주의 발전을 위해 헌신했다.

또한 이 제3세대 좌파들은 8,90년대에 라틴아메리카와 세계에서 벌어진 역사적 사건들을 직접 겪었다. 1990년대 초반에 소련과 동구권의 몰락을 지켜보았고, 쿠바체제가 붕괴 위기에 처하는 것을 목격했다. 좌파가 이념에서나 현실정치에서나 모두 급격히 위축되는 시기를 체험했다.

그뿐만이 아니다. 1982년 멕시코 외채위기를 필두로 라틴아메리카 전역으로 확산된 경제위기를 통해 과거의 수입대체산업화 전략의 문제도 알게 되었고, 이에 대한 대안으로 도입된 신자유주의 전략이 가져온 사회적·경제적 위기도 두루 체험했다.

이 모든 역사적 경험을 겪은 제3세대 좌파들은 구좌파들과 매우 다른 길을 가게 되었다. 우선 이들은 '자유민주주의'를 일종의 차악으로 받아들였다. 자본주의 독재체제나 공산주의 억압체제보다는 덜 나쁜 체제인 것이다. 우루과이 광역전선의 무히카가 말했듯이 "파시즘에 비하면 민주주의는 목숨을 바쳐서라도 지킬 만한 것"이라는 데 모두가 동의했다. 하지만 이들은 자유민주주의가 대중 참여 없이는 제대로 작동하지 않는다고 생각했다. 브라질 노동자당이 참여예산제와 같은 혁신적인 제도를 실험하고, 우루과이 광역전선이 국가가 주도하는 노사 간의 안정적 타협체제를 추구한 것도 다양한 참여제도를 고민한 결과물이었다.

또한 이들은 '시장경제'도 차악의 제도로 받아들였다. 공산주의 계획경제보다는 덜 나쁜 체제인 셈이다. 그렇지만 1930년대에서 1970년대까지 라틴아메리카 국가들에서 추진된, 국가가 지속적이고 전면적으로 개입하는 산업화 모델도, 1980년대와 1990년대에 도입되어 성장도 분배도 악화시키고 경제위기를 낳은 신자유주의 모델도 모두 대안이 아니라고 보았다. 그 대신 자원을 효율적으로 분배하는 제도로 시장경제를 받아들이되, 시장이 만들어내는 불평등과 불공정의 폐해를 시정하는 데 국가가 개입하는 '시장경제의 민주화' 전략을 내걸었다.

특히 신자유주의 세계화의 현실 속에서 거시경제의 안정, 적절한 국가 개입, 재분배 정책의 결합을 도모하는 길로 나아갔다.

급진적 혁명 대신 계급간의 타협을 통해 점진적 개혁의 길을 택한 이 정당들을 여러 정치학자들은 라틴아메리카 역사상 최초의 '사민주의 정당'으로 분류했다.

'적을 만들지 않는' 놀라운 통치력

룰라 대통령은 2003년부터 2010년까지 8년간 브라질 연방정부를 이끌었다. 그 기간 동안 룰라는 과연 브라질 엘리트들이 결코 이루지 못한 것을 몸소 보여주었다.

룰라의 정치 스타일은 한마디로 '적을 만들지 않는 정치'였다. 그가 집권 초에 임명한 공직자들의 면면을 보면 얼마나 이질적인 인사들을 모았는지 단박에 알 수 있다. 트로츠키주의자, 아마존 환경운동가, 전직 게릴라 같은 좌파는 물론이고 보스턴은행장, 하버드 법대 교수 등 상류층 명사들까지 평생 서로 만날 일이 없을 법한 인물들이 내각과 주요 정부기관의 책임자들이 되었다.

이렇게 구성된 팀을 이끌면서 룰라는 외줄타기의 명수처럼 몸을 좌우로 흔들며 균형을 잡아갔다. 너무 오른쪽으로 기울면 다시 왼쪽으로 몸을 틀고, 왼쪽으로 너무 나가면 다시 오른쪽으로 방향을 틀었다. 그렇게 모두를 만족시키는 통합의 정치를 펼쳐갔다. 비스마르크의 말마따나 과연 "정치는 가능성의 예술"이었다.

우선 룰라정부는 브라질의 대의제를 안정적으로 유지해나갔다. 브라질 정치는 무려 30여 개의 원내정당들이 난립하는 '콩가루 정당체제'로 이뤄져 있는데, 따라서 룰라정부가 연방상원과 하원에서 과반수를 확보하고 안정적인 연방행정부를 구성하기 위해서 정당간의 합종연횡은 필수였다. 게다가 매우 이질적인 역사를 가진 우파정당들과도 연합을 맺어야 했기 때문에 기나긴 타협과 조정이 불가피했다. 이 고충에 대해 룰라는 "예수가 브라질 대통령이라면 가룟 유다와도 손을 잡아야 했을 것"이라고 토로했다. 타협과 협상의 명수다운 발언이었다. 어쨌든 룰라는 선거기간의 정당연합을 집권 이후 10여 개 정당으로 구성된 연합으로 확대해냈다.

노동자당 정부는 정당체제를 안정시키면서도 다양한 참여제도를 도입했다. 집권 초기 룰라 대통령이 직접 주재할 정도로 관심을 기울인 기구는 경제사회발전위원회였다. 이 기구는 재계·노동계·사회운동가·대학교수들이 참여하는 기구로 노사정위원회의 확대판이었다. 이 기구는 연방정부가 펼쳐갈 주요 경제·사회정책을 제안했다. 또한 브라질의 심각한 대도시 문제들, 가령 치안과 주택 문제를 다루기 위해 연방도시부를 신설하고 도시위원회를 설치했다. 도시위원회는 참여예산제의 기본 원리를 채택했다. 무려 32만 명이 참가하는 지역회의(시회의와 주회의)를 거쳐 선출된 2510명의 대표가 연방회의를 열어 브라질 도시문제를 토론하고 도시공공정책을 제안했다. 연방회의에서 직접 선출한 민간대표 40인과 연방·지방 공무원 30인으로 구성된 도시위원회가 도시정책을 직접 설계했다.* 이 같은 참여제도들은 거리시위를 유일한 집단행동으로 삼았던 사회운동단체들을 연방정부의 정책 결정 과정에 참여시키는 데 효과적이었다.

룰라정부의 균형은 성장과 분배정책에서도 빛을 발했다. 전임 카르

---

* 　연방도시부와 도시위원회는 노동자당 민주주의의 상징인 참여예산제를 직접 고안하고 실행한 전 포르투 알레그리 시장 올리비우 두트라가 초대 장관을 맡아 정력적으로 추진한 사업이었다.

도주정부보다도 물가를 더 낮추고, 재정흑자는 더 높이는 정책으로 시장을 진정시켰다. 그러면서도 경제에서 국가의 역할을 점진적으로 강화시켜나갔다. 2008년 미국발 경제위기 시기에는 불황을 막기 위해 '성장촉진정책'이라는 이름으로 사회간접자본과 공공주택사업에 대한 투자를 대폭 확대했다. 또 정부가 산업정책을 수립하고 전략산업을 육성하기 위해 공공은행의 신용혜택을 비롯한 다양한 지원정책을 펼치기도 했다. 행운도 따랐다. 2004년부터 2012년까지 국제 원자재 가격이 오르면서 원자재 부국 브라질 경제가 순풍에 돛을 달았다. 그 결과 브라질 경제는 2004년에서 2009년까지 4.8%의 건실한 성장을 이어갔고, 실업자 수도 줄어들었다. 수십 년 만의 호황이었다.

성장은 물론 분배도 나아졌다. 최저임금을 지속적이고 적극적으로 인상하는 것은 물론이고 빈민층을 줄이기 위한 매우 적극적인 복지정책도 추진했다. 집권 초부터 당시 인구 약 1억8000만 명 가운데 5000만 명에 달하는 빈민층을 줄이는 일에 착수했는데, 룰라는 복지정책에 반대하는 이들에게 "부자를 돕는 것은 투자라고 하고, 빈민을 돕는 것은 비용이라고 말한다"고 반박하면서 빈곤퇴치에 앞장섰다.

룰라정부는 복지재정을 마련하기 위해 공무원 연금제도를 개혁했다. 이 연금은 민간 부문과 비교해도 터무니없이 높고, 근무처가 행정부인지 사법부인지에 따라 다르게 책정되는 등 형평성에 어긋나는 제도로 지탄을 받았다. 그 개혁으로 확보한 국가재정을 빈민복지제도인 '가족수당Bolsa Família'에 배정했다. 가족수당제도는 아동의 취학과 예방접종을 조건으로 빈곤가구에 생활 보조금을 지급하는 정책이다. 즉 빈곤가정에 국가 교육서비스와 의료서비스를 제공하고, 최저생활을 보장하는 것이 목적이다. 경제가 성장하자 정부는 지급액을 꾸준히 늘렸고, 수혜 범위도 계속 확대했다. 2011년에는 1200만 이상 가구(약 5000

만 인구)가 23~178달러의 가족수당을 받게 되었다. 극빈층을 위한 기초소득제도와 아동수당제도도 도입했다. 가족수당제도는 세계은행을 비롯한 국제금융기관으로부터도 효율적인 빈곤퇴치정책으로 평가를 받았다.

그 결과 2003년 집권 원년 당시 전체 인구의 약 25%에 달하던 빈민 수가 2011년에는 11%로 줄어들었다. 그리고 같은 기간에 3200만 명의 브라질 국민이 중산층으로 편입되었다. 중산층이 늘고 빈민이 줄어들면서 세계에서 가장 불평등한 국가 중 하나인 브라질에서 불평등이 줄어드는 반전이 일어났다.

2010년 룰라는 한 외국 언론과의 인터뷰에서 집권 초기를 이렇게 회고했다.

내가 취임했을 때만 해도 브라질은 신용을 잃었고, 인력자본도 없었고, 자금조달도 안 되었고, 분배도 할 수 없었다. 제기랄! 이것이 도대체 무슨 놈의 자본주의란 말인가. 자본 없는 자본주의라니. 그래서 당시 우선 자본주의부터 만들고 봐야 사회주의를 할 수 있겠다고 생각했다. 분배하기 전에 분배할 것을 먼저 만들자고. 가진 것이 아무것도 없는 국가는 나눠줄 것도 아무것도 없으니깐.

물론 그는 자본주의가 다 만들어질 때까지 마냥 기다리지는 않았다. 당장 강낭콩 한 접시가 필요한 빈민들을 위해서 재정지출의 우선순위를 바꾸었으니깐.

룰라정부는 외교에서도 균형을 잘 잡았다. 반미주의나 반제국주의 같은 이념적 태도를 버리고 미국과 실용적인 관계를 맺었다. 당선 직후 가장 먼저 미국부터 방문한 룰라는 "미국이 아직도 브라질을 축구와 삼바의 나라로만 알고 있다"고 꼬집으면서도 부시정부와 소통이 잘 되는 정부라는 위상을 유지했다. 특히 미국이 주도하는 미주자유무역협정을 둘러싼 찬반논쟁을 좌파와 우파의 이념대결로 보는 것을 "넌센스"라고 지적하면서도 미국 정부가 자국 농민들에게는 대규모의 보조금을 지급하면서 개도국 정부는 보조금을 지원하지 못하게 하는 이중성을 비판했다. 오히려 룰라정부는 미국이 농업보조금 지급을 철폐하면 자유무역협정을 체결하겠다고 주장하면서 미국에 공을 넘겼다. 미국은 브라질의 제안을 수용하지 않았고 미주자유무역협정은 결국 성사되지 않았다.

다른 라틴아메리카 국가들과의 관계에서도 룰라정부의 균형감은 두드러졌다. 룰라정부는 베네수엘라의 차베스정부와 같은 보다 급진적인 좌파정부들과 콜롬비아·페루·멕시코의 우파정부들 사이에서 타협의 대가다운 실력을 과시했다. 그러면서 급진좌파와 우파정부들 모두가 참여하는 통합기구 건설에 앞장섰다. 2008년 남미국가연합 창설을 주도하고, 2010년 라틴아메리카·카리브해 국가공동체 창립을 주도했다. 룰라는 이념적 잣대보다는 강대국에 맞서 개도국과 빈국의 공동 이해를 도모하는 경제적 실리를 내세워 라틴아메리카 국가들 사이에서 리더십을 발휘했다.

정치·경제·외교 등 여러 분야에서 룰라정부가 보여준 균형의 정치는 브라질 다수 국민의 통합에 기여했다. 집권 마지막 해인 2010년에 룰라정부는 무려 87%에 가까운 지지를 받았다. 이는 브라질 민주주의 사상 최고의 지지율이자 세계에서도 보기 드문 기록이었다. 미국의 오바마 대통령도 깊이 감명을 받은 나머지 룰라를 "세상에서 가장 인기 많은 대통령"이라고 부르며 "내 우상"이라고 고백했다. 선거에 출마하려는 브라질 정치인들은 좌우 정파를 막론하고 룰라 대통령과 사진을 찍고자 줄을 섰다. 대선에 출마한 우파 후보도 룰라를 계승하겠다고 공언했다.

세계적인 역사가 에릭 홉스봄은 룰라 정부가 "기울어진 세계의 균형을 잡는 데 기여한 정부"라고 높이 평가했다. 시장만능주의가 유행하며 역사의 시계추가 완전히 오른쪽으로 치우친 시기에 등장해서 시계추를 왼쪽으로 옮기는 역할을 했다는 것이다.

룰라정부의 성공은 2010년과 2014년 브라질 대선에서 연달아 노동자당의 호세프 대통령이 당선되는 것으로 이어졌다. 또한 1999년부터 2015년까지 라틴아메리카 주요 10개국에 좌파정부가 집권하고 재집권하던 현상을 더욱 강화하는 데 기여했다. 이 시기에 등장한 정부들 가운데 온건노선을 걸은 칠레 사회당 정부와 우루과이 광역전선 정부는 '룰라형 좌파'로 불렸다.

라틴아메리카식 복지국가는 가능하다

1999년부터 2015년까지 라틴아메리카 주요 10개국에 앞서거니 뒤서거니 좌파정부가 들어섰다. 세계 언론과 정치학자들이 이 현상에 주목해서 '좌회전' '분홍빛 물결' '신좌파 도미노'라고 불렀다. 과거 사회주의 혁명을 추구하던 라틴아메리카 좌파와 다르다는 뜻에서 '분홍빛'이니 '신좌파'니 하는 수식어를 붙인 것이다.

이 시기에 브라질 노동자당의 룰라 대통령과 지우마 호세프 대통령(2011~2016년 재임), 칠레사회당의 리카르도 라고스 대통령(2000~2005년 재임)과 미첼 바첼레트 대통령, 우루과이 광역전선의 타바레 바스케스 대통령(2005~2010년 재임)과 호세 무히카 대통령 등이 집권했다.

이들 좌파정당들은 집권기간 내내 성장과 복지를 동시에 추구하고,

대의제와 참여제도를 결합시키는 민주주의를 실현하고자 애를 썼다. 이들은 단절적인 혁명보다 점진적 개혁 노선을 채택하고, 이념과 정책이 다른 정당들은 물론이고 시민사회의 다양한 세력들과 지속적으로 협상하고 타협하면서 정치를 펼쳐갔다.

이들을 라틴아메리카 사민주의 정당이라 부를 수 있다. 하지만 북유럽 사민주의 정당와는 매우 달랐다. 북유럽 사민주의는 냉전시대에 소련을 비롯한 공산주의 국가들의 위협에 놓여 있던 자본가 계급, 튼튼한 제조업과 생산직 노동계급에 기초한 강한 노조, 이념·규율로 무장한 사민당, 재정과 통화와 금융을 통제할 수 있던 소규모 국가라는 조건 속에서 1950년대 전성기를 맞았다.

하지만 라틴아메리카는 매우 다른 환경에 놓여 있었다. 우선 라틴아메리카에서 경제성장과 사회복지를 동시에 이루는 것은 쉽지 않다. 라틴아메리카 경제는 여전히 위기에 매우 취약하다. 지금도 라틴아메리카 국가들은 세계경제 주변부에 속하며, 중심부인 유럽과 미국에 광산물과 농산물을 공급하는 원자재 수출 국가들이다. 이 때문에 국제 원자재시장이 요동칠 때마다 호황과 불황을 번갈아 겪는다. 물론 산업화를 시도하지 않은 것은 아니었다. 20세기 초부터 브라질·멕시코·아르헨티나 같은 덩치 큰 나라들을 중심으로 유럽과 미국에서 수입해오는 공산품을 대체 생산하는 산업화를 추진했다. 하지만 1980~1990년대 신자유주의 시대를 거치면서 오히려 제조업이 축소되는 일이 벌어졌다. 2006년에 라틴아메리카 제조업 규모는 고작 16%에 불과했다. 사정이 이렇다 보니 대다수 나라들은 튼튼한 산업국가로 자리 잡는 데 성공하지 못했다.

경제성장도 불안정하지만 분배도 세계 최악이다. 라틴아메리카는 세계에서 가장 불평등한 대륙으로 토지와 부의 집중도는 상상을 초월

한다. 사회 밑바닥에는 일자리가 없어 굶주림에 허덕이는 빈민들이 넘쳐나지만, 사회의 꼭대기에는 벨기에 크기의 땅을 가진 대지주들과 민영화로 부를 축적한 세계적인 갑부들이 즐비하다. 이들은 정부 정책이 내키지 않으면, 자본을 해외로 빼돌리는 수법으로 국가정책을 무의미하게 만들어버린다. 게다가 라틴아메리카 많은 나라들은 신자유주의 세계화 이후에 경제정책의 자율성을 잃어버렸다. 라틴아메리카 국가 어디도 재정·통화·금융을 뜻대로 통제할 수 없다.

정치 사정도 여의치 않다. 민주주의 역사가 오랜 유럽과 달리 라틴아메리카 국가들 대다수는 1980년대가 되어서야 겨우 '자유민주주의'라고 부를 만한 정부들이 들어섰다. 그때 처음으로 모든 국민이 보통 선거권을 완전히 행사할 수 있었으며, 좌파정당이 합법적으로 선거 경쟁을 펼칠 수 있었다. 하지만 과거 독재정권의 후예들이 보수정당의 일원으로 변신해서, 민주주의 제도 내부에 똬리를 틀고는 여전히 막강한 힘을 발휘하고 있다.

신생 민주국가에서 정치참여를 확대하는 것도 만만치 않은 과제다. 라틴아메리카 노동자 계층은 매우 이질적인데 2006년 통계를 보면 생산직 노동자는 21%를 차지하는 반면, 다수가 비정규직인 서비스 노동자는 58%에 달한다. 그래서 과거 유럽처럼 산업노동계급이 주도하는 정치프로젝트가 힘을 발휘하기 어렵다. 게다가 1990년대 라틴아메리카 노동조합 평균 조직률은 13%에 불과하다. 거대한 도시빈민층에 속하는 비정규직 노동자들에게 노동조합은 언감생심이다. 그러니 과거 유럽처럼 노사간의 복지국가 대타협체제가 민주주의를 떠받칠 수도 없다.

이런 곳에서 대중의 정치적 의사는 주로 대규모 거리 시위로 표출된다. 시위가 격화되어 유혈사태가 일어나는 바람에 임기 도중에 대통령이 물러나는 일도 다반사다. 이념과 규율이 강한 좌파정당이 존재하는 것도 아니어서 기존 정당 전체에 대한 반감이 극에 달하면 아웃사이더 지도자들이 급부상하는 포퓰리즘 현상도 자주 일어난다. 과연 이런 환경에서 사민주의 복지국가가 가능할까?

룰라와 호세프, 라고스와 바첼레트, 바스케스와 무히카에게 묻는다면 스웨덴 같은 방식으로 복지국가에 이를 수는 없을지라도 복지국가 자체가 불가능한 것은 아니라고 답할 것이다. 20세기 초만 해도 유럽의 빈국 중 하나였던 스웨덴이 유럽 최고의 선진국이 되었듯이 브라질·칠레·우루과이라고 그런 미래를 달성하지 말란 법은 없다고 말할 것이다. 그래서 이들은 1932년 스웨덴 사민당 지도자 페르 알빈 한손Per Albin Hansson이 걸었던 길을 떠올린다. 한손이 걸은 길을 그대로 따르려는 것이 아니라 한손이 보여주었던 정치를 따르려는 것이다.

룰라도 시도하지 못한 정치개혁

브라질과 같은 나라에서 사민주의 정치를 펼치고 스웨덴을 꿈꾸는 것은 높이 평가할 일이다. 실제로 룰라정부의 성공에 세계 언론과 정치학자들이 찬사를 쏟아냈다. 룰라가 '외줄타기 정치'의 묘미로 균형을 잘 잡아가는 것을 보면서 박수를 보냈고, '적을 만들지 않는 정치'로 국민 대다수의 지지를 받을 때는 환호했다.

하지만 그것은 매우 위험천만한 일이기도 하다. 외줄타기 정치를 벌이다가 외줄에서 낙마하는 일도 벌어질 수도 있다. 적을 만들지 않는 정치를 펼쳤지만, 사정이 달라지면 모두가 적으로 돌변할 수도 있다. 만약 성장과 분배 중에 하나를 선택해야 할 때는 어떻게 해야 할까? 대의제와 시민참여기구 가운데 하나를 선택해야 할 때는? 실제 룰라가 걸어간 길도 곳곳에 위험이 도사린 울퉁불퉁한 길이었다.

우선 정치에서 균형을 잡는 것이 결코 쉬운 일이 아니다. 브라질처럼 민주주의 역사가 짧고 정치제도에 결함이 많은 나라에서는 특히나 쉬운 일이 아니다. 브라질 대의제가 불안정한 이유는 '파편화된 정당제' 때문이다. 1979년 당시 브라질 독재정권은 민주화세력이 단일 정당으로 결집하는 것을 막기 위해 극단적인 다당제를 도입하는데, 이 때문에 원내 의석을 가진 정당이 20~30개 난립하게 된다. 이 때문에 대통령을 배출한 여당은 많게는 10여 개의 정당과 연합하여 연립정부를 구성해야 한다.

여러 정당간의 합종연횡으로 구성된 정부를 이끌어가는 것도 녹록치 않지만, 동시에 시민참여제도를 작동시키는 것은 여간 어려운 일이 아니었다. 룰라 정부에서도 연립정부 유지에 골몰하면서 시민참여제도가 뒷전으로 밀리고 말았다. 새로운 노사정기구나 도시위원회와 같은 참여제도를 환영했던 사회운동단체도 룰라정부가 우파정당과의 협상을 우선시하면서 강한 실망감을 표출했다. 정부와 사회의 소통창구가 막히게 되면 시민들은 거리에서 자신의 의사를 표출할 수밖에 없다. 그렇게 좌파정부 아래서도 대규모 시위가 벌어진다. 룰라정부는 운 좋게도 그 같은 일에 직면하지 않았지만, 호세프정부는 2013년 6월과 2015년 3월 두 차례에 걸쳐 대규모 가두시위에 직면했다.

고질적인 정치부패의 근원도 브라질 정당제도에 있었다. 브라질은 세계 5위의 면적, 2억이 넘는 인구(세계 6위)를 가진 대국이다. 따라서 연방 단위 선거를 치르는 데는 막대한 선거자금이 소요되기 마련이다. 문제는 30여 정당 가운데 연방 단위의 선거를 치를 수 있는 정당이 몇 안 되고, 이 정당들조차도 계층적으로나 지역적으로 정치적 영향력이 한정되어 있어 의석 점유율이 20% 대에 머문다는 점이다. 그러다보니

브라질 법원에서 부패 혐의로 실형을 선고받으면서, 2018년 대선 출마를 통해 노동자당을 재건하려는 룰라의 계획이 불투명해졌다. 룰라 역시도 브라질 정치제도의 고질적인 문제에서 자유롭지 못한 것이다.(국민일보, 2017년 7월 14일)

대선을 치르는 정당들은 선거자금을 불법적인 방법으로 조성하는 일이 잦았다. 선거가 끝나고 나서 정당연합을 만드는 데도 비용이 들어갔다. 극소수 의석을 가지고 이권을 극대화하려는 소수정당들을 뇌물로 달랬기 때문이다.

노동자당도 이런 브라질 정치의 관행에서 자유롭지 못했다. 실제로 2005년에는 노동자당이 여러 정당들과 합종연횡하며 연합을 만드는 과정에서 타당 의원들에게 정기적으로 뇌물을 제공했다는 사실이 드러났다. 노동자당과 룰라정부의 주요 인사들이 연루된 이 사건은 '월급스캔들'로 불렸다. 그 지도자들이 개인적인 부정축재를 한 것은 아니었다. 하지만 장관직을 비롯한 공직을 배분하는 것뿐만이 아니라 월급 형태의 뇌물이 제공되었다는 것은 청렴한 정당으로 여겨졌던 노동자당의 도덕성에 치명타를 안겨주었다. 당시 룰라 대통령이 사임을 고려했을 정도로 심각한 윤리적, 정치적 위기에 빠졌다. 따라서 부패의 온상인 '콩가루 정당제'를 3~5개 정당이 경쟁하는 온건 다당제로 개편하는 것이 정치부패를 척결하는 데 매우 중요했다.

하지만 집권당이 정치개혁에 나서는 순간 다른 당들이 연합에서 이탈하면서 연립정부가 무너질 위험이 매우 컸다. 무려 20여 개의 정당이 사라지는 정치개혁에 정당들이 쉽게 동의해줄 리가 만무하고, 이들의 반대가 클 경우에 정치개혁이 성사될 수도 없었다. 룰라 대통령도 재임기간 동안 정치제도를 개혁하려고 헌법 개정을 시도했지만 여러 정당들이 반대하자 이를 미룰 수밖에 없었다.

대신에 룰라정부가 추진한 것은 사법개혁이었다. 룰라는 2003년 취임 이후에 권력자들의 부패와 면책을 없애기 위한 고강도 개혁을 추진했다. 수사권을 가진 연방경찰의 규모와 인력을 두 배로 늘려 대형 사건 수사를 가능하게 만들었다. 수사권은 분점하지만 기소권은 독점한 연방검찰청의 독립성을 강화하기 위해 검찰청이 직접 연방검찰총장을 추천하도록 했다. 또한 수사권을 가진 사법부도 효율적이고 응집력 있는 조직으로 재편했다. 그 결과 매우 프라이드가 강하고 독립성이 강한 수사기관과 사법기관이 만들어졌다.

룰라 집권 이전만 해도 브라질 정계에서 '훔쳐라. 다만 해결하라rouba mas faz'는 상식이었다. 연방검찰청은 '연방서랍장'이라고 불렸다. 정치인들의 범죄에 대한 파일을 연방검찰청의 서랍장 속에 고이 모셔둔다는 뜻이었다. 하지만 노동자당의 집권이 이 같은 정치문화를 바꾸어놓았다. 부패의 근원을 제거하지 못했지만 강력한 사법개혁으로 부패 정치가들에 대한 수사와 처벌이 강도 높게 이뤄졌다. 그 결과 역설적으로 노동자당 정부 역시 부패 혐의로 위기를 겪을 정도였다.

헌법을 개정해야 하는 정치개혁은 대통령의 용기와 국민의 전폭적인 지지가 만나는 절호의 순간이 아니면 불가능하다. 그래서 많은 이들이 룰라의 지지율이 정점에 이르렀던 2009년과 2010년에 이를 추진하지 못할 것을 안타까워했다. 국민적 지지가 높았을 때 룰라가 확고한 의지를 갖고 정치개혁을 추진했어야 했다고 말이다. 연정 붕괴를 우려한 룰라가 정치개혁의 타이밍을 놓쳤다는 지적이다.

룰라는 "적절한 시점에 가장 적절한 정치적 결정을 내리는 것이 중요하다"고 늘 지적하곤 했다. 타이밍의 정치학이라고 할 만하다. 하지만 그도 결국 정치개혁을 시도조차 하지 못했고, 부패의 구조적 원인을 제거하지 못했다. 이 실책의 후과는 이후에 노동자당에게 다시 부메랑으로 돌아와 당을 붕괴의 위기로 몰아갔다.(다음 장에서 그 과정을 볼 것이다.)

정치뿐만이 아니었다. 성장과 분배의 균형을 잡는 것도 결코 쉬운 일이 아니었다. 룰라 대통령은 호황기(2004~2011년)에 재임했기에 성장과 분배 사이에서 균형을 잡는 것이 수월했다. 그래서 성장을 원하는 계층과 분배를 바라던 계층 모두를 만족시킬 수 있었다. 이것이 87%라는 기록적인 지지율의 비결이었다. 하지만 이것이 늘 가능한 것은 아니다. 룰라정부의 노선을 고스란히 이어받은 호세프정부는 불황기에 재임했다. 성장이 멈추고 위기가 시작되자 호세프정부는 성장과 분배 가운데 하나를 선택해야 하는 중대한 갈림길에 놓였고, 결국 그 궁지에서 헤어나지 못한 채 탄핵되었다. 이는 룰라가 만들어놓은 브라질판 '사민주의 정치'의 한계를 보여준다.

이 같은 한계에도 불구하고, 룰라정부는 오늘날 브라질 국민들과 라틴아메리카 사람들의 기억 속에 가장 성공한 정부로 남아 있다. 룰라 대통령은 브라질 민주주의 사상 최고의 지지율을 누린 지도자다. 그는 세상에서 가장 행복한 대통령으로 무사히 임기를 마쳤을 뿐만 아니라 후임 정권도 재창출했다. 그리고 그가 펼친 균형의 정치와 통합의 정치는 라틴아메리카 좌파의 성공적인 변신 사례로 기록되었다.

무엇보다 룰라의 진정한 업적은 원대한 꿈을 간직한 채 냉혹한 현실에서 일보 전진해가는 낙관주의를 실현한 것인지도 모른다. 소년 선반공이 수십 년의 시간이 흐른 뒤에 브라질의 대통령이 되었듯이, 브라질도 수십 년의 시간 뒤엔 스웨덴과 같은 복지국가가 될 수 있다는 희망. 그것은 1970년대 말 총파업의 주도자로, 1980년대 민주화 지도자로, 1990년대 좌파 리더로, 2000년대에는 '세상에서 가장 인기 많은 대통령'으로 숨이 가쁜 인생을 살아온 룰라, 그리고 그의 뒤를 든든히 받쳐주던 노동자당 당원들의 원대한 꿈이었다. 하지만 그는 발밑의 현실이 냉혹하다는 것도 잘 알았다. 룰라가 실제 약속한 것은 거창하지 않았다. 그가 임기를 마칠 무렵, 브라질에서 굶주리는 사람이 한 명도 없으리란 것이었고, 그 약속을 지켰다. 그는 자신이 긴급히 해결해야 할 과제에 누구보다 충실했던 현실주의자였다.

오스트리아의 작가 슈테판 츠바이크는 브라질에서 말년을 보내며 이 나라를 "미래의 나라"라고 찬양했다. 그는 대공황과 두 차례 세계대전으로 무너진 유럽 문명을 저주하면서 유럽 문명에 오염되지 않은 브라질을 사랑했다. 하지만 츠바이크의 원뜻과 달리 브라질은 영원히 가능성만 보여줄 뿐 정작 자신의 잠재력을 맘껏 발휘하지 못하고 있다는 의미에서 "미래의 나라"로 불리곤 했다. 이런 자조와 비관주의야말로 룰라가 부수고자 평생 맞서 싸운 것일 터이다.

제5장

진보정치는
언제 성공하는가

브라질

노동자당의 화려한 성공은 어떻게 탄핵되었나

경제가 위기로 접어들면 성장과 분배 가운데
하나를 선택해야 하는 결단의 순간이 온다.
어떤 길을 택하든지 치러야 할 정치적 대가가 있다.
성장을 택하면 지지층이 등을 돌릴 것이고,
분배를 택하면 반대세력이 결집할 것이다.
최악은 모두가 등을 돌리는 것인데
호세프가 바로 그런 경우였다.

라틴아메리카에서 가장 성공한 좌파정당으로 여겨지던 브라질 노동
자당이 몰락한 이유는 무엇일까? 한때 전세계 언론과 정치학자들이
찬사를 보내던 정당은 왜 갑자기 추락했을까?

노동자당에게 2016년과 2017년은 '지옥에서 보낸 한철'이었다.
2016년 8월 말에는 호세프 대통령이 탄핵되더니, 10월에는 지방선거
에서 참패를 기록했다. 2017년 7월에는 룰라 대통령이 부패 혐의로 10
년에 가까운 실형을 선고받았다.

불과 5년 전만 해도 노동자당은 전성기를 구가하고 있었다. 2011년
1월 1일 호세프 대통령이 취임할 때만 해도 노동자당의 미래를 의심하
는 사람은 없었다. 그날 브라질리아에 위치한 대통령궁 발코니에서는,
퇴임하는 룰라 대통령과 새로 취임한 호세프 대통령이 감격의 포옹을
나누었다. 노동자 출신 대통령에 이어 여성 대통령이 등장하는 순간이
었다. 세상 사람들은 브라질이 진보해가고 있다고 확신했다.

호세프 대통령의 지지율도 좋았다. 비록 룰라가 집권 마지막 해에
기록한 87%에는 미치지 못했지만, 2013년 초만 해도 79%에 달하는
높은 지지를 과시했다. 2014년 10월 대선에서는 다시 승리를 거두어
연임 대통령이 되었다.

그러던 호세프 대통령이 새로 취임한 지 1년 8개월 만에 탄핵을 당
하고, 13년간 브라질의 국정을 이끌어온 노동자당이 선거도 없이 권력

에서 쫓겨났다. 라틴아메리카에서 가장 성공한 좌파정부로 칭송을 받아온 노동자당 정부가 무너진 것이다.

전성기를 누리던 노동자당에게 무슨 일이 벌어진 것일까? 그리고 호세프 대통령은 왜 탄핵을 피하지 못한 것일까?

대통령 호세프는 왜 탄핵되었나

호세프 대통령의 탄핵은 잘 짜인 정치 드라마의 각본처럼 보인다. 사건은 연방하원의장 에두아르두 쿠냐Eduardo Cunha가 입수한 한 편의 보고서에서 시작된다. 변호사 3명이 작성한 이 보고서는 호세프 대통령의 위법 사례를 적시하고서 이를 근거로 탄핵을 추진할 수 있다는 내용을 담고 있었다.

당시 쿠냐 의장은 부패문제로 일생일대의 위기를 맞고 있었다. 연방 검찰이 스위스 은행에 비밀 계좌를 갖고 있다는 혐의로 그를 기소했고, 의회 윤리위원회도 이 사건을 조사하겠다고 나섰다.

쿠냐 의장은 즉각 대응에 나선다. 호세프 대통령에게 의회 윤리위원회에 속한 노동자당 의원들을 동원해 자신에 대한 조사를 막아달라고 요청한다. 이 요청을 받아주지 않으면 탄핵에 나서겠다고 협박도 한다. 쿠냐 의장은 여당인 노동자당 소속이 아니라 우파 성향 브라질민주행동당PMDB 소속이었지만, 양당은 당시 연립정부를 구성하고 있었기 때문에 호세프에게 자신을 보호해달라고 요청한 것이었다. 하지만 강직한 대통령은 그 요구를 단박에 거절했다.

그때가 2015년 말이었다. 호세프가 재선 대통령으로 취임한 지 채 1년도 안 된 시점이었다. 부패 정치가와 타협을 거절한 것은 옳은 일이다. 하지만 당시 정국 상황은 대통령에게 매우 불리하게 돌아갔다.

사실 호세프정부는 사면초가의 위기를 맞고 있었다. 우선 호세프정부의 도덕적 권위가 말이 아니었다. 2015년 1월 1일 새 정부가 출범하자마자 대형 부패 스캔들이 터졌다. 브라질 공기업 페트로브라스가 정치인들에게 뇌물과 리베이트를 제공한 일이 세상에 알려지고 노동자당 정치인들의 이름이 오르내리기 시작했다. '페트로브라스 게이트'는 200여명이 넘는 정치인·기업인·로비스트들이 연루된 사건이었다. 특히 노동자당의 정치인들만이 아니라 연립정부에 속한 우파정치가, 야당 정치가들이 두루 연루되었다. 워낙 사건 규모가 커서 세계 사법사상 가장 많은 정치인이 수감될 것이라는 관측까지 나올 정도였다.

거리에서는 연일 부패에 항의하는 시위가 벌어졌다. 절정이던 2015년 3월 한 달 동안에는 무려 300만 명이 거리에 쏟아져 나왔다. 1980년대의 민주화 시위 이후 최대 규모의 대중시위라는 보도도 나왔다. 이때 시위에서 주목할 만한 것은 참가자들이었다. 중상류층 시민들이 거리로 쏟아져 나왔고, 우파의 참여가 두드러졌다. 우파는 호세프가 재선된 다음날부터 대선 불복을 외치고 있었다. 우파청년조직 자유브라질운동MBL, 우파정치인들과 재계 인사들이 두루 참가하는 장년 조직 '가두집결Vem Pra Rua' 등 모두 2014년에 만들어진 신생 보수단체들이 눈에 띄었다. "하느님, 가족, 자유"라고 쓰인 티셔츠를 입는 전통 보수조직도 눈길을 끌었다.

이 시위의 항의 대상이 호세프정부나 노동자당만은 아니었다. 시위대는 여야를 막론하고 정치권 전체를 향해 분노를 표출했다. 하지만 우파는 이 시위를 호세프정부에 대한 공격의 수단으로 활용했다. 이들은 '대통령 탄핵' 구호도 외치고, '군부 즉각 개입'과 같은 위헌적 주장도 서슴지 않았다.

반부패 시위는 연방수사팀 부패수사의 리듬을 따랐다. 수사가 확대

될수록 시위규모도 더욱 커져갔다. 2016년 3월 4일에는 연방수사팀이 룰라 전 대통령을 강제구인해서 조사하기도 했다. 호세프 대통령의 멘토이자 노동자당의 상징인 룰라까지 부패 혐의자로 수사한 것이다. 그날 연방수사팀은 새벽부터 수많은 경찰을 동원하여 자택과 연구소를 포위하고 전임 대통령을 압송해가는 장면을 연출했다. 이것은 룰라의 명성을 무너뜨리려는 '미디어쇼'라는 비판을 받았다. 1985년 민주화 이후에 강력한 자율성을 누려온 사법부 엘리트들이 행정부와 입법부를 무력화시키고 있다는 반발도 컸다. 어쨌든 노동자당과 호세프정부가 입은 상처는 매우 컸다.

이 상황에서 경제마저 위태로웠다. 2004년부터 2011년까지 호황을 구가하던 브라질 경제가 2013년부터 침체되기 시작했다. 국제 원자재 가격이 폭락하면서 생긴 일이었다. 여기에 연방수사팀의 조치가 경제 사정을 한층 악화시켰다. 당시 연방수사팀은 부패사건의 수사대상인 브라질 최대 공기업 페트로브라스의 신규 계약을 모두 중지시켰다. 이 때문에 페트로브라스 직원의 61%가 실직했고, 중소기업들이 연쇄적으로 도산했다.

무엇보다 위기를 파국으로 몰아간 것은 전통적 지지층의 이탈이었다. 호세프 대통령이 경제를 안정시키기 위해 긴축정책을 선택하자, 복지정책이 강화되기를 바랐던 지지자들이 대거 이탈했고, 대통령 지지율은 10%대로 추락했다.

쿠냐 하원의장은 호세프 대통령이 처한 이 모든 위기를 활용했다. 그는 호세프 대통령이 부패수사로부터 자신을 보호할 의지가 없다는 것을 확인한 직후부터 대통령 탄핵에 착수했다. 그는 헤난 칼레이루스 연방상원의장, 미셰우 테메르 부통령과 탄핵을 공모했다. 이들 셋은 모두 우파정당인 브라질민주행동당 소속으로 노동자당과의 연정

쫓겨난 호세프… 부패·경제 파탄에 민심 등 돌리다

찬성 61·반대 20 탄핵안 가결

이정민 기자 engine@segye.com

게릴라 출신 첫 여성대통령서
두번째 탄핵 수모 주인공으로

연임 위해 재정적자→흑자 조작
유가 추락·마이너스 경제성장

호세프측 "위헌심판 청구" 반발
중도 우파 테메르 대통령 취임

브라질 첫 여성 대통령인 지우마 호세
프(68)가 탄핵됐다.

이로써 14년간 이어진 좌파 정권이
막을 내리게 됐다. 좌파 게릴라 출신인
호세프는 2010년 루이스 이나시우 룰
라 다 시우바 전 대통령의 전폭적인 지
지를 받으며 브라질의 첫 여성 대통령
이 됐으나 최악의 경제난에 실정까지
겹치면서 브라질 역사상 두 번째로 탄
핵 당하는 대통령이 됐다.

AP통신 등 외신에 따르면 브라질 상
원은지난달 31일(현지시간) 호세프 대통
령의 탄핵안을 표결에 부친 결과 찬성 61
표, 반대 20표로 통과시켰다. 탄핵안은
전체 상원의원 81명 가운데 3분의 2인 54
명 이상이 찬성하면 통과된다. 상원 최종
표결에 따라 호세프는 30일 안에 브라질
리아 대통령궁을 떠나야 한다. 브라질에
서 현직 대통령이 탄핵된 건 1992년 페르
난두 콜로르 지 멜루 전 대통령에 대한 탄
핵안이 가결된 이후 두 번째다.

2018년 12월로 예정된 대선 전까지
남은 임기는 중도 우파 성향의 미셰우
테메르 대통령이 수행한다. 테메르는
탄핵안 표결 직후 의회에서 대통령임
로 공식 취임했다. 오는 4∼5일 중국 항
저우에서 열리는 G20(주요 20개국) 정
상회의에도 테메르 신임 대통령이 참
석한다.

호세프는 탄핵안 가결에 반발하며 극
심한 경제난과 권력형 부패가 터지자 여

지고··· 브라질 현장 사상 두 번째로 탄핵된 지우마 호세프 전 대통령
이 지난달 31일(현지시간) 브라질리아 아우보라다궁에서 브라질 상원
의 탄핵안 가결을 비판하는 성명을 발표하고 있다. 브라질리아=AP연합뉴스

뜨고··· 미셰우 테메르 브라질 대통령(왼쪽)이 지난달 31일(현지시
간) 브라질 상원 회의장에서 아에시우 네베스 사회민주당 상원의원
과 인사를 나누고 있다. 브라질리아=AP연합뉴스

다수의 국내 언론사는 위 기사처럼 호세프 탄핵을 권력형 비리에서 비롯된 것이라고 쉽게 단정했지만, 그 실상을 들여다보면 부정부패와는 큰 관련이 없음을 알 수 있다. 그보단 호세프의 탄핵은 노동자당이 추진해온 사민주의 전략이 위기에 처하자 우파세력이 반격한 '의회쿠데타'로 보는 것이 합당하다.(세계일보, 2016년 9월 2일)

에 참가하고 있었다. 그런데 2016년 3월 29일에 연정 탈퇴를 선언했다. 연립정부는 붕괴되었고, 노동자당은 고립되었다.

이제 탄핵으로 가는 길에 어떤 장애물도 없었다. 4월 연방하원이 탄핵을 승인하고, 5월에는 상원 1차 표결에서 과반수 이상 찬성으로 탄핵 절차를 이어갔다. 8월 31일에 다시 상원의 최종 표결에서 3분의 2 이상의 찬성으로 호세프 대통령에 대한 탄핵을 확정했다.

사실 호세프의 탄핵 사유는 부패가 아니다. 호세프 대통령은 브라질 정계에서 가장 청렴한 대통령으로 인정받을 정도로 부패와는 거리가 먼 인물이었다. 내각과 당의 정치가들이 부패 스캔들에 연루된 것은 사실이지만, 호세프의 이름이 오르내린 적은 한 번도 없었다.

실제 탄핵 사유는 딱 두 가지였다. 하나는 대통령이 의회 동의 없이 국영은행에서 돈을 빌려 국가재정으로 사용했다는 것, 다른 하나는 빌린 돈을 제때 갚지 않았다는 것이다. 이런 일은 과거 정부에서도 관행적으로 해오던 일이었기에, 실은 핑곗거리에 불과했다.

호세프 대통령은 우파의 탄핵에 대해 "의회쿠데타"라며 분노감을 표시했다. 과거엔 군사쿠데타로, 지금은 헌법을 악용해 좌파를 쫓아낸다는 뜻이었다. 룰라 전 대통령도 "브라질 우파는 좌파를 선거로 교체하지 않았다"고 항의했다. 우파가 선거라는 정식 절차로 승부를 보지 않고, 중대한 헌법 위배 사항에나 적용할 탄핵절차를 악용한다는 주장이었다. 언론과 학자들 사이에서도 "부드러운 쿠데타" "저강도 쿠데타" "제도적 쿠데타" 등의 말들이 나왔다. 우파가 헌법의 탄핵절차를 악용했다는 지적이었다.

전무후무한 탄핵 사건이 벌어지자 전세계의 이목이 집중되었다. 도대체 어떻게 된 일일까. 전성기를 구가하던 집권당과 지도자가 저렇게 빨리 추락한 보다 근본적인 이유는 무엇일까. 많은 사람들이 의문을 품게 되었다.

호세프는 무능하지 않았지만

호세프 대통령이 탄핵을 피하지 못한 이유는 무엇일까? 그가 무능했기 때문일까? 그가 선출직 경력이 짧은 것도 맞고, 불운한 것도 맞지만 무능하지는 않았다. 오히려 그 반대였다. 누구보다 룰라가 잘 알았다. 호세프를 연방정부의 광산·에너지부장관에 임명한 것도, 그를 다시 내각을 통솔하는 정무장관에 임명한 것도, 마침내 후임자로 지목한 것도 룰라였다. 호세프의 능력에 대한 신임이 없었다면 불가능한 일이었다.

그렇다고 호세프가 룰라의 허수아비라고 생각하면 오산이다. 호세프는 룰라에게 깊은 존경심을 갖고 있었지만 룰라의 그림자에 안주할 인물은 아니었다. 그녀 또한 소신과 독립성이 매우 강한 정치가였다.

호세프는 이미 청년시절부터 정치활동에 뛰어들었다. 군사정권 시절에 그녀는 "게릴라 운동의 잔다르크"라 불렸다. 호세프는 미나스제라이스 연방대학교 경제학과에 입학하자마자 게릴라 조직원이 되었다. 마르크스주의를 공부하고, 정치신문을 배포했다. 비밀리에 자동소총 사격훈련도 받았고, 폭탄을 설치하는 법도 배웠다. 독재정권의 요인을 납치할 계획도 세웠다. 그러다 1970년 23세의 나이에 상파울루에서 체포되어 반역죄로 기소되었다. 독재정권은 그녀를 20일 넘게 고문했다. 전기충격과 구타로 아래턱이 주저앉기도 했다. 그런 고문 속에서도 다른 게릴라 동료들의 이름과 은신처를 발설하지 않았다.

당시 경찰서 기록에는 파마머리에 뿔테 안경을 쓰고 조서번호를 들고 있는 23세의 게릴라 호세프 사진이 남아 있다. 조서에는 "전혀 반성하지 않음"이라는 수사관 소견도 뚜렷이 적혀 있었다. 2014년 재선 캠페인에서 그 경찰 조서 사진이 "용감한 심장"이라는 슬로건과 함께 선거운동에 활용되었다. 지지자들은 그 사진으로 만든 스티커를 옷과 가방에 붙이고 다녔다.

호세프가 대통령 후보감으로 부상한 것은 룰라정부 시절인 2005년부터 2010년까지 5년간 정무장관을 맡으면서였다. 브라질에서 정무장관은 사실상 총리로서 내각 전체를 통솔하는 역할을 수행한다. 그 시절 보여준 국정 장악 능력과 추진력을 인정받아 노동자당의 대통령 후보가 되었다. 비록 선출직 경력은 전무했지만, 행정 능력을 인정받아 대권 도전에 나섰다.

호세프의 성격을 잘 보여주는 일화가 하나 있다. 룰라정부의 정무장관으로 일하면서 암 선고를 받았을 때의 일이다. 2009년 4월 어느 날이었다. 호세프 정무장관이 미나스제라이스 주의 주도인 벨로 오리종티에서 기업가들과 회의를 하는 중이었다. 회의 도중에 비서가 들어와 매우 중요한 전화가 왔다고 알렸다. 수년간 함께 일해온 비서의 얼굴이 심각했다.

호세프는 참석자들에게 양해를 구하고 옆 사무실에서 전화를 받았다. 전화를 건 상대는 주치의였다. 정기검진 때 왼쪽 겨드랑이에서 결절을 발견한 뒤에 정밀 검사를 했더니 암이라고 했다. 전화를 끊고 호세프는 비서에게 말했다. "인생에 쉬운 것은 없다. 내 인생은 한 번도 순탄한 적이 없었다."

암 선고를 받고도 호세프는 자리로 돌아와 차분히 회의를 마쳤다. 회의 참석자들은 아무것도 눈치 채지 못했다. 그리고 호세프는 치료를 받으며 암을 이겨냈고 대선에서도 승리를 거두었다.

호세프가 강단 있는 성격의 소유자인 것은 맞지만 많은 사람들은 의문을 품었다. 룰라 없이 홀로 브라질을 잘 이끌 수 있을까? 룰라정부에 대한 지지가 워낙 높았기 때문에 호세프정부의 행보가 전 정부와 비교되는 것은 피할 수 없었다.

다행히도 호세프정부는 자기 페이스를 잘 찾아 나갔다. 룰라정부가 빈민의 수를 5000만에서 2200만으로 줄여놓기는 했지만 이에 만족하지 않았다. 호세프는 브라질에서 빈곤을 완전히 없애겠다는 목표를 세우고 소득만이 아니라 빈곤을 만들어내는 사회적 환경 자체를 바꾸겠다고 선언했다. 비정규직 일자리, 낮은 학력, 열악한 주거환경, 형편없는 의료서비스, 식료품과 가족계획까지 모든 것이 개혁 대상이었다.

부패에 대한 대처도 신속했다. 집권한 해인 2011년에만 7명의 장관이 물러났다. 부패 혐의로 장관이 고발당하면 발 빠르게 대응해 즉각 사임하게 만들었다. 이는 전임 룰라정부에서 얻은 교훈이었다. 2005년 부패사건이 터졌을 때 주제 지르세우 정무장관이 부패 혐의를 받자마자 바로 사직서를 제출했는데도 룰라 대통령이 이를 반려했다가 큰 홍역을 치른 적이 있었다. 대통령이 부패사건을 심각하게 받아들이지 않는다는 인상을 준 것이다.

호세프정부는 경제위기도 잘 대응해나갔다. 2008년 미국발 금융위기와 유럽 재정위기가 글로벌 경제위기로 확산되어 국제 원자재 수요가 급감하자 2013년부터 경기가 침체되기 시작했다. 호세프는 내수와 투자 유지를 위해 여러 가지 안정 정책을 도입했다.

2013년 3월 임기 중반을 마칠 무렵, 호세프 대통령은 79%에 가까운 국민들의 지지를 받았다. 룰라에 이어 호세프도 탁월한 국정운영 능력을 보여주면서 브라질 노동자당도 유럽 사민당처럼 20년 혹은 30년 꾸준히 집권할 수 있으리라는 예상도 나왔다. 그렇게 브라질을 서서히, 그러나 완전히 바꿔놓을 수 있겠다는 기대감도 커졌다. 노동자당의 앞길은 탄탄대로 같았고, 호세프정부의 앞날도 밝아 보였다.

2013년 6월 시위가 의미한 것

하지만 곧 위기가 닥쳤다. 2013년 6월 초 상파울루에서 대중교통요금에 항의하는 시위가 벌어졌다. 훗날 '2013년 6월 시위'라고 불리는 민주화 이후 최초의 대규모 대중시위였다. 이 시위의 절정이었던 6월 20일에는 브라질 전역의 100여 개 도시에서 약 100만 명이 참가했다.

사실 시위의 시작은 소박했다. 상파울루에서 대중교통수단을 무상으로 운영할 것을 요구하는 '자유통행운동'이라는 대학생 단체가 시위를 벌였다. 버스·지하철·기차 등의 대중교통요금 인상에 항의한 것이다. 인상 폭이 그리 컸던 것도 아니다. 상파울루 지하철 요금을 3헤알 (1580원)에서 3.20헤알(1700원)로 인상한다는 것이었다. 그러나 시위가 벌어지자 상파울루 주 자치경찰이 최루탄과 고무탄을 사용하면서 폭력적으로 진압했다. 부상자와 연행자가 속출했다.

지방자치경찰 폭력이 시위에 기름을 부었다. 전국 도시로 시위가 확산되었고, 요구 사항도 늘어났다. 연방 수도 브라질리아에 나타난 시위대는 "월드컵을 거부한다. 교육과 투자에 투자하라"는 피켓을 들고 "더 많은 민주주의"라는 플래카드를 들고 행진했다. '누구를 위한 월드컵Copa Pra Quem?'이란 단체는 2014년 월드컵에 많은 비용을 지출하는 정부를 비판했다. 월드컵에는 많은 돈을 쓰면서 교육과 의료와 같은 공공서비스에는 인색하고, 교통요금이나 인상하는 정부에 항의했다. 다수가 청년층으로 이뤄진 시위대는 노동자당 정부에게 더 진보적인 대안을 요구하고 있었다.

호세프 대통령은 즉각 사태 수습에 나섰다. 시위가 "정당하다"고 언급하고 거리 시위가 "민주주의의 일부"라고 발언하기도 했다. 6월 24일에는 지방정부가 대중교통요금 인상을 철회하도록 했고, 연방정부가 5대 개혁(대중교통·의료·교육·정치개혁·재정개혁)을 추진하겠다고 약속했다. 특히 정치개혁을 위해 국민투표를 실시하자고 제안했다. 30여 개 정당이 난립하는 정당체계를 국민투표로 바꾸겠다는 계획이었다. 시위는 진정되었고, 지지율도 다시 만회했다.

2013년 6월 시위가 관심을 끈 이유는 두 가지였다. 먼저 브라질이 국제적인 스포츠 이벤트 개최지였기 때문이다. 2014년에는 월드컵, 2016년에는 올림픽이 개최될 예정이었다. 그리고 노동자당 정부가 세계적으로 성공한 정부로 알려졌기 때문이다. 성공한 정부에 항의하는 대규모 시위라니, 무슨 영문인 걸까?

사실 2013년 6월 시위는 노동자당이 성공했기 때문에 벌어진 일이었다. 호세프 대통령은 6월 시위에서 두 가지 교훈을 얻었다고 고백했다.

먼저 민주주의를 얻은 국민은 더 많은 민주주의를 원한다는 것을 깨달았다. 하나의 목표를 달성하는 순간 정부는 새로운 일에 착수해야 한다. 또한 국정을 운영하기 위해서는 거리 시위와 공존해야 한다는 것도 배웠다. 이것이 민주주의의 핵심이라는 것을 알게 되었다.

룰라 전 대통령도 "굶주리는 국민은 투쟁할 수 없다"면서 "지금 벌어지는 시위는 이 나라 국민들이 건강하다는 것을 보여준다"고 말했다.

두 지도자가 정확히 파악했듯이 노동자당은 더 진일보한 대안을 제시해야 할 상황에 놓였다. 2002년에 룰라가 제시한 비전은 더 이상 유효하지 않았다. 이미 실현되었기 때문이다. 그리고 룰라정부와 호세프정부 아래서 10대와 20대 시절을 보낸 청년 유권자들은 노동자당을 기성정당 가운데 하나로 간주했다. 자신의 목소리를 대변하는 정당으로 여기지 않았다. 2013년 6월 시위가 노동자당과 기존 사회운동단체 외곽에서 발생한 것은 그것 때문이었다.

하지만 노동자당은 2013년 6월 시위의 에너지를 흡수하는 데 성공하지 못했다. 노동자당은 더욱 진보적인 대안을 제시하는 것에도 성공하지 못했고, 혁신된 비전을 상징할 만한 새로운 정치가를 발굴하는 데도 실패했다. 1970~1980년대의 민주화 투쟁과 사회운동의 지도자들이 여전히 당의 얼굴이었고, 민주화 이후 세대로서 2013년 대중시위의 목소리를 대변할 젊은 정치가는 보이지 않았다.

'세계에서 가장 인기 많은 대통령'인 룰라의 후계자로 낙점받은 지우마 호세프. 그렇지만 룰라의 성공은 호세프에게는 큰 선물이자 짐이기도 했다. 호세프는 룰라의 정책을 잘 계승하긴 했지만, 그 이상을 바라는 브라질 국민들을 만족시키진 못했다.

이 같은 노동자당의 문제는 2014년에 치러진 선거에서 확연히 드러났다. 2014년 호세프 대통령이 결선투표까지 가는 접전 끝에 재선에 성공하긴 했다. 하지만 유권자들의 지지는 뜨겁지 않았다. 게다가 노동자당은 주요 주지사선거에서 패배했고, 상하원에서 1당의 지위도 내주어야 했다. 이미 그때 노동자당의 간판 지도자들이 선거에서 패배하면서 당내에는 위기감이 팽배했다.

성장이냐 분배냐

2015년 1월 1일 재선 대통령으로 취임한 이후, 호세프정부의 위기는 오히려 깊어갔다. 호세프정부는 경제사정이 나빠지자 2013년 6월 시위의 핵심 요구사항이자 2014년 대선 캠페인의 공약이기도 했던 교육·의료·대중교통 등 공공서비스의 질을 개선하겠다는 약속을 뒤로 미루었다. 대신에 경제를 먼저 안정시키기 위해 재정긴축을 주장하는 사람을 재무부장관으로 임명했다.

대통령이 약속을 지키지 않자 더 많은 분배를 요구하는 진보적 지지층과 2013년 6월 시위의 주역이었던 청년층이 등을 돌렸다. 전통적인 지지층이 급속히 이탈했고, 지지율도 10%대로 추락했다. 그렇다고 경제안정과 성장을 요구하는 사회계층의 지지를 얻은 것도 아니었다. 이들은 성장이 멈추자 그간 입을 다물어온 빈민복지정책에도 시비를 걸었다.

이것은 브라질 같은 나라에서 경제성장과 사회복지를 동시에 추구하는 것이 얼마나 어려운 일인지 보여준다. 브라질의 수출은 주로 천연자원·농산물·축산물로 이뤄지는 1차 산품에 의존하고 있다. 1차 산품 수출은 국제시장의 변덕에 크게 좌우되는데, 이 요인이 브라질 경제에 큰 영향을 준다.

만약 세계적인 경제위기로 성장이 멈추고, 불황이 시작되면 어떻게 될까? 그때 정부는 경제안정과 성장을 위한 정책을 펼칠 것인지 아니면 분배를 강화하는 정책을 펼친 것인지 선택해야 한다. 그런데 성장에 몰두하게 되면 더 많은 분배를 요구하는 계층의 지지를 잃을 것이고, 분배에 몰두하면 성장을 원하는 집단의 지지를 상실할 것이다.

룰라 대통령은 경제성장기(2004~2011년)를 통과했기 때문에 성장과 분배 사이에서 균형을 잡는 것이 상대적으로 수월했다. 국제적인 원자재 호황으로 브라질 경제가 수십 년 만에 처음으로 4% 이상의 안정적인 성장을 유지하면서 성장 기반을 더욱 강화하는 한편, 인구의 약 25%인, 5000만 명에 가까운 빈민들을 위한 복지정책을 지속적으로 확대할 수 있었다. 성장과 분배 모두를 추구하면서 서로 다른 이해관계를 가진 사회집단들과 정치세력들을 모두 만족시키는 데 성공했다. 이것이 87%라는 기록적인 지지율의 비결이었다. 중산층과 하층을, 우파와 좌파를 모두 만족시키는 일이 기적적으로 가능했던 것이다.

하지만 이것이 늘 가능한 일은 아니다. 경제가 위기로 접어들면 성장과 분배 가운데 하나를 선택해야 하는 결단의 순간이 온다. 어떤 길을 택하든지 치러야 할 정치적 대가가 있다. 성장을 택하면 지지층이 등을 돌릴 것이고, 분배를 택하면 반대세력이 결집할 것이다. 최악은 모두가 등을 돌리는 것인데 호세프가 바로 그런 경우였다.

호세프정부는 집토끼도 산토끼도 모두 잃어버렸다. 충성스러운 좌파는 호세프가 약속을 어겼다고 여겼고, 별로 충성스럽지 않았던 우파는 경제위기와 부패 스캔들이 겹치자 지지를 철회하더니, 아예 탄핵에 찬성하고 나섰다.

안정이냐 개혁이냐

그렇다 하더라도 우파와의 연정이 유지되었다면 호세프는 탄핵까지 가지는 않았을 것이다. 그러나 정당연합이 해체되고, 연립정부에서 우파가 이탈하면서 탄핵을 막을 마지막 제어장치마저 사라져버렸다.

호세프 대통령은 2013년 6월 시위 당시 국민투표를 통해 정치개혁법을 통과시키겠다고 약속한 적이 있다. 브라질 선거제도와 정당제도를 개혁해서 30여 개 정당이 난립하는 것을 줄여 3~5개 정당이 있는 온건다당제로 바꾸기 위한 것이었다. 그러면 정치가 안정될 뿐만 아니라 부패의 구조적 원인을 없앨 수 있으리라고 보았다.

브라질의 정치제도는 민주화 과정에서 독재정권과 민주화세력의 타협으로 만들어진 것이었다. 1979년 당시 브라질 독재정권은 점진적으로 민주화하면서 그 조치 가운데 하나로 정당을 자유롭게 설립하도록 했다. 하지만 민주화세력이 단일 정당으로 결집하는 것을 막기 위해 극단적 다당제를 도입했다. 그 결과 원내에 의석을 가진 정당이 20~30개나 난립하게 되었다. 그러니 대통령선거가 끝나면 연립정부 구성을 하느라 이합집산이 반복된다.

이 문제를 근본적으로 해결하려면 정치개혁이 필요하다는 것은 모두가 인정한다. 문제는 과연 정당들이 이 개혁에 동의할지 여부다. 따라서 정치권을 압박하기 위해서는 두 가지가 필요하다. 국민들이 압도적으로 지지해야 하고, 합의를 이끌어낼 정치적 지도자가 있어야 한다.

정치개혁은 룰라조차 해결하지 못한 난제였다. 2006년 룰라 대통령은 당시 정치제도를 개혁하려고 헌법 개정을 시도했다. 하지만 여러 정당들이 반대하자 이를 미루어두었다. 룰라는 두번째 재임기에도 이 과제에 손대지 못했다. 자칫 잘못하면 정당연합이 붕괴되어 국정을 안정적으로 운영할 수 없게 되고, 임기 내내 정당들끼리 공방만 벌일 우려가 컸기 때문이다. 당시 룰라는 대결의 정치를 회피하고, 여러 정당과 협상하고 타협하는 통합의 정치를 택했다.

하지만 호세프 대통령은 더 미뤄둘 수 없었다. 2013년 대중시위에서 국민들은 부패 문제 해결을 위한 정치개혁을 요구했기 때문이다. 정치개혁은 호세프 대통령의 최우선 과제가 되었다. 그런데 재선에 성공하자마자 개혁의 동력을 상실하고 말았다. 부패 스캔들이 터져 노동자당과 연방정부의 도덕성에 타격을 입었고, 성장 우선 정책으로 좌파와 지지층마저 호세프에 대한 지지를 거두었기 때문이다.

상황을 더욱 악화시킨 것은 호세프가 정치부패를 다루는 관점이었다. 호세프 대통령은 부패 문제를 정치인 개인의 도덕적 문제이자 사법적으로 처리할 문제로만 여겼다. 사법당국이 여야를 가리지 않고 정치권 전체를 대상으로 수사를 확대하고, 룰라에 대한 강제구인이 보여주듯이 권한남용과 공정성 시비까지 벌어지는데도 대통령은 굳게 입을 다물었다. 정치부패를 사정당국이 처리하는 것을 방해하지 않겠다는 소극적 해법을 채택한 것이다. 이런 대통령에 불만을 품고, 사법당국이 부패 세력으로 찍은 정치인들 모두가 똘똘 뭉쳐 탄핵에 나선 것이다.

부패한 우파의 입법쿠데타

이들이 탄핵을 모의하고 추진한 진짜 이유는 무엇일까? 그것은 호세프정부에서 부통령으로 있다가 대통령에 취임한 미셰우 테메르가 직접 알려주었다. 테메르는 대통령에 취임한 지 얼마 되지 않아 뉴욕에 방문하여 헤지펀드 투자자들과 엘리트 외교관들을 만난 적이 있다. 그 자리에서 테메르는 호세프 탄핵의 이유는 예산을 편법으로 운영했기 때문이 아니라 국제자본과 브라질 재계가 원하는 수준의 '긴축 정책'을 추진하지 않았기 때문이라고 실토했다.

테메르가 말한 강력한 '긴축 정책'이란 무엇일까? 그것은 13년간 노동자당 정부가 빈민들에게 제공해온 복지혜택을 줄이고, 노동자들의 권리는 줄이면서 기업가의 자유는 늘리는 것이다. 실제 테메르정부는 2017년 7월 11일 의회에서 노동법 개정안을 통과시켰다. 이 법안은 이른바 '노동유연화' 정책을 고스란히 반영한 것으로 브라질 재계와 국제자본의 요구에 따른 '청부입법'에 불과했다. 법안의 골자는 노동자들에게 더 많은 일을 시키면서 권리와 혜택은 대폭 줄이는 것이었다.

이 법을 반대한 것은 총파업을 벌이며 거리시위에 나선 노동자들만이 아니었다. 브라질의 판사·검사·변호사 단체도 이 법안이 헌법과 충돌하는 등 법리적으로 문제가 많다면서 반대했다. 심지어는 테메르정부의 노동부도 반대하면서, 아예 헌법을 위배하는 12개 조항을 조목조목 짚었다. 국제노동기구는 노동자들이 이미 획득한 권리를 후퇴시키지 않아야 한다는 조항을 비롯한 다수의 국제규약을 위반하고 있고, 노동자들의 의사를 반영하는 절차를 거치지 않았다고 지적하면서 법적 효력이 없다고 지적했다.

하지만 테메르정부는 전혀 아랑곳하지 않았다. 이렇게 막무가내인 이유는 있다. 첫째, 입법부를 확고하게 장악하고 있다. 호세프 탄핵이 보여주었듯이 우파가 입법부 상하원에서 3분의 2 이상을 확고하게 장악하고 있다. 둘째, 연방헌법재판소STF 지지도 확고하다. 호세프를 축출하는 '입법쿠데타'의 보증을 선 것이 바로 연방헌법재판소였다. 셋째, 국제금융계와 브라질 재계의 확고한 지지다. 노동법 개정안이 통과되던 날 그들은 환호했다. 브라질 헤알화의 가치는 치솟았고 브라질 주가가 급등했다.

게다가 테메르 대통령은 부패한데다가 파렴치하기까지 한 인물이란 것이 드러났다. 지난 5월 말에는 대통령이 직접 대기업 사장에게 뇌물로 증인의 입을 막으라고 말하는 음성파일이 공개되었다. 6월 말에는 연방검찰청이 500만 달러의 뇌물을 수수한 혐의로 대통령을 연방대법원에 기소하기도 했다. 대통령 지지율은 5%대로 추락해서 호세프 때보다 더 낮아졌다. 최근 30년 기간 중에서 최저치였다. 81%의 브라질 국민이 테메르 대통령의 기소를 찬성했다. 하지만 테메르는 사임하기는커녕, 연방하원의 우파의원들을 동원해서 자신에 대한 재판을 막아버렸다. 게다가 우파가 장악한 연방의회가 테메르 대통령을 탄핵할 리도 만무했다.

부패한 우파 대통령이 하루아침에 노동권을 무너뜨린 것을 지켜본 브라질 국민들은 큰 충격을 받았다. 이것이 13년간의 노동자당 정부가 이룬 성취를 지키기 위해 대선출마를 선언한 룰라 전 대통령에 대한 지지율이 38%까지 오른 이유였다. 부패혐의로 2017년 7월 12일에 10년에 가까운 실형을 선고받았는데도 말이다.

꿈이 현실이 되고, 실망이 되었다 해도

호세프 탄핵은 브라질에서 스웨덴을 꿈꾸는 것이 때론 얼마나 위험한 일인지도 잘 보여준다. 사실 호세프가 추구한 전략은 새로운 것이 아니다. 전임 룰라 대통령이 추구한 전략과 같았다. 룰라의 전략은 점진적인 변화를 목적으로 타협을 추구하는 일종의 브라질판 사민주의 전략이었다. 도무지 손을 잡기 어려울 것 같은 정치세력들과 사회집단들끼리 서로 협상을 벌이고 타협을 이루는 것이었다.

호세프 대통령도 전임 룰라의 전략을 고스란히 이어받았다. 2011년에서 2013년까지는 그 전략이 잘 작동했다. 하지만 2014년 재선 이후 호세프 대통령은 전혀 다른 환경에 직면했다. 2013년 이래 경제성장이 멎자 우파는 복지정책에 불만을 제기했다. 형편없는 공공서비스가 개선되기를 바랐던 좌파는 좌파대로 불만을 표출했다. 정부는 외줄타기 대신 경제안정과 성장이냐 아니면 분배냐 둘 중에 하나를 택일해야 하는 상황에 놓였다.

또한 호세프는 2013년과 2015년에 정치개혁과 복지강화를 요구하는 대규모 시위에 직면했다. 시위의 요구를 수용하기 위해서는 10여 개 정당과의 연합이 붕괴될 위험을 감수해야 했다. 과감한 정치개혁으로 돌파할 것인가 아니면 현상유지를 택할 것인가 갈림길에 섰지만 어느 쪽도 선택할 수 없는 지경이나 마찬가지였다.

룰라정부와 호세프정부는 브라질과 같은 나라에서 사민주의 전략을 추구할 경우에 이룰 수 있는 최선의 성취와 최악의 위험을 모두 보여준다. 잘되면 룰라의 경우처럼 90%에 가까운 지지를 기록할 수도 있지만, 자칫하면 호세프처럼 최악의 경우엔 탄핵으로 쫓겨날지도 모른다.

13년간 집권당으로 일해온 노동자당은 다시 야당으로 돌아갔다. 노동자당은 재기할 수 있을까? 이전에 어떻게 성공했는지, 그리고 왜 추락했는지를 안다면 불가능한 일이 아닐 것이다.

룰라는 2016년 초에 노동자당이 잃어버린 것이 무엇인지 성찰했다.

우리(노동자당) 잘못인지, 정부(노동자당이 주도한 연립정부)의 잘못인지는 잘 모르겠다. 노동자당은 유토피아를 조금은 상실했다. 우리가 꿈을 믿었을 때, 그 꿈을 얘기하면서 감격에 겨워 눈물을 흘리던 시절이 생각난다. 오늘날 우리는 그것을 다시 세워야 한다.

룰라는 노동자당이 열정을 회복해야 한다고 역설한다. 2002년 룰라는 강낭콩 한 접시, 첫 일자리, 첫 진료, 첫 학교 출석을 위해서 사회주의라는 유토피아를 기꺼이 미룰 수 있다고 말했다. 점진적 개혁으로 구체적인 성과를 만들겠다는 선언이었다. 그는 약속을 지켰다. 빈민은 줄어들고, 무려 3000만 명이 새롭게 중산층이 되었다. 이 같은 성취를 브라질 유권자들은 인정한다. 하지만 그것에 만족하지 않는다.

지금 브라질 시민들은 누가 더 참신한 사회 변화 비전을 제시할 것인지 기다리고 있다. 노동자당이 새로운 대안과 정치가를 보여준다면,

그래서 정치개혁을 이룰 수 있다면 재기할 수 있을 것이다.

룰라는 2018년 대선 출마를 다짐하면서 "내가 맞서 경쟁해야 할 사람은 바로 나"라고 말했다. 과거 자신이 이룬 업적과 경쟁해야 한다는 뜻이었다. 룰라가 과거의 자신과 싸우려면 무엇보다도 용기가 필요할 것이다.

사실 그는 협상의 대가이기도 하지만 투쟁의 대가이기도 했다. 그리고 그 투쟁에는 그가 인생의 고비 고비마다 보여주었던 용기가 필요하다.

제6장

소수자는
영리하다

멕시코

아메리카 원주민이 세계를 뒤흔들다

"멕시코여! 우리가 여기 온 것은
네가 무엇을 할 것인지 말하려고 온 것이 아니라네!
너를 어딘가로 이끌기 위해 온 것도 아니라네!
겸손한 마음으로, 그리고 존경하는 마음으로
너에게 요청하기 위해 왔다네! 우리를 도우라고 말일세!"
게릴라 대변인의 시적인 연설이 끝나자
대광장에 모인 시민들이 모두 힘차게 답했다.
"너희들은 외롭지 않아! 너희들은 외롭지 않아!"

최근 라틴아메리카에서 벌어진 사회현상 가운데 가장 독특한 것, 라틴아메리카가 아닌 곳에서는 도무지 상상하기 힘든 일이 하나 있다. 원주민들이 세상에 '등장'한 것이다. 그런데 원주민들은 늘 그곳에서 살아왔고, 이따금 다양한 방식으로 존재감을 과시해왔는데 왜 새삼스럽게 '등장'이라고 말하는 것일까?

과거엔 좀체 눈에 보이지 않았는데 지금은 원주민이 가시적인 존재가 되었기 때문이다. 과거 역사에선 원주민들이 피해자나 희생자로 여겨졌는데, 지금은 사회운동의 주역, 무장봉기의 주동자, 정당의 주력은 물론 한 나라의 대통령이 되기도 한다. 한마디로 원주민이 라틴아메리카의 정치·사회라는 무대의 엑스트라가 아니라 주인공으로 등장했다.

그중에 세계 무대까지 등장해 널리 이름을 알린 이들이 있다. 바로 멕시코의 사파티스타민족해방군EZLN이다. 이 '게릴라 군대'는 멕시코 동남부, 과테말라와 국경을 마주한 치아파스 주에서 1994년 1월 1일에 무기를 들고 봉기하면서 처음 모습을 드러냈다.

봉기 가담자들은 한때 열대밀림과 고원지대에 라틴아메리카에서 가장 세련된 문명으로 불리는 마야문명을 세운 이들의 후예였다. 게릴라 사령부는 수도 멕시코시티에서 동남쪽으로 18시간을 달리고 나서도 다시 7시간가량을 비포장도로로 달려야 도착하는 곳에 있었다. 봉기 당시 이들이 가진 무기는 보잘것없었다. 그들은 "손에 쥘 수 있는 것"은 다 들고 봉기를 일으켰다.

이 원주민 게릴라들이 추위를 막고 신원을 숨기기 위해 착용한 스키마스크는 한때 세계적인 저항의 상징이 되었다. 전통의상을 입고 스키마스크를 쓴 원주민들이 멕시코 사회의 다수인 혼혈인들은 물론이고 북미와 유럽의 백인들까지도 자신의 대의에 동조하게 만들었다.

그들은 우리가 원주민 혹은 게릴라에 대해 갖고 있던 모든 종류의 상식을 깨는 길을 걸었다. 그들 표현대로 하자면 "다른 방식의 정치"를 선보였다. 사실 원주민 게릴라와 정부군 사이의 전쟁은 고작 11일 만에 끝났다. 그 이후로 한 번도 원주민 게릴라의 총구가 불을 뿜은 적이 없다. 하지만 새로운 전쟁이 시작되었다. 그 전쟁은 "언어의 전쟁"으로, 사람들의 마음을 사로잡기 위한 전쟁이었다.

'치아파스의 가난한 원주민'이 어떻게 멕시코 사회가 만들어놓은 지리적이고 인종적이고 계급적인 포위망을 벗어날 것인가? 어떻게 치아파스 외부에서 다른 경제적 조건 아래 살아가는 다른 인종의 사람들에게 지지를 받을 것인가? 원주민 게릴라들에겐 이것이 연방군의 군사적 포위망을 돌파하는 것보다 훨씬 더 어려운 일이었다. 게다가 이 포위망은 한 번의 돌파로 결코 사라지지 않는다.

사파티스타민족해방군이 그 포위망을 멋지게 돌파한 순간이 있었다. 그 짧지만 찬연한 순간에 이 원주민 게릴라는 공산주의 몰락 이후에 가장 성공한 반체제운동이 되었다. 자본주의체제를 넘어서려던 모든 시도가 시대착오적이고 부질없는 일로 여겨지던 시대, 모두 '몰락'에 의기소침하고 '역사의 종언'을 받아들이던 시대에 홀연히 등장해서 인류가 잃어버린 유토피아의 꿈을 되살린 이들이 시골 원주민들이라니.

이 원주민들이 세계의 오지인 라칸돈 정글에서 '분노의 그림자'로 조용히 웅크리고 있다가 역사의 무대에 오르기 위해 짐을 꾸리던 그 날로 가보자.

마야 원주민들, 봉기하다

그날은 1993년의 마지막 날이었다. 카를로스 살리나스 데 고르타리Carlos Salinas de Gortari 대통령(1988~1994년 재임)은 멕시코가 제1세계의 일원이 된 것을 자축하고 있었다. 대통령으로 선출된 이래 가장 공들여온 북미자유무역협정NAFTA이 새해 첫날부터 발효될 예정이었다. 라틴아메리카 국가로는 최초로 "부자국가들의 클럽"이라 불리는 경제개발협력기구OECD 가입도 앞두고 있었다.

대통령의 낙관에 멕시코 사람들 모두가 공감한 것은 아니다. 사실 멕시코 사람들 다수는 기대보다는 불안감이 더 컸다. 그래도 연말은 연말이었다. 크리스마스에서 시작되어 새해 초까지 이어지는 이 시기는 멕시코 사람들에겐 매우 중요한 명절이다. 여유 있는 사람들은 가족 단위로 해외여행을 떠나고, 그럴 형편이 못 되는 사람들도 모처럼 온 가족이 한데 모여 새해를 맞는다. 시계가 정확히 자정을 가리키는 순간에는 포도 알 열두 개를 먹으며 열두 가지 소원을 비는 소박한 의식도 벌인다.

그날 오후 멕시코의 변두리, 라칸돈 정글의 원주민들은 오붓한 만찬을 준비하는 대신에 짐을 꾸려 집을 떠날 채비를 하고 있었다. 배낭과 커피 자루 속에는 손수 만든 군복, 모자, 붉은 손수건 그리고 총이 들어 있었다. 사람들의 수는 새로운 마을을 지나칠 때마다 불어났다. 그날 여장을 꾸리고 밀림을 빠져나온 원주민들은 모두 3000명에 달했다.

이들은 5개 부대로 나뉘어 라칸돈 정글 인근에 있는 5개 군청소재지로 향했다. 그중 가장 큰 곳은 산크리스토발 데 라스카사스San Cristóbal de Las Casas였다. 인구는 약 10만 명에 불과한 작은 도시지만, 치아파스의 옛 주도로서 이 일대에서 역사적으로 가장 중요한 곳이었다. 스페인 정복 초기에 세워진 이 도시에는 식민지 시대 내내 스페인계 후손들이 살았고, 19세기 초반 독립 이후에는 신분상승에 성공한 혼혈인들도 거주하기 시작했다. 하지만 막상 이 도시를 세우고, 대성당의 파사드(건물의 정면 외관)를 장식한 원주민들은 차별과 멸시로 인해 도시에서 살 수 없었다.

그 도시를 원주민들이 장악한 것은 1994년 1월 1일 새벽 2시경이었다. 그 시각 이후 원주민들은 도시의 가장 높은 곳은 물론이고 도시로 들고나는 모든 길목을 감시했다. 특히 도시의 동남쪽으로 10여 km 떨어진 곳에 연방군 기지가 있었기 때문에, 그곳으로 가는 도로를 살피는 데 신경을 곤두세웠다. 진압군이 온다면 그 길로 도착할 것이었다. 도시를 외곽부터 점령해가던 원주민들은 곧 시청·경찰서·사법기관 등 주요 관공서를 접수하는 데 성공했고, 외부와의 통신도 차단시켰다. 뒤늦게 도시 사람들 몇몇이 무장한 원주민들이 몰려온다고 경찰서에 신고했는데, 그 전화를 받은 사람이 게릴라 대장이었다.

원주민들은 치밀하게 점령계획을 실행했다. 전날 저녁에 슬그머니 도시로 들어와서는 주요 점령 지점들을 살피면서 밤이 깊어지기를 묵묵히 기다렸다. 묵은해를 보내고 새해를 맞는 그날 저녁 소도시 주민들은 물론이고 경찰을 비롯한 공무원들도 모두 방심했다. 덕분에 유혈 충돌 없이 도시를 손쉽게 점령할 수 있었다. 게릴라들이 총을 쏜 것은 사태를 전혀 눈치 채지 못하던 술주정뱅이들을 진정시킬 때뿐이었다. 게릴라들은 훗날 허를 찌른 이 날의 작전을 "완벽한 군사작전"이라고

자평한다.

새벽 5시경, 원주민 게릴라 대표는 도시 전체가 완전히 자신들의 손에 들어왔다고 여겨지자 산크리스토발 시청 발코니에서 미리 준비해온 마이크로 '선전포고문'을 낭독했다. 그들은 스스로를 "500년 투쟁의 산물"이라며 스페인 정복자들에 맞서던 시대부터 현재까지 꾸준히 싸워왔다고 말했다. 그들은 "일자리, 토지, 집, 먹거리, 의료, 교육, 독립, 자유, 민주주의, 정의, 평화"를 요구하며, 부정선거를 저지르고 집권한 '불법정부'와 연방군에 맞서 전쟁을 선포했다. 또한 수도 멕시코시티로 진격하면서 "해방된 인민이 자유롭고 민주적인 선거로 정부를 직접 만들게 하는 것"이 자신들의 임무라고 주장했다.

끝으로 원주민들은 자신들의 봉기가 멕시코 헌법이 보장하는 저항권에 근거하는 적법 행위라고 강조하고, 정당한 교전세력으로서 제네바조약의 전쟁법규를 준수하겠으니 국제적십자와 국제기구가 전투를 감시해달라고 요청했다. 원주민 대표가 낭독을 마치자 시청 앞에 모인 원주민 게릴라들이 힘차게 박수를 보냈고, 일제히 "혁명 만세! 사파티스타민족해방군 만세!"를 외쳤다.

새해 첫날 동이 터오자 어둠이 가려주던 원주민 게릴라들의 초라한 행색이 고스란히 드러났다. 복장도 제각각, 통일성이 없었다. 저마다 모양과 색깔이 다른 모자를 쓰고 있었다. 대부분은 맨얼굴을 그대로 보여주었지만, 몇몇은 방한용 스키마스크를 썼다. 그들이 모두 같은 편이라는 것을 알려주는 것은 목에 두른 붉은 손수건뿐이었다. 무장 수준도 형편없었다. 대부분 총으로 무장을 하긴 했지만, 사냥용 엽총이나 목총을 들고 나선 이들도 있었다. 옥수수를 자르는 마체테 칼을 들고 나온 이도 있었다.

호기심을 이기지 못한 주민들과 기자들의 질문을 쏟아내자 대장으로 보이는 사람이 궁금증을 해결해주려 나서기도 했다. 게릴라들은 경찰서에 갇혀 있던 원주민들을 석방시키고, 관공서에서 가져온 서류들을 모아 불태우더니 1월 2일 새벽에 홀연히 도시를 떠났다.

원주민 게릴라들이 24시간 남짓 이 도시를 점령하고 떠났다는 것을 알려주는 것은 낙서였다. 시청사 주변 건물 외벽에 스프레이로 서툴게 갈겨 썼다. "우리는 자유무역협정을 원치 않는다." "우리는 토지를 원한다." 자신들의 요구사항을 쓰는 한편 "이래도 게릴라가 없다고?"라며 라칸돈 정글의 원주민 마을은 늘 평화로운 곳이라고 주장하는 정부를 조롱하기도 했다. "산크리스토발 사람들 모두 고맙다." 작별인사도 예의바르게 남겼다. 작은 실수도 하나 있었다. 게릴라Guerrilla라는 단어에서 e를 빠트렸다. 이런 실수로 이들이 스페인어에 서투르다는 것도 알려주었다.

산크리스토발을 떠난 게릴라들은 멕시코시티로 진격하지 않았다. 대신 1월 2일 아침에 인근에 있는 연방군 기지를 기습했다. 충돌 없이 도시를 점령한 것에 자신감을 얻은 것이 분명했다. 하지만 연방군 기지를 점령하는 것은 쉽지 않았다. 연방군은 헬리콥터를 비롯해 우세한 무기로 무장하고 기습을 막아냈고 게릴라 대원 24명을 사살했다. 원주민 봉기에서 가장 치열한 전투는 1월 3일 오코싱고라는 또 다른 군청 소재지에서 벌어졌다. 다른 게릴라 부대가 점령한 이곳에서 연방군과 총격전이 벌어져 원주민 게릴라들과 민간인들 수십여 명이 죽었다.

하지만 봉기의 성과는 있었다. 게릴라들은 원주민 200여 명을 석방시켰고, 전 치아파스 주지사 압살론 카스테야노스 도밍게스Absalón Castellanos Domínguez(1982~1988년 주지사 재임)를 '전쟁포로'로 체포했다. •

• 그가 주지사로 재직하던 시절 원주민들이 150명가량 암살되었지만, '범죄자들'은 아무런 처벌도 받지 않았다.

트레이드 마크인 스키마스크를 쓴 사파티스타 원주민 게릴라들. 멕시코의 궁벽한 시골에서 등장한 이들의 외침은 곧 신자유주의 세계화를 반대하는 거대한 흐름으로 이어진다.

원주민들은 "억압의 상징"인 그를 잡아두었다가 훗날 정부와 평화협상을 개시하기 직전에 풀어준다. 가장 중요한 성과는 무엇보다도 멕시코의 변두리 중에 변두리인 라칸돈 정글에 사는 원주민들이 분노하고 있다는 것을 멕시코 전역에 알린 것이다.

그냥 농민 게릴라도 아니고, 좌파 게릴라도 아니고, 원주민 게릴라가 봉기를 일으키다니. 봉기 소식을 들은 멕시코 사람들도 의아해했다. 살리나스 멕시코 대통령은 아예 원주민 봉기 자체를 부인했다. "봉기 참가자 일부가 원주민일 뿐"이라며 사태의 진상을 호도하고, 엉뚱하게도 "외국 출신 폭력전문가"들이 훈련시키고 조종하는 200여 명의 "폭도들"의 소행이라 둘러댔다. 여기서 대통령이 말하는 "외국 출신 폭력 전문가"는 7,80년대 과테말라·엘살바도르·니카라과·쿠바 등지에서 활약하던 게릴라를 가리키는 것이 분명했다.

초등교육조차 제대로 받지 못한 원주민들이 기가 막힌 타이밍에 봉기를 일으켜 정부를 궁지로 몰아넣었다고는 도무지 상상하기 어려웠던 것일까. 아니면 이미 사태를 다 파악하고서도 파장을 줄이기 위해 거짓말을 한 것일까.

대통령은 부인했지만 수많은 내외신 기자들이 "멕시코가 아득하게 잊어버린 모퉁이"에 방치된 원주민들의 삶을 조명하고 봉기 원인에 대한 분석을 쏟아내자 원주민봉기의 실체가 서서히 드러났다. 봉기 가담자들은 초칠족·첼탈족·촐족·토홀라발족·맘족·소께족 등 모두 멕시코의 오지 치아파스 주에 사는 원주민들이었다. 봉기 지도부는 원주민 마을 지도자 30여 명으로 구성된 원주민혁명비밀위원회CCRI였다. 원주민이 아닌 사람은 '부사령관' 마르코스를 비롯해 몇 명에 불과했고, 그 누구도 외국인 게릴라와는 아무 관계가 없었다. 1994년 치아파스 봉기는 멕시코 문호 카를로스 푸엔테스Carlos Fuentes의 지적처럼, "현대 라틴아메리카에서 최초로 일어난 원주민 무장 반란"이었다.

원주민, 땅의 빛깔을 닮은 이들

치아파스 원주민 봉기의 역사적 의미를 이해하려면, 한때 아메리카 대륙의 주인이었던 원주민들의 삶을 이해할 필요가 있다. 스페인 정복자들이 도착하기 전에 원주민들은 이 대륙 곳곳에 살고 있었고, 몇몇 지역에 눈부신 문명을 건설하기도 했다.

멕시코 중부 고원지대는 아즈텍문명의 중심지였고, 멕시코 동남부와 유카탄 반도 일대에는 마야문명의 고대도시들이 들어섰다가 버려졌다. 안데스 고원에는 잉카문명이 번창했다. 멕시코 중부 고원에 우뚝 솟은 해와 달의 피라미드, 유카탄 반도의 밀림 속에 들어선 마야 도시 '치첸 잇사', 안데스 고원의 '마추픽추'가 원주민 문명을 대표하는 유적들이다.

고대 문명이 번성한 지역들에는 오늘날에도 원주민들이 많이 살고 있다. 흔히 아메리카 3대 문명이라고 불리는 아즈텍·마야·잉카 문명 지역에 원주민 인구 밀도가 가장 높다.* 아즈텍문명과 마야문명 지대에 속하는 멕시코·과테말라·온두라스·엘살바도르, 잉카문명 지대에 속하는 페루·에콰도르·볼리비아 등지에는 원주민이 많이 거주할 뿐만 아니라 원주민 문화가 여전히 강력해서 '원주민 라틴아메리카'라고 불린다.**

원주민들의 제국은 스페인 정복자들이 도착하면서 멸망의 길로 들어섰다. 정복자들은 1521년 아스텍제국을 무너뜨리고, 1533년 잉카제국을 멸망시켰다. 원주민들을 모두 현물이나 화폐로 공납을 바치거나 노역을 제공하는 사실상의 노예로 전락시켰다. 원주민들을 열등한 인종으로 취급하면서 '이성이 없는 인간'이란 이데올로기도 만들었다. 정복자들은 토지를 강제로 빼앗아가면서 소유지를 계속 넓혀갔고, 원주민들은 조상대대로 살아오던 터전에서 쫓겨나 산간벽지나 오지 밀림으로 계속 밀려났다.

19세기 초반에 라틴아메리카의 여러 나라가 독립했지만 그 후로도 원주민들의 처지는 크게 달라지지 않았다. 달라진 것이라고는 스페인

---

* 오늘날 3대 문명 지역에 살고 있는 원주민 인구의 비중은 제각각이다. 멕시코의 원주민 인구는 약 10% 선이고, 과테말라와 페루와 에콰도르에선 3,40%대, 볼리비아에서는 약 60%를 차지한다. 인구 편차는 크지만, 이 나라들에서는 모두 원주민 전통이 면면이 이어져오면서 강한 영향력을 발휘한다.

** 라틴아메리카를 문화적으로 원주민 라틴아메리카, 흑인 라틴아메리카, 백인 라틴아메리카로 나누기도 한다. 멕시코와 페루가 원주민 라틴아메리카의 대표 국가라면, 브라질과 쿠바가 흑인 문화가 강한 국가이며, 아르헨티나와 우루과이가 유럽의 백인 이민자 문화가 매우 강한 곳이다.

정복자 대신 혼혈인 대지주에게 땅을 빼앗기고, 혼혈인보다 더 열등한 인종 취급을 당한 것이다. 몇몇 나라에서는 백인과 원주민의 혼혈로 태어난 메스티소mestizo 인구가 원주민 인구를 능가하기도 했다.

20세기에 들어서도 원주민들은 대체로 가장 사회적 지위가 낮고, 경제적으로 가난하고, 정치에서 소외되었다. 원주민들의 다수는 농민이지만, 농촌의 빈곤과 체념에서 벗어나려고 도시로 이주한 이들과, 광산이나 공장에서 일하는 노동자들도 많다. 원주민들은 대체로 육체적으로 가장 고된 일에 종사해왔다. 그래서 20세기 내내 '원주민 라틴아메리카'에서 벌어진 농민봉기·노동자파업·도시빈민의 폭동에는 늘 원주민들이 있었다.

다만 멕시코 원주민의 경우, 20세기 초반 멕시코혁명(1910~1920년)이 벌어지고 나서 사정이 좀 달라졌다. 멕시코혁명 이후 원주민들은 토지를 분배받았고, 국가가 제작한 공식 역사 교과서나 '공식' 예술에서 추앙의 대상이 되기도 했다. 혁명 직후 지식인들과 예술가들이 주도한 문화적인 혁명에서 멕시코 민족의 뿌리를 원주민 전통에서 찾았던 것이다. 혁명 이전의 지배층이 멕시코의 가치를 식민 본국인 스페인이나 당대 강국인 프랑스에서 찾는 것에 대한 반발이었다. 디에고 리베라를 비롯한 유명한 화가들이 멕시코시티 공공건물 벽을 거대한 캔버스로 삼아 원주민의 역사를 그린 것도 이 시기였다. 그 결과 멕시코 국민의 정체성 속에 원주민 문화가 강력하게 자리 잡았다.

오늘날 멕시코 원주민은 전체 인구의 약 10%, 언어를 기준으로 나눈 부족 수가 56개, 인구수는 약 1000만 명에 달한다. 전체 인구의 약 80%를 차지하는 혼혈 인구에 비하면, 그 비중이 낮은 편이다. 하지만 원주민 전통은 멕시코 사람들의 종교생활이나 축제와 명절 등에 강하게 남아 있다. 멕시코가 '원주민 라틴아메리카'의 대표 국가로 손꼽히는 이유이다.

그렇지만 멕시코에서도 역사와 전통 속의 원주민이 아닌, 살아 있는 원주민에 대한 대접은 달랐다. 원주민들은 조상들이 세운 문명의 중심지에서 한참이나 떨어진 변두리 농촌에 모여 살고, 경제적으로 가난하했으며, 사회적으로 차별받으며 학교와 병원 등 모든 국가 서비스에서도 배제되어왔다.

스페인의 정복 이래 아메리카 원주민들의 삶은 늘 힘겨운 것이었다. 그래서 원주민들은 줄곧 지배자에 맞서 저항해왔다. 원주민들은 인종차별주의에 젖어 있는 스페인 정복자들과 그 후손, 메스티소 지주들은 물론이고 지주의 앞잡이 노릇을 하는 원주민 마을 우두머리인 카시케cacique들과도 싸웠다. 저항의 방식도 다양했다. 통치자들의 법을 자신의 목적에 맞게 이용하거나, 강제 노동을 피해 도주하거나, 때론 집단시위를 벌이기도 했다. 이 모든 방법이 쓸모가 없을 때는 무장봉기를 일으켰다.

1994년 봉기의 무대인 멕시코 치아파스도 마야족 원주민들의 저항과 반란이 잦았다.● 16세기 초반 정복 당시 이곳에 살던 치아파네코족은 우세한 무기로 공격해오는 스페인 침략자들에 맞서 용맹하게 싸웠다. 하지만 패색이 짙어지자 원주민 부족 전체가 적에게 굴복하는 대신에 1km 계곡 아래로 몸을 던지는 결단을 내렸다. 그 마지막 전투가 벌어진 '수미데로 계곡'의 낭떠러지 벽은 붉은 빛이 선연한데, 그때 죽

● 치아파스 봉기의 주역인 원주민들은 모두 역사 속 아득한 이름인 '마야문명'의 후손들이었다. 마야문명은 오늘날의 멕시코 동남부, 과테말라 등지의 열대밀림과 해발 2000m가 넘는 고원지대에서 융성했는데, 척박한 자연환경 속에서도 고대 아메리카 문명 가운데 가장 독보적인 과학적이고 예술적 성취를 일구어냈다. 마야인들이 열대밀림 곳곳에 남겨놓은 우아한 건축과 정교한 조각품들은 당시 마야인들이 얼마나 천문학과 수학에 조예가 깊었는지를 보여준다.

음을 택한 원주민의 선혈이라는 전설이 전해오고 있다.

스페인 식민지 시대에도 반란은 끊이질 않았다. 1712년에도 낫과 괭이로 무장한 3000여 명의 마야족 원주민들이 자기 마을의 식민지 관리들과 사제들의 목을 치고 산크리스토발로 진격해 들어갔다. 스페인 군대가 도착해 반란자들의 귀를 자르고 주모자를 효수하고 나서야 민란은 잦아들었다. 독립 이후인 1868년에도 빼앗긴 땅을 되찾고자 원주민들이 산크리스토발로 쳐들어갔다. 그리고 오래 시간이 지나 1994년 1월 1일에, 북미자유무역협정 발효일에 맞추어 치아파스 원주민들이 봉기했다. 대지주들, 이들과 한패인 주정부와 연방정부를 규탄하며 3000여 명의 원주민들이 산크리스토발을 비롯해 총 5개 도시를 점령했다.

봉기 이후 평화협상장에 나온 멕시코 정부 대표가 원주민 게릴라 대표인 마리벨에게 나이를 물었다. 마리벨은 '502살'이라고 답했다. 1492년에 콜럼버스가 신세계를 발견한 이래 1994년까지 원주민들이 502년간 투쟁해왔다는 의미였다.

멕시코 대통령의 착각

치아파스 봉기 소식에 멕시코 전역이 들썩이기 시작했다. 멕시코 곳곳에서 지지 시위가 잇따랐다. 1994년 1월 12일 멕시코시티에서는 대규모 집회가 벌어졌다. 수만 명의 시민들이 "원주민 형제를 죽이지 마라!"는 현수막을 내걸고, "학살을 중지하라!"고 외쳤다. 원주민 봉기가 멕시코가 해결해야 할 가장 시급한 현안이 되었다.

당시 살리나스 대통령은 봉기 직후 1만3000명의 연방군을 파견해 원주민 게릴라들을 공격했다. 그런데 시위가 곳곳에서 벌어지면서 봉기의 후폭풍이 더욱 커져갈 것을 두려워했다. 특히 대통령은 멕시코의 국제적 위신을 걱정했다. NAFTA를 체결하고, 선진국 클럽인 OECD에 가입할 나라에서 원주민들이 무장봉기를 벌이자 세계 언론이 대서특필하기 시작한 것이다. 결국 그는 멕시코시티에서 대규모 시위가 벌어지던 날에 전투중지 명령을 내린다.

전쟁은 단 11일 만에 끝이 났다. 그로부터 며칠이 흐른 뒤에는 봉기와 관련된 모든 이들을 사면하는 조치도 취한다. 연방정부는 폭도들을 '교전세력'으로 인정하고, 봉기 이후 채 두 달도 흐르지 않은 시점인 2월 21일에 평화협상을 개시한다.

정부가 시급하게 사태를 수습하기 위해 나선 것은 무엇보다 봉기에 대한 멕시코 시민들의 반응 때문이었다. 원주민 게릴라는 치아파스 원주민 사회 바깥을 '시민사회'라고 부르는데, '멕시코 시민사회'가 즉각 반응하고 원주민들의 투쟁에 연대 의사를 표명하고 나섰다. 다수는 원주민 게릴라의 대의에 동조했으며, 국민의 10%가량은 아예 무장봉기라는 극단적인 저항 수단도 인정했다.

멕시코 국민들의 반응을 이해하기 위해서는 이 나라에서 1980년대에 무슨 일이 벌어졌는지를 살펴봐야 한다. 흔히 '잃어버린 10년'이라고 불리는 이 시기에 멕시코가 잃어버린 것은 경제성장의 기회만이 아니었다. 라틴아메리카에서 독보적이었던 정치안정도, 사회통합도, 민족적 자긍심도 모두 잃어버렸다.

멕시코는 1930년대에서 1970년대까지는 라틴아메리카의 모범국가로 칭송받던 나라였다. 우선 라틴아메리카 국가들 중에서 이토록 오랫동안 정치안정을 구가한 나라는 없었다. 라틴아메리카 다른 나라들에선 흔하던 쿠데타도 멕시코에서 단 한 번도 일어난 적이 없었다. 체제를 위협한 만한 게릴라 운동도 없었다.

물론 멕시코 정치체제는 억압적이었다. 하지만 놀랄 만한 융통성을 갖춘 독특한 체제였다. 이 체제는 1958년에 파업을 벌이던 노동자들을 학살하고, 1968년에는 평화시위를 벌이던 대학생들을 학살했다. 하지만 그런 학살 이후에는 좌파적인 정책을 취하며 억압에 대한 반발을 즉시 차단했다. 그렇게 좌우를 오간다고 해서 페루의 저명한 자유주의 작가인 마리오 바르가스 요사가 "완벽한 독재"라고 말한 것이다.

멕시코는 경제성장 분야에서도 단연 모범이었다. '멕시코의 기적'이란 말이 나올 정도로 고도성장을 꽤 오랫동안 누렸다. 국가가 주도하는 경제는 1930년대의 준비기를 거쳐 1940년에서 1970년 사이에는 연 6%라는 비교적 높은 국민총생산 성장률을 기록했다. 그동안 멕시코는 농업국가에서 산업국가로 완전히 바뀌었다.

멕시코가 오랫동안 정치안정과 경제성장이라는 두 마리 토끼를 잡을 수 있었던 이유는 무엇일까? 라틴아메리카 이웃국가들이 아무리 애를 써도 이루기 힘든 일이 멕시코에서 어떻게 가능했을까? 가장 중요한 요인은 멕시코혁명 이후 등장한 강력한 정부였다.

멕시코혁명은 라틴아메리카에서 발생한 최초의 근대적 사회혁명(1910~1920년)이었다. 혁명은 외국과 결탁한 소수 엘리트들이 지배하는 '신식민지' 국가 멕시코를 뿌리째 흔들어놓았다. 혁명의 성과가 담긴 1917년 헌법은 당시 세계에서 가장 진보적인 헌법이었다. 이 헌법에 근거해서 농민들은 토지를 분배받았고, 노동자들은 노동3권과 8시간 노동제를 보장받았고, 대학생들은 무상교육의 혜택을 받았다. 외국자본이 지배하던 석유산업과 같은 전략 부문의 기업들은 모두 국유화되었다.

또한 권력을 평화적으로 승계하기 위한 독특한 정치제도도 만들어졌다. 1929년에 혁명지도자들이 만든 제도혁명당PRI은 혁명을 지지하는 계층을 노동자와 농민과 중산층과 군대, 이 네 부문으로 나누어 모두 정당 안으로 끌어들였다. 제도혁명당 출신 대통령은 이해관계가 다른 사회집단 사이에서 이익을 조정하고 관직을 배분했는데, 이 모든 조율을 당 내부에서 벌였다. 그 결과 이들 사회집단이 별도의 정당을 만들어 선거경쟁을 벌일 이유가 없었다.

물론 이 체제도 완벽할 수 없었다. 노동조합과 농민조직이 제도혁명당의 하부조직으로 변하자 이에 맞서 독립노조와 농민회를 세우려는 움직임은 늘 있었다. 멕시코혁명의 성취를 독점한 제도혁명당에 도전하는 급진 정당도 생겨났다. 하지만 이들은 모두 가차 없이 탄압받았다. 아무리 급진적인 이념을 품었더라도 제도혁명당 안으로 들어가면 이권과 관직을 얻었다. 하지만 아무리 보수적 이념을 갖고 있더라도 제도혁명당 밖에 있으면 탄압받았다.

혁명의 정통성을 계승하고 폭넓은 사회적 기반까지 갖춘 제도혁명당은 그야말로 무소불위였다. 당원들이 행정부·입법부·사법부·군대의 요직을 두루 독차지해서 이른바 '국가-정당 체제'를 만들어냈다. 제도혁명당 당원이 곧 국가공무원이고, 제도혁명당이 곧 멕시코 국가기구인 체제를 만들어낸 것이다. 이 정당이 2000년까지 무려 71년간 멕시코를 통치했다. 공산주의 국가가 아닌 곳에서 한 정당이 이렇게 오래 집권한 일은 드물었다.

제도혁명당 창설자들이 혁명전쟁 지도자였고, 혁명 이후 군부가 완전히 새롭게 개편되었기 때문에 쿠데타 기도는 상상하기 어려웠다. 또한 제도혁명당은 혁명정당으로서 권위가 강력했기 때문에 이에 맞서는 게릴라 투쟁도 강하지 못했다. 정부는 국가주도 산업화 전략을 추진하는 과정에서 당근과 채찍으로 대지주와 기업가들을 관리하기도 했다. 이를 바탕으로 1930년대에서 1980년대까지 멕시코는 정치안정과 경제성장, 사회통합과 민족적 자존까지 두루 유지해나간 드문 나라가 되었다.

하지만 1980년대를 거치면서 멕시코는 완전히 다른 나라가 되었다. '경제기적'은 완전히 옛말이 되었다. 1982년 외채위기가 벌어지자 멕시코 정부는 채무불이행을 선언했다. 결국 멕시코는 국제통화기금의 구제금융을 받았고, 그 대가로 '신자유주의'로 불리는 일련의 정책을 추진해야 했다.

정부는 외채와 구제금융을 상환하기 위해 복지재정에 대한 지출을 줄이고, 정부투자도 급격히 줄였다. 수많은 공기업이 민영화되어 외국자본의 손에 들어갔다. 그런데도 물가는 1987년에 160%까지 올랐고, 임금의 가치는 그만큼 추락했다. 무역자유화로 해외 상품들이 들어오면서 그동안 보호를 받던 국내기업들은 연쇄적으로 도산했다. 노동자들에겐 해고와 실업은 어느새 일상이 되었다. 멕시코 중·소농민들도 저가로 쏟아져 들어오는 농산물 앞에서 망연자실했다.

정치안정의 시대도 끝이 났다. 제도혁명당은 분열되었고, 부정선거를 자행했다. 당내 좌파가 이탈해 전국민주전선FDN을 만들어 대통령후보를 따로 출마시켰다. 그런데 1988년 7월 2일 대통령선거일에 갑자기 개표방송이 중단되는 어처구니없는 일이 벌어졌다. 그런데 방송이 재개되자 조금 전까지만 해도 앞서 나가던 야당 후보가 여당 후보에게 역전당한 것이 아닌가. 전문가들은 물론이고 시민들도 개표부정을 의심했지만, 선거관리당국은 제도혁명당 후보의 승리를 선언했다. 새 정부의 정통성은 크게 훼손되었다.

그렇게 당선된 살리나스 대통령은 이 같은 위기 상황을 극복하려고 대담한 결정을 내렸다. 그는 멕시코 경제와 미국 경제를 통합하려는 전략을 세웠다. 공산주의 국가들이 모두 몰락하고, 영국과 미국에서는 신자유주의가 득세하고 있던 당시 달라진 세계정세를 적극 활용하자는 계산이었다. 부정선거로 당선되었다는 오명에서 벗어나기 위해서 멕시코 국민들의 눈길을 다른 곳으로 돌릴 필요도 있었을 것이다. 그 이유에서 미국·캐나다와 NAFTA를 추진한 것은 물론이고 OECD에 가입하려고 노력했다. 그러면서 멕시코가 이제 제1세계 선진국의 문턱에 다다른 것처럼 장밋빛 미래를 선전하는 텔레비전 광고를 내보냈다.

멕시코가 보여준 길은 1980년대에 외채위기를 겪고 신자유주의 정책을 받아들인 라틴아메리카 국가들과도 매우 달랐다. 신자유주의를 받아들인 라틴아메리카 국가들 중에서 멕시코처럼 강도 높게 자국 경제와 미국 경제를 결합시킨 나라는 없었다. 멕시코 정부로서는 미국과 지리적으로 가까운 조건을 적극 활용하고, 저렴한 멕시코 노동력을 이용하여 수출을 늘리겠다는 의도였을 것이다. 기존의 수입대체전략을 완전히 포기하고 수출주도전략으로 전환하겠다는 발상이었다. 그 결과 멕시코 북부 국경지대에는 보세가공업체들이 우후죽순 들어섰다. 이 기업들은 원자재와 부품을 수입해서 조립한 뒤에 미국에 수출했다.

멕시코 사람들은 오랫동안 "불쌍한 멕시코, 하느님과는 너무도 멀고, 미국과는 너무나 가깝구나!"는 탄식을 입에 달고 살아왔다. 대통령은 이 탄식을 바꾸고 싶었던 것일까. 미국과의 지리적 인접성을 약점이 아니라 오히려 강점으로 만드는 역발상을 실험하고자 했다. 하지만 그 결과 멕시코 경제의 운명은 미국 경제에 완전히 종속되었다.

경제뿐일까. 라틴아메리카에서 가장 자주적인 나라였던 멕시코가 가장 친미적인 나라로 변하는 것은 시간문제였다. 멕시코는 냉전시대에 미국의 압력에도 불구하고 혁명 쿠바와 외교관계를 단절하지 않았고, 니카라과 혁명정부를 승인한 유일한 라틴아메리카 국가였다. 1980

년대 중앙아메리카에서 내전이 발생했을 때 다른 국가들과 중재그룹을 만들어 역내 문제 해결에 적극 나서는 바람에 미국의 반발을 사기도 했다. 그런 멕시코가 이제 같은 라틴아메리카 국가들과의 관계보다 미국과의 관계를 더 우선시하는 나라로 변한 것이었다.

멕시코의 NAFTA 체결은 단순히 캐나다·미국이라는 두 나라와 무역 관계를 강화하는 협정에 합의한 수준이 아니었다. 다른 라틴아메리카 국가들에게는 미국의 대對라틴아메리카 정치·경제 전략에 적극 가담하겠다는 멕시코의 선언으로 여겨졌다. 동시에 멕시코 국민들에게는 멕시코혁명의 진보적 유산을 모두 포기하겠다는 선언으로 비쳐졌다.

멕시코 사람들의 분노는 폭발 직전이었다. 경제위기를 가져오고, 선거부정을 저지른 것도 모자라, 이제는 강대국 미국에 빌붙다니. 멕시코 사회는 동요하고 있었다. 특히 농민들은 정부가 토지분배를 중단하고 중·소농 육성 정책을 버리고 대지주 육성 정책을 선택한 것에 분노했다. 1992년에 살리나스정부는 일방적으로 혁명헌법 27조를 개정해 토지를 마음껏 사고팔 수 있게 했다. 옥수수와 커피 등을 재배하는 중·소농들은 미국의 저가농산물과 경쟁해야 하고, 토지를 팔라는 대지주들의 압박에도 시달리게 되었다. 땅을 팔고 농촌을 떠나 대도시로 이주하거나 미국으로 이민을 떠나는 것 밖엔 살길이 없어 보였다.

치아파스 원주민 농민들이 무기를 들게 된 결정적인 이유도 바로 헌법 27조의 개정이었다. 이 조항은 멕시코혁명 당시 사탕수수 농민 에밀리아노 사파타Emiliano Zapata가 목숨을 바쳐가며 얻은 것이었다. 사파타는 땅을 빼앗긴 원주민 농민과 혼혈인 농민 3000여 명을 규합해 연방군을 무찌르고 혁명을 성공시켰다. 혁명으로 들어선 정부가 토지분배를 머뭇거렸을 때는 직접 대지주의 땅을 몰수해 농민들에게 나눠

주면서 혁명을 실천했다. 이 때문에 원주민 게릴라들은 자신의 조직명을 사파티스타민족해방군EZLN이라고 붙였다. 사파티스타zapatista는 바로 에밀리아노 사파타를 따르는 사람들이라는 뜻이었다.

치아파스 원주민들은 사파타의 목숨으로 얻은 자신의 땅을 버리는 일을 받아들이지 않았다. 대도시의 빈민이 되는 것도, 미국의 불법이민자가 되는 것도 거부했다. 공동으로 소유하면서도 개인적으로 점유하는 멕시코 특유의 공동소유농장을 기초로 만들어진 원주민 공동체를 지키고, 원주민 언어와 전통을 지키겠다고 다짐했다. 그들은 치아파스에서 계속 살아가기 위해 무기를 들었다.

살리나스 대통령은 멕시코가 선진국의 문턱에 다다랐다고 믿었는지 모르겠지만, 치아파스 원주민들은 그것이 대통령만의 착각이라는 것을 보여주었다. 그리고 그 원주민들의 주장에 동조하는 멕시코 사람들이 아주 많다는 것이 드러났다.

원주민, 국제적인 저항의 아이콘으로 떠오르다

멕시코 전역에서 봉기를 지지하고 공감하는 흐름이 만들어지고, 정부도 즉각 평화협상에 착수하자 원주민 게릴라들은 군사적 수세에서 벗어나 정치적 자신감을 갖게 되었다.

1994년 2월 21일에는 산크리스토발의 대성당에서 정부와 평화협상이 처음 열렸다. 그날 오전 멕시코 전역에서 백인 혹은 혼혈인 활동가들과 지식인들이 산크리스토발로 달려왔다. 그들은 '평화의 띠'라는 이름으로 인간띠를 만들어 혹시 모를 일에 대비해 원주민 게릴라 대표들을 보호하기 시작했다. 오지의 게릴라와 멕시코 시민사회가 처음 만나는 순간이었다.

이때부터 원주민 게릴라들의 행보는 파격의 연속이었다. 정부와의 평화협상은 1994년 2월부터 2년 동안 진행되었다. 게릴라의 요람인 라칸돈 정글의 날씨처럼 변덕스러운 협상이었다. 결렬과 재협상이 반복되었다. 치열한 공방 끝에 마침내 양측이 서명한 협정문이 탄생했다. 이 협정은 협상 장소였던 치아파스의 작은 원주민 마을의 이름을 따서 '산안드레스 협정'이라고 불린다.

이 과정에서 눈길을 끄는 것은 정부와 게릴라 어디에도 속하지 않는 멕시코 시민사회가 협상에 적극적으로 관여한 일이다. 보통 게릴라와 정부의 협상은 밀실협상으로 이뤄진다. 둘 사이의 중재를 제3국이나 국제기구가 맡는 경우는 많지만, 멕시코 사파티스타의 경우처럼 직접 시민사회 대표들이 협상 과정을 중재하고 의견을 피력하는 경우는 없었다. 특히 멕시코 전국에서 도착한 원주민 대표들이 직접 협정을 만드는 과정에 참가하여 토론하고 승인하는 과정도 거쳤다.

그 협상 결과물로 나온 협정문의 내용도 파격적이었다. 사파티스타들은 게릴라 조직 자체가 얻을 구체적인 정치적 실익을 먼저 논의하지 않았다. 정당 활동의 자유나 의석을 요구하는 대신에 멕시코 전역의 원주민들이 자신의 거주지에서 폭넓은 자치를 행사할 수 있는 제반 권리를 먼저 요구했다. 가령 원주민 공동체가 고유한 방식으로 대표를 선출하고, 해당 거주지역의 고유한 천연자원을 통제하면서 생산과 고용 문제를 해결해간다는 식이었다. 스페인어로 작성된 협정문은 원주민들이 직접 읽을 수 있도록 10개의 원주민 언어로 번역되기도 했다.

산안드레스 협정이 체결되는 과정은 행정부와 의회가 해야 할 일을 제도 밖으로 가져온 것이었다. 조그만 원주민 마을 산안드레스는 멕시코 민주주의의 상징이 되었다. 즉 산안드레스 협정에는 사파티스타 게릴라들의 요구만이 아니라 멕시코 원주민 다수의 요구와 이를 지지하는 시민사회의 염원이 함께 담겼다.

이 협정에 기초해 연방의원들이 '원주민의 권리와 문화에 관한 법안'을 만들었고, 게릴라는 이 법안을 수용했다. 그런데 이미 협정문에 서명한 바 있는 연방정부가 "멕시코의 단합을 해친다"는 이유로 법안을 거부했다. 세상의 이목이 집중될 때는 한발 물러서던 정부가 관심이 다소 줄어들자 속내를 드러낸 것이다. 게릴라들은 연방정부를 더 이상 신뢰할 수 없다며 대화를 중단했다.

하지만 원주민 게릴라들이 '시민사회'와의 대화를 중단한 적은 한 번도 없었다. 원주민 게릴라들은 멕시코 오지인 라칸돈 정글을 멕시코와 세계에 개방하기 시작했다. 1994년 8월 8일, 치아파스 열대 우림에서는 전국민주주의대표자회의CND를 열었다. 멕시코 전역에서 약 6000명의 시민사회 대표들이 게릴라 근거지를 찾아와 멕시코 민주화 전략을 토론했다.

또한 멕시코 역사상 처음으로 원주민 대표들이 한 자리에 모이기도 했다. 1996년 1월 4일에 멕시코 전역에 사는 35개 원주민 부족의 300명이 넘는 대표들이 전국원주민포럼을 열고, 그해 말에 전국원주민회의CNI를 하기로 결의했다. 멕시코 원주민을 대표하는 전국적 조직체가 탄생하는 순간이었다.

그뿐만이 아니다. 사파티스타 게릴라들은 게릴라로서는 매우 이례적으로 직접 '민중투표'를 실시했다. 멕시코 국민들에게 조직의 진로를 묻는 행사를 열어 연방정부를 압박한 것이다. 1995년 8월 27일에 멕시코 국민 약 100만 명이 민중투표에 참여해 원주민 게릴라 조직이 정치조직으로 전환하는 데 찬성표를 던졌다. 1999년 3월 21일에는 약 250만 명의 시민들이 민중투표에 참여해 연방정부가 산안드레스 협정을 이행하고, 평화협상을 재개할 것을 촉구했다.

나아가 원주민 게릴라들은 대안세계화운동을 벌이는 전세계 지식인들과 활동가들을 정글로 초대하기도 했다. 1996년 7월 27일에서 8월 3일까지 라칸돈 정글에서는 '신자유주의에 맞서 인류를 방어하는 대륙간 회의'가 열렸다. 라틴아메리카 대륙은 물론이고 북미와 유럽의 진보 지식인들이 총출동했다. 우루과이의 저널리스트 에두아르도 갈레아노, 프랑스 사회학자 알랭 투렌과 미테랑 대통령의 미망인 다니엘 미테랑, 체 게바라와 함께 게릴라 운동을 벌였던 프랑스 지식인 레지스 드브레 등 좌파 지식인들과 활동가 총 4000여 명이 라칸돈 정글에 집결했다. 이 집회는 공산주의 체제가 몰락한 이후에 최초로 열린 국제적인 저항집회였다.•

세계의 주변부 중에 주변부에 위치한 치아파스 오지의 정글에 사는 원주민들이 멕시코 원주민들을 결집시키고, 멕시코 시민사회를 단합시키고, 세계인들의 마음을 뒤흔들었다. 치아파스 오지 정글은 이제 억압과 차별과 착취에 맞서는 급진적인 저항의 근거지로 바뀌었다.

이 같은 일이 가능했던 것은 사파티스타들이 오지에서 비밀스럽게 활동하는 게릴라의 모습이 아니라 국내외 '시민사회'와 소통하는 게릴라의 모습을 보여주었기 때문이다. 자신들의 저항이 창출해낸 공간에서 원주민들, 멕시코 시민들, 세계 시민들이 직접 민주적인 토론을 펼칠 수 있게 만들었기 때문이다. 라틴아메리카의 어떤 게릴라도 이루지

•　　　그 이후 국제적인 저항운동이 매우 활발하게 펼쳐졌다. 1999년 시애틀 세계무역기구 제3차 각료회의, 2001년 제네바 G8 정상회담, 2003년 칸쿤 세계무역기구 제5차 각료회의 등 신자유주의 세계화와 관련된 국제회의장소는 국제적인 저항집회의 장소로 바뀌었다. 2001년 브라질의 포르투 알레그리에서는 신자유주의적인 자본주의체제를 옹호하는 세계경제포럼에 대항하는 제1차 세계사회포럼이 열렸다. 이 국제포럼의 슬로건은 바로 "다른 세계는 가능하다"였다.

못한 일을 사파티스타들이 이뤄낸 것이다.

이 같은 노력에 힘입어 사파티스타 게릴라에 대한 멕시코 내부의 지지는 갈수록 튼튼해졌다. 봉기 직후부터 청년과 대학생, 지식인들은 사파티스타 게릴라들에게 압도적인 지지를 보냈다. 특히 대학생들의 경우, '사파티스타 세대'라는 말이 있을 정도로 치아파스 봉기를 통해 정치사회화의 과정을 거쳤다. 1999년과 2000년 사이에 멕시코 국립 자치대학교UNAM에서 무상교육방어운동이 벌어졌을 때의 일이다. 학교 측이 등록금제도를 도입해 멕시코혁명의 유산인 무상교육제도를 무너뜨리려고 하자 대학생들이 휴업을 선언하고 학교를 점령했다. 당시 이 운동에 참가한 이들은 스스로를 사파티스타로 자처하거나, 사파티스타에 우호적인 제스처를 취하는 것을 당연하게 여겼다.

농촌과 도시의 중산층들도 사파티스타를 지지했다. 엘바르손El Barzón이라는 이름의 은행채무자운동에 경제위기로 눈덩이처럼 불어난 은행 빚에 허덕이는 농촌과 도시의 중산층이 참여하고 있었는데, 이 운동가들은 사파티스타와 동맹을 맺겠다고 선언했다.

사파티스타들은 제도혁명당과 신자유주의 정책에 반대하는 다양한 계층의 지지를 받아 멕시코 민주화를 앞당겼다. 수도 멕시코시티 시장 직이 임명직에서 선출직으로 전환되고 첫 선거가 1997년에 치러졌는데, 여기서 지난 1988년 대선에서 부정선거 때문에 패배했던 콰우테목 카르데나스Cuauhtémoc Cárdenas 후보가 당선되었다. 같은 해에 열린 연방 하원선거에서도 만년 여당인 제도혁명당이 창당 이래 처음으로 과반 의석을 잃었다. 그리고 2000년에는 71년 만에 야당 후보가 대통령에 당선되었다. 멕시코에 찾아온 민주화의 봄이 완연해 보였다.

우리는 모두 원주민입니다

2001년 3월 11일 오후 2시 10분 멕시코시티 대광장으로 사파티스타 민족해방군 대표단을 실은 무개차가 들어섰다. 아스텍제국 이래 늘 멕시코 권력의 심장부였던 곳에 원주민 게릴라 대표단이 도착한 것이다. 2001년 2월 25일, 24명으로 구성된 게릴라 대표단은 라칸돈 정글의 은신처를 떠나 멕시코시티로 행진을 개시했다. 그로부터 15일간 11개주를 거치는 평화대행진을 벌인 뒤에 수도에 당도했다. 1994년 봉기 당시 멕시코시티로 진격하겠다고 선언한 지 7년 만의 일이다. 하지만 그 행렬에 살상무기는 없었다. 이들이 게릴라라는 것을 알려주는 것은 낡고 해어진 군복과 군모, 그리고 이제는 국제적인 저항의 상징이 된 스키마스크뿐이었다.

이 행진의 목적은 원주민 권리 법안을 연방의회가 승인하라고 촉구하기 위해서였다. 71년 만에 집권한 첫 야당 출신 대통령 비센테 폭스는 선거운동 기간에 치아파스 문제를 "단 15분 만에 해결하겠다"고 호언장담했다. 그리고 산안드레스 협정에 기초해 연방의회가 만든 '원주민 권리와 문화에 관한 법안'을 의회에 상정하겠다고 선언했다. 그러자 사파티스타 게릴라들은 의회가 법안을 통과시키도록 압박하려고 멕시코시티까지 행진을 벌인 것이다.

라틴아메리카 최대 광장으로 게릴라 대표단이 들어서는 순간, 광장을 가득 채우고 주변 건물 옥상과 발코니까지 빽빽하게 들어찬 시민들이 일제히 주먹을 내뻗거나 승리의 브이(V)자를 그리며 게릴라 조직의 약칭을 연호했다.

"에세타엘레에네EZLN! 에세타엘레에네EZLN!"

시민들의 환호성은 광장을 사방으로 에워싼 식민지 시대의 바로크

2001년 사파티스타 대표단을 맞이하기 위해 멕시코시티 대광장에 모인 인파. 사파티스타는 폭력이 아닌 언어로 멕시코 사회와 세계를 뒤흔들고, 봉기 7년 만에 많은 이들의 환영을 받으며 멕시코시티에 입성했다.

건물 벽에 부딪혀 쩌렁쩌렁한 공명을 만들어냈다. 주변 건물 옥상이나 발코니에서는 시민들이 대표단의 움직임을 하나라도 놓칠세라 망원경을 들고 있었다.

땅을 잃은 농민들, 임금삭감에 항의하는 노동자들, 멕시코 전역의 원주민들, 빚쟁이가 된 소상공인들, 수도 멕시코시티보다 오히려 미국이 더 가까운 동북부의 산업도시 몬떼레이에서 전세버스를 타고 온 사람들. 에밀리아노 사파타의 거대한 인형을 앞세우고 도착한 대학생들, 사파티스타민족해방군의 이름을 새긴 철모를 쓰고 행진하는 어릿광대들.

그리고 "우리는 모두 세상의 원주민들이다"라는 플래카드를 들고 이탈리아에서 날아온 청년들, 미국·프랑스·스페인·독일·스위스에서 날아와 게릴라 대표단을 안전을 위해 15일간의 대행진에 동행한 청년들. 그리고 미테랑 전 프랑스 대통령의 미망인 다니엘 미테랑과 포르투칼 출신의 노벨상 수상작가 주제 사라마구까지. 광장에 모인 약 20만 명의 사람들은 모두 원주민 게릴라들이 걸어온 7년간의 행보에 동행한 이들이었다. 모두들 함께 다른 세계가 가능하다는 믿음을 키워온 사람들이었다.

이윽고 게릴라 대표단은 대통령궁 앞에 길게 만들어놓은 무대에 올랐다. 그들이 일렬로 늘어선 긴 무대 뒤에는 대형 현수막이 길게 내걸렸다. "다시는 우리를 배제한 멕시코가 없기를!"이라는 글귀가 뚜렷했다.

그 무대 위에서 사파티스타민족해방군의 부사령관 마르코스는 그간 멕시코가 망각해온 56개 부족 원주민의 이름을 모두 불렀다.

또홀라발족, 우리는 땅을 움직입니다.
또또나까족, 우리는 활이며 화살입니다.
뜨리끼족, 우리는 흐르는 바람입니다.
첼딸족, 우리는 피와 심장입니다.
초칠족, 우리는 게릴라이자 파수꾼입니다.
(…)

그리고 멕시코 사회가 원주민들에게 부끄러워하라고 강요한 것들을 하나씩 열거한다.

우아스떼꼬족, 피부색.
우아베족, 언어.
끼까뿌족, 옷.

꾸까빠족, 춤.

맘족, 노래.

마까친까족, 체격.

믹스떼꼬족, 역사.

(…)

또한 그는 대광장 한복판에 펄럭이고 있는 거대한 멕시코 깃발을 가리키면서 호소한다.

멕시코여! 우리가 여기 온 것은

네가 무엇을 할 것인지 말하려고 온 것이 아니라네!

너를 어딘가로 이끌기 위해 온 것도 아니라네!

겸손한 마음으로, 그리고 존경하는 마음으로

너에게 요청하기 위해 왔다네!

우리를 도우라고 말일세!

이 깃발이 우리를 위한 자리를 마련하지 않았는데도

이곳에 동이 트는 것을 다시는 허락하지 말아주게나!

바로 우리들 땅의 빛깔을 닮은 이들을 위한 자리 말일세!

부사령관은 멕시코가 다시는 원주민들을 망각하지 말고, 그들에게 부끄러움을 강요하지도 말고, 대신에 그들의 자리를 만들어달라고 요청한다. 게릴라 대변인의 시적인 연설이 모두 끝나자 대광장에 모인 시민들이 모두 힘차게 답한다.

너희들은 외롭지 않아! 너희들은 외롭지 않아!

이날 열린 대규모 집회 때문이었을까. 그로부터 17일이 흐른 3월 27일에 게릴라 대표단은 멕시코 연방의회 연단에 오르게 되었다. 평화대행진을 포함해 32일간의 기다림 끝에 이룬 일이었다. 첼탈족 여성 사령관 에스테르는 꽃무늬가 새겨진 전통블라우스를 입고 스키마스크를 쓴 채 연단에 올라 첼탈족 말로 인사를 건네고 연설을 시작했다. 그녀는 정부가 평화협상의 전제 조건을 충실히 이행해왔다면서 게릴라군도 평화협상을 개시할 준비를 하겠다고 선언했다. 대회의장에 모인 100여 명의 의원들이 힘찬 기립박수로 환영했다. 뒤이어 초칠족 다빗 사령관이 연단에 올랐다. 그는 원주민 법안 통과는 "멕시코가 원주민에게 진 역사적 빚을 더는 것"이라고 역설했다. 이 모든 노력의 결과로 4월 30일 연방의회는 원주민 법안을 통과시켰다.

하지만 원안 그대로 통과되지 않았다. 의회심의 과정에서 개악된 법안을 승인한 것이다. 원주민 자치권과 관련해서 핵심 쟁점이 삭제된 안이었다. 가령 원주민 공동체가 자신의 거주지에 속하는 토지와 광물자원과 같은 천연자원을 통제할 권리를 삭제했다. 치아파스처럼 석유와 우라늄이 매장된 곳에서 정부는 이제까지 해왔던 방식 그대로 보조금으로 원주민들을 분열시킨 뒤에 토지를 사들여 자원 개발에 나서겠다고 선언한 것이나 다름없었다. 게다가 연방헌법이 원주민 자치를 보편적으로 보장해주는 대신에 각 주마다 사정에 맞추어 자치의 성격을 바꿀 수 있게 만들어버렸다. 이는 해당 주의 원주민들이 주 당국과 다시 힘겨루기를 해야 한다는 것을 뜻했다.

원주민 단체들은 이 법안이 원주민 민중의 기대를 "배신"한 것이라고 분노했다. 사파티스타 게릴라는 이 법안은 원주민의 권리를 헌법으로 인정한 것이 아니라 "대지주와 인종주의자의 권리를 헌법으로 인정한 것이나 다름없다"고 격하게 성토했다. 원안 그대로 통과되었다면 개시되었을 평화협상의 문이 다시 닫혔다.

수많은 사람들의 열망에도 불구하고 멕시코 정치가들은 원주민 게릴라의 요구를 다시 거부했다. 좌파 야당인 민주혁명당PRD 의원들은 연방하원에서는 격렬하게 반대의사를 표했지만, 상원에서 만장일치 통과에 손을 들어주었다. 이런 행태에 원주민 게릴라들이 크게 분노했다.

이제 무엇을 할 것인가? 2003년 사파티스타는 오랜 침묵 끝에 입을 열었다. 그들은 연방의회가 가로막은 자치를 직접 실천으로 옮기겠다고 선언했다. 그 이후부터 치아파스는 봉기의 무대가 아니라 자치 실험의 무대로 변했다.

역사의 엑스트라가 아닌 주인공으로

멕시코의 원주민 봉기는 라틴아메리카 곳곳에서 벌어지는 새로운 현상의 일부였다. 1980년대 민주화 이후에 라틴아메리카 원주민들이 정치·사회 무대의 엑스트라가 아니라 주인공으로 등장하기 시작했다. 이는 원주민들이 주도하는 사회운동이나 정당이 혼혈인과 백인의 지지 또한 받고, 심지어 원주민들의 무장봉기가 비원주민들의 연대를 불러일으켰기에 가능한 일이었다. 그런 지지를 바탕으로 최초로 원주민 대통령이 탄생하기도 했다.

원주민들의 활약은 라틴아메리카 민주화 과정에서부터 두드러졌다. 과테말라에서는 독재자 에프라인 리오스 몬트Efraín Ríos Montt(1982~1983년 집권)가 게릴라 운동의 기반을 없애겠다는 목표 아래 400개가 넘는 원주민 마을을 부수거나 불태우고 주민들을 살해한 일이 있었다. 학살이 벌어지고 난 후에 이 나라의 마야족 원주민들은 민주화운동과 인권운동에 열성적으로 참가했다. 그중 한명이었던 마야족 여성 인권운동가 리고베르타 멘추Rigoberta Menchú가 1992년에 노벨평화상을 수상하기도 했다. 과테말라 원주민들은 독재정권의 원주민 말살정책에 대항하는 국제적인 인권지도자를 갖게 되었다.

1980년대 민주화 이후에는 신자유주의 정책에 맞선 저항에도 앞장섰다. 1990년 에콰도르에서는 수만 명의 원주민들이 안데스 고원과 아마존 열대 지역에서 평화로운 시위에 나섰다. 에콰도르 역사에서 처음 벌어진 대규모 원주민 평화시위였다. 원주민들은 도로를 막고 광장을 점령하고 거리를 행진하고 집회를 열었다. 연사들은 원주민어와 스페인어로 연설하면서 토지분배를 요구했다. 에콰도르 헌법에 "원주민 권리를 존중하는 다민족국가"라는 조항도 넣으라고 촉구했다.

당시 에콰도르의 수도 키토에서도 연일 대규모 시위가 벌어졌다. 행진하던 원주민들은 벽에 낙서를 남기기도 했다. 그중 하나는 "원주민으로서 내가 가진 것을 사랑한다Amo lo que tengo de indio"였다. 에콰도르 원주민들이 자긍심을 담아 쓴 것이다.

그때부터 원주민운동이 에콰도르 정치에서 매우 중요한 역할을 해왔다. 원주민 노동자와 농민들은 흑인들과 손잡고 직접 정당을 만들어, 1998년 국회의원선거에 후보를 내보냈고 8명의 의원을 배출하기도 했다. 1997년에는 압달라 부카람Abdalá Bucaram 대통령(1996~1997년 재임)이 국영기업을 민영화하고 사회복지에 대한 예산을 삭감하자 대통령을 퇴진시키기도 했다. 2000년에는 하밀 마우아드Jamil Mahuad 대통령(1998~2000년 재임)이 국가비상사태를 선포하면서 버스요금과 가정용 가스요금을 급격하게 인상하자 대통령직에서 물러나게 만들기도 했다. 그리고 2006년에 좌파 후보인 라파엘 코레아가 당선되면서는 원주민 운동 지도자들이 직접 정부에 참여하기도 했다.

볼리비아는 라틴아메리카 최초로 원주민 대통령을 당선시킨 나라가 되었다. 대통령으로 선출된 에보 모랄레스는 원래 코카나무를 재배하는 농부였다. 1988년 원주민 농민 지도자로 선출된 모랄레스는 코카나무 재배를 막으려는 미군과 볼리비아군에 대항하면서 농민의 생계대책부터 세우라고 요구했다.

그 당시 볼리비아 정부는 신자유주의 정책을 추진하여 인구 다수를 차지하는 광부와 농민들의 삶을 악화시켰다. 농민들은 저가의 외국농산물 때문에 생계를 위협받았고, 광부들은 정부가 수익성이 없다며 국영광산을 폐쇄하는 바람에 일자리를 잃어버렸다. 이들이 생계를 꾸려가기 위해 손쉽게 택한 일은 불법적으로 코카를 재배하는 것이었다. 코카 재배가 "사회적 불만을 막는 쿠션"이 된 것이다. 이마저도 없다면 무역자유화와 재정긴축으로 생계가 막막해진 농민과 노동자들이 대규모 폭동을 일으켰을 것이다.

모랄레스의 해법은 "코카는 코카인이 아니다"라는 말에 들어 있다. 코카는 고산병과 피로회복에 효과가 있어 잉카제국 시대부터 전통적으로 사용해온 약초였다. 그러니 정부가 합법적인 재배 면적을 넓혀 농민들의 생계를 보장해달라는 것이었다. 전통 약초인 코카와 마약 문제인 코카인을 분리해서 다루자는 제안이었다. 하지만 미군과 볼리비아군은 농민들의 주장을 무시하고 공동군사작전을 벌여 코카 재배 단속에 계속 나섰다. 그는 이에 분노하며 다양한 시위를 진두지휘했는데 이를 '코카전쟁'이라 부른다. 그 대규모 시위 덕분에 유명해진 모랄레스는 1997년에는 연방하원의원으로도 당선되었다.

2004년에는 정부가 볼리비아의 마지막 자원인 천연가스마저 외국자본에 넘기려고 했다. 이에 분노한 모랄레스는 '가스전쟁'을 주도했다. 그는 볼리비아 자원은 외국기업과 부패정치가들의 배를 불리는 데 쓸 것이 아니라 볼리비아 경제와 볼리비아 국민을 위해 써야한다고 주장했다. 원주민 농민들은 도로를 봉쇄하고, 노동자들은 총파업을 벌였다. 그러자 대통령은 시민들에게 발포명령을 내렸다. 70명이 넘는 시위참가자들이 사망하는 유혈사태가 발생했고, 산체스 데 로사다 Gonzalo Sánchez de Lozada 볼리비아 대통령(2002~2003년 재임)은 결국 사임했다. 그리고 마침내 2005년 대선에서 에보 모랄레스가 대통령이 되었다. 원주민 인구가 57%에 달하는 볼리비아에서 처음 탄생한 원주민 대통령이었다. 라틴아메리카 최초로 민주선거로 당선된 원주민 대통령이기도 했다.

우리는 영원한 반란자입니다

2012년 12월 21일 비가 추적추적 내리던 그날 새벽, 원주민들이 라칸돈 정글 주변의 5개 도시에 나타났다. 그곳들은 모두 1994년 봉기 당시에 사파티스타들이 점령했던 곳이다. 그때와 달리 이번에는 무기를 들지도 않았고 성명서를 낭독하지도 않았다. 현수막이나 피켓을 들지도 않았다. 얼굴을 가린 스키마스크나 붉은 손수건만이 사파티스타들이란 것을 알려줄 뿐이었다. 원주민 중에는 울긋불긋 전통 의상을 입고 아이를 안은 젊은 여성들도 보였다. 이따금씩 칭얼거리는 아이 울음소리, 그것이 유일한 소리였다.

원주민들은 멕시코 깃발과 사파티스타민족해방군 깃발을 들고 질서 정연하게 거리를 행진한 뒤에 도시 중심부에 무대를 세우더니 줄지어 그곳에 올랐다. 그러고선 왼손을 번쩍 들어 저항 의지를 표명하더니 다시 줄 지어 내려왔다. 그렇게 홀연히 도시에 나타났다가 다시 홀연히 사라졌다. 완벽한 침묵 시위였다.

치아파스 5개 도시를 평화적으로 점령한 그 시위에는 4만여 명이 참가했다. 사파티스타 원주민들이 벌인 단독시위로는 1994년 봉기 이후 가장 많은 수가 참가한 시위였다. 특히 1994년 봉기 이후에 사파티스타 지역에서 나고 자란 청년층들이 대거 참가했다. 여전히 사파티스타 민족해방군이 건재하다는 것을 보여준 것이다. 시위 직후 사파티스타 민족해방군은 매우 짧은 메시지를 남겼다.

들었는가? 너희들의 세계가 무너지는 소리를! 우리들이 다시 등장하는 소리를!

2012년 그해는 멕시코에서 12년간의 짧은 민주정부 시기가 끝나고 과거 71년간 집권했던 제도혁명당이 복귀한 해였다. 이 메시지는 다시 권좌에 복귀한 구舊 독재세력은 물론이고 이들의 귀환을 막지 못한 모든 정당과 세력에게 보내는 메시지였다. 사파티스타들이 보기에는 그들 모두가 원주민 자치에 대한 방해꾼이었다.

사파티스타들은 2003년 자치운동을 선언한 이래 새로운 길을 걸어왔다. 본격적인 자치를 위해 행정제도를 정비했다. 봉기가 벌어지던 1994년 말에 이미 38개 '자치단위'를 창설한 적이 있는데, 2003년 8월에는 자치단위들의 대표들로 '좋은 정부위원회JBG'를 만들었다. 일종의 지방정부였다. 연방군과 싸우기 위한 군대체계는 자치지역을 방어하는 자위대로 전환되었다. 사파티스타운동의 무게 중심이 군사행동에서 정치와 행정으로 옮겨간 것이다.

자치 실험이 본격화하면서 원주민 마을에는 진료소와 약국이 들어섰고, 의학지식을 가르치는 학교도 생겨났다. 아이들은 사파티스타 학교에서 원주민의 역사와 문화, 그리고 언어를 배우며 원주민으로서 정체성과 긍지를 키우게 되었다. 농민들과 장인들은 생산자 협동조합을 만들어 커피·콩·옥수수 그리고 수공예품을 생산하고 판매했다.

그간 사파티스타들은 정부의 도움을 일절 받지 않은 채 자치운동을 벌여왔다. 멕시코와 세계 곳곳에 산재한 지지자들의 네트워크가 힘이 되었다. 의료와 교육, 생산 분야에 전문성을 갖추고 원주민 자치라는 대의에 동조하는 이들이 자원봉사자로 나섰다.

10여 년의 자치운동은 어떤 성과를 남겼을까? "느리지만 전진하고 있습니다." 사파티스타의 대답이다. 자치운동의 전진을 더디게 만드는 중요한 이유 중 하나는 아무래도 정부였다. 정부가 제공하는 어떤 서비스도 받지 않고 원주민 공동체와 지원 네트워크가 보유한 자원으로만 자치를 추진하기 때문만이 아니었다. 연방정부와 주정부는 심지어 사파티스타의 자치를 방해해왔다. 그들은 게릴라의 지지기반을 없앤다는 목표 아래 막대한 지원금을 쏟아부어 원주민들을 갈라놓고 서로 대립하게 만들었다. 쏟아부은 지원금이 치아파스 원주민들의 삶을 개선시킨 것도 아니었다. 오로지 정부 지지자들의 호주머니만 두둑해졌다.

하지만 사파티스타 원주민들은 다른 지역 농민들처럼 멕시코법이 금지하는 마리화나를 재배하는 길을 가지는 않았다. 또한 정든 고향을 떠나 밤이슬을 맞으며 미국 국경을 넘지도 않았다. 대신에 국내외 네트워크를 통해 비록 더디긴 하지만 꾸준히 성과를 축적해왔다.

사파티스타들이 직면한 가장 큰 문제는 다른 것이었다. 자치에 몰두하면서 멕시코 내외의 '시민사회'와의 관계가 소원해졌다. 사파티스타들이 멕시코 사회를 뒤흔들 수 있었던 것은 가난한 원주민들의 문제를 멕시코 사회 전체가 공감하는 문제로 만들어낸 비범한 능력 때문이었다. 그러나 2003년 이후 그 같은 능력이 사라진 것처럼 보였다.

2006년 사파티스타민족해방군이 벌인 '또 다른 캠페인'도 성공적이지 못했다. 그해 멕시코 대선에서는 제도권 좌파 야당인 민주혁명당PRD의 안드레스 마누엘 로페스 오브라도르Andrés Manuel López Obrador 후보의 당선 가능성이 매우 높았다. 그 당시 사파티스타민족해방군은 제도권에서 배제된 좌파의 결집에 나섰다. 말하자면 제도권 온건좌파에 맞설 '급진좌파' 세력의 결집에 나선 것이었다.

그때 사파티스타들이 명시적으로 투표 보이콧을 주장하거나 민주혁명당 후보를 반대한 것은 아니었다. 하지만 누가 봐도 사파티스타들이 민주혁명당 후보에 우호적이지 않다는 것도 명확했다. 사파티스타들은 로페스 오브라도르 후보의 민주혁명당이 2001년 연방상원에서 원주민 법안의 개악에 동참한 것에 배신감을 드러냈다. 게다가 사파티스타에 동조하는 '급진좌파' 단체들이 민주혁명당 후보를 비토하기도 했다.

그런데 예상 밖의 선거 결과가 나왔다. 로페스 오브라도르가 0.56% 차이로 패배하고 우파 후보 펠리페 칼데론이 당선된 것이다. 초박빙의 패배인데다가 개표부정의 정황도 있었다. 선거 직후부터 재개표를 촉구하는 대규모 시위가 활발하게 벌어졌고, 선거관리당국이 일부 투표소에서 재개표를 실시하기도 했지만, 공식적으로는 펠리페 칼데론의 승리를 선언했다.

좌파의 집권을 바란 시민들의 실망은 이만저만이 아니었다. 선거가 끝나고 나서 패배의 책임을 놓고 공방도 벌어졌다. 민주혁명당의 몇몇 정치가들은 사파티스타들이 우파를 도운 것이나 다름없다고 비난했다. 정치권의 비난보다 더 뼈아픈 것은 사파티스타에 우호적이면서도 제도권 좌파후보가 당선되길 바랐던 많은 시민들의 실망감이었다. 이들은 제도권 내부에서 조금의 변화라고 이뤄지길 바랐는데, 그 열망이 좌절되면서부터 사파티스타운동에도 거리를 두기 시작했다.

그로부터 6년 뒤인 2012년 대선 캠페인에서는 완전히 새로운 유형의 정치운동이 등장했다. 멕시코시티에서 등장한 "나는 132번째 대학생(#Yosoy132)" 운동이 대표적이었다. 이 운동은 구 집권세력인 제도혁명당의 엔리케 페냐 니에토Enrique Peña Nieto 후보(그는 이 선거에서 당선된다)가 한 대학 강연장에서 자신에게 강력하게 항의한 이들이 과연 대학생인지 의심스럽다고 발언하면서 촉발되었다. 131명의 대학생들이 직접 학생증을 보여주는 비디오가 소셜네트워크를 통해 급속히 확산되고 '나는 132번째 학생'이라는 해시태그를 붙이는 운동이 제도혁명당 집권 저지를 위한 대규모 대학생운동으로 커져갔다. 이 운동에서도 사파티스타운동의 퇴조가 명백해 보였다. 사파티스타의 정치운동은 급진적 반체제운동에 가까웠는데, "나는 132번째 대학생" 운동은 체제 내부에서 보다 민주적이고 보다 진보적인 후보를 선출하려는 적극적인 유권자운동에 가까웠다.

사파티스타운동은 한때 대학생들과 진보적인 시민층의 압도적인 지지를 받아 멕시코 민주화에 기여했다. 독재와 신자유주의에 분노하는 멕시코 시민사회로부터 뜨거운 지지와 우호적인 연대를 받았다. 하지만 정작 민주화 이후에는 제도권 내부의 좌파 후보가 당선되기를 바라는 시민들의 기대를 간과했고, 독재세력의 복귀를 막으려는 대학생들의 노력과도 유리되었다. 그 결과 멕시코의 구舊 집권세력인 제도혁명당이 다시 복귀했다.

지금 사파티스타민족해방군은 치아파스 원주민 자치운동이 발전하기 위해서는 멕시코 내부의 제도 변화도 필요하고, 멕시코 안팎 시민사회의 지지도 다시 회복해야 한다는 것을 인식하고 있다. 2016년 10월에 사파티스타들은 전국에서 모여든 원주민 대표들과 숙의 끝에

사파티스타가 선출한 대선후보 마리아 데 헤수스 파트리시오. 사파티스타는 기존의 방침을 바꿔 대선에 참여하기로 했다. 이제까지와 다른 방식으로 멕시코 사회에 말을 걸기 위한 변신이라고 할 수 있다.

2018년 대선에 여성 원주민 후보를 출마시키기로 결정했고, 2017년 5월에는 원주민 여성 인권운동가 마리아 데 헤수스 파트리시오María de Jesús Patricio가 대통령후보로 선출되었다. 사파티스타민족해방군이 1994년 봉기 이래 20년이 넘는 시간 동안 단 한 번도 가지 않은 길을 선택한 것이다.

멕시코라는 국가는 지금 마약조직조차 제대로 통제하지 못할 정도로 허약해졌다. 이런 국가를 민주적으로 개혁하고 국민의 지지를 받아 더욱 강하게 만들지 않고서는 국민의 생명권조차 지키지 못할 형편이 되고 말았다. 그런 상황에서 정치계급 전체를 비판하고 국가기구를 비방하는 것으로는 아무런 정치적 대안이 될 수 없다는 점은 명백하다. 제도 외부에서 가장 성공한 반체제 저항운동을 이끌었던 원주민 게릴라들이 대통령 후보를 출마시키는 정치세력으로 변신하겠다고 선언한 것도 이 때문일 것이다.

1994년 봉기 이후에 사파티스타들은 원주민과 비非원주민 사이의 인종적 벽을 부수고, 치아파스라는 지리적 경계를 훌쩍 뛰어넘고, 가난한 빈농과 도회지 중산층이라는 계층적 장벽을 극복하면서 많은 사람들의 지지를 받았다. 2018년 대선에 출마한 여성 원주민 후보가 그 일을 다시 이룰 수 있을까?

사파티스타 원주민들은 늘 "우리는 영원한 반란자"라고 말해왔다. 대선 출마는 제도혁명당의 집권 연장을 막기 위한 '반란'일 뿐만 아니라 1994년 이래 20년 이상 유지해온 자기 전통에 대한 '반란'이기도 하다. 그 반란이 성공할지는 치아파스 원주민의 운명을 멕시코 국민 다수의 운명과 절묘하게 결합시키던 사파티스타의 능력을 얼마나 회복하느냐에 달려 있다.

제7장

사회운동은
진화한다

마르코스, 포스트모던 반란자

마르코스가 사파티스타들이 승리할 것인지 묻자
돈두리또가 답한다.
"당신네가 이길 거야"
"그건 나도 알아. 그런데 얼마나 걸릴까?"
돈두리또는 체념하듯 길게 한숨을 쉰다.
"아주 오래."

라틴아메리카에는 늘 압제자들이 넘쳤다. 하지만 이에 맞서는 반란자들도 넘쳤다.

그들 중에서 몇몇은 세계적인 명성을 얻었다. 체 게바라가 대표적인 인물이다. 그는 1960~1970년대 라틴아메리카 전역에 들어선 친미 독재정권에 맞서는 저항의 상징이었다. 당시 라틴아메리카뿐만 아니라 전세계 젊은이들이 그의 말과 행동에 귀를 기울이고 그의 메시지를 읽었다. 그가 이끈 쿠바혁명을 자기 나라에서도 실현하고자 뛰어든 젊은이들이 라틴아메리카에 차고 넘쳤다. 우루과이의 호세 무히카도, 브라질의 지우마 호세프도 그런 청년들이었다.

20세기 말에는 마르코스Marcos라는 인물이 라틴아메리카 반란자 리스트에 업데이트됐다. 1994년 치아파스 봉기 이후 멕시코와 라틴아메리카 청년들이 사파티스타민족해방군의 뉴스에 귀를 기울이고 마르코스의 글을 탐독했다. 그들만이 아니었다. 북미와 유럽의 백인 청년들도 사파티스타의 저항과 마르코스의 메시지에 끌렸다. 이들의 앞 세대인 '68세대'가 마르크스, 마르쿠제, 마오쩌둥의 사상과 실천에 심취했듯이, 소련 몰락 이후 청년세대는 마르코스 메시지에 흠뻑 빠졌다. 이들 '사파티스타 세대'에게 마르코스의 존재감은 매우 컸다.

마르코스도 체 게바라와 같은 게릴라였다. 하지만 마르코스는 스키마스크로 얼굴을 가린 채 세상에 데뷔했다. 체 게바라의 베레모가 쿠바혁명의 상징이었다면, 마르코스의 스키마스크가 사파티스타민족해방군이라는 새로운 반체제운동의 상징이었다.

사파티스타 게릴라 본거지인 라칸돈 정글에서 신자유주의에 맞서는 국제적인 저항집회가 열린 이후부터 스키마스크는 멕시코 원주민들의 투쟁에 연대하는 매우 간단한 수단이자, 대안적인 세계화를 지지하는 방법이 되었다. 1999년 미국 시애틀과 2003년 멕시코 칸쿤에서 세계무역기구WTO 각료회의가 열렸을 때, 2001년 이래 브라질 포르투알레그리에서 세계사회포럼WSF이 개최될 때마다, 멕시코인도 원주민도 아닌 사람들이 스키마스크를 쓰고 나타나곤 했다. 치아파스 원주민들이 추위를 막는 방한용으로 뒤집어쓴 스키마스크가 신자유주의 세계화에 맞서는 지구적인 저항의 상징이 된 것이다.

흥미롭게도 사파티스타 투쟁의 상징적인 존재인 마르코스는 혼혈인이다. 그는 원주민들로 구성된 사파티스타민족해방군의 부사령관이지만, 치아파스 원주민이 아니다. 마치 쿠바혁명의 상징인 체 게바라가 쿠바 사람이 아니라 아르헨티나 사람이란 것과 같은 반전이다.

어떻게 원주민 게릴라 조직에 혼혈인 혁명가가 있는 것일까? 그가 원주민 게릴라 투쟁의 상징이 된 이유는 무엇일까? 치아파스 봉기 이래 사람들의 호기심과 궁금증이 매우 컸다. 곧 사파티스타운동이 저항 원주민과 멕시코 좌파의 만남으로 탄생했다는 것이 알려졌다. 사파티스타민족해방군의 한 축이 멕시코 좌파 게릴라였고, 그 대표자가 바로 마르코스라는 것이다.

하지만 마르코스의 명성은 원주민 게릴라 속에서 유독 눈에 띄는 혼혈인이기 때문에 생긴 것이 아니다. 그가 사람들을 사로잡은 것은 무엇보다 변신의 능력이었다. 마르코스는 처음 게릴라 부사령관으로 세상에 모습을 드러냈다. 하지만 그 이후 사회운동가로 완전히 변신했

사파티스타민족해방군 부사령관 마르코스. 마르코스는 앞 세대의 체 게바라가 그랬듯, 압제에 저항
하고 세상을 바꾸려는 전세계의 모든 이에게 큰 영감을 주면서, 저항운동의 상징이 되었다. 허나 그
는 체 게바라와는 달리 총이 아닌 마이크와 인터넷을 이용해 싸운 포스트모던 게릴라였다.

고, 이제 새로운 변신을 앞두고 있다. 그의 변신은 사파티스타민족해
방군의 진화에서 비롯된 것이다. 원주민 게릴라 조직으로 세상에 이
름을 알린 이 집단은 곧 사회운동조직으로 진화했고, 이제 새로운 전
환을 앞두고 있다. 탄생 이후부터 계속 진화해가는 것, 그것이 마르
코스와 사파티스타민족해방군이 여전히 사람들의 눈길을 끄는 비결
이다.

돈키호테를 읽는 사령관

사람들이 '반란군 부사령관Subcomandante Insurgente'이나 '부사령관' 혹
은 친근하게 '부(sub, 혹은 sup)'라고 부르는 마르코스. 그는 1994년 1월
1일 사파티스타민족해방군이 치아파스의 소도시 산크리스토발을 점

령했을 때 세상에 모습을 드러냈다. 당시 산크리스토발은 1000여 명의 원주민들이 점령하고 있었다. 원주민 게릴라들 사이에서 체격이나 피부색이 눈에 띄는 이가 있었다. 스키마스크를 썼지만 원주민이 아니라는 것을 금세 알 수 있었다. 한 기자가 '스키마스크'에게 카메라와 마이크를 들이댔다.

"당신들 누구죠?"

"우리는 사파티스타민족해방군입니다. 우리 지도부는 원주민으로 구성되어 있습니다."

"당신 계급은 무엇인가요?"

"부사령관, 부사령관 마르코스요."

원주민 게릴라 속에서 눈에 띄던 혼혈인 게릴라 마르코스. 사령관이 아니라 부사령관이라고 말하는 그 사람. 그는 과연 누구일까? 멕시코 시민들뿐만 아니라 멕시코 정부도 그의 정체를 몹시 알고 싶었다.

봉기 직후 멕시코 연방정부는 그를 "외국 출신 폭력전문가"라고 불렀다. 연방정부가 불러일으킨 의문이 꼬리에 꼬리를 물었다. 외국이라면 어디 출신인가? 게릴라가 많았던 과테말라, 니카라과, 엘살바도르? 아니면 게릴라혁명의 본고장 쿠바? 그것도 아니면 혹시 유럽?

멕시코 연방정부는 봉기 1년 뒤에야 그 정체를 발표할 수 있었다. 1995년 2월 9일, 멕시코 사람들이 인기 드라마를 시청하는 시간에 갑자기 에르네스토 세디요Ernesto Zedillo 대통령(1994~2000년 재임)과 연방검사들이 텔레비전에 등장했다.

연방검사는 마르코스의 본명이 라파엘 세바스티안 기엔 비센테Rafael Sebastián Guillén Vicente라고 주장하면서, 직접 기엔 비센테의 얼굴 사진 위로 투명 플라스틱판에 그린 스키마스크를 겹쳐 보였다. 연방정부에 따르면 마르코스는 1957년 6월 19일 멕시코만灣에 있는 항구이자 석유산업 중심지인 탐비코에서 태어났다. 1981년에는 멕시코시티에 있는 멕시코국립자치대학교UNAM 철학과를 졸업하고, 메트로폴리탄자치 대학UAM에서 강사 생활도 잠시 했다. 연방정부 발표의 의도는 명확했다.

사파티스타민족해방군이 '원주민 게릴라'라고 하지만, 원주민도 아닌 자가 이끌고 있다는 것. 즉 외부의 '불순한' 자들이 '순수한' 원주민들을 '조종'하고 있다는 것이다. 연방정부는 이날 발표로 마르코스의 스키마스크가 벗겨지고 정체가 탄로 났다고 생각했을 것이다. 하지만 연방정부가 알려준 것은 마르코스가 멕시코인이란 사실이었다.

그날 멕시코 사람들은 마르코스가 외국인이 아니라 멕시코인이고, 그간 정부가 거짓말을 했다는 것을 알게 되었다. 그 발표 이후 국내외 언론들이 경쟁적으로 쏟아낸 보도로 몇 가지 사실을 더 알 수 있었다. 그가 자수성가한 가구상 집안에서 8남매의 넷째 아들로 태어났다는 것. 대학을 졸업할 때 최우수 졸업생이 받는 가비노 바레다Gabino Barreda 메달을 받았다는 것 등.

하지만 정작 멕시코 사람들이 궁금한 것에 대한 답은 없었다. 왜 도회지에서 나고 자란 비非원주민 인텔리가 치아파스 원주민 농민들과 함께 있을까? 멕시코 최고학부의 최우수 졸업생이 왜 대학 강단이 아니라 오지 치아파스 정글에 있을까? 이 질문에는 정부도 언론도 제대로 답하지 못했다.

한편 마르코스는 정부의 발표를 즉각 부인했다. 자기가 태어난 곳은 치아파스 라칸돈 정글이고, 나이는 크리스토퍼 콜럼버스가 신세계를 발견한 해인 1492년이나 치아파스 봉기가 일어난 1994년부터 계산하면 되고, 자기가 가면을 벗는 날은 멕시코가 가면을 벗는 날일 것이라고 응수했다. 연방정부가 봉기 원인에는 도무지 관심을 기울이지 않고, 봉기 참가자의 뒷조사에나 시간을 허비하고 있다는 문학적 조롱이었다.

그렇다고 마르코스가 개인사를 철저히 숨긴 것은 아니다. 인터뷰에서 이따금 자신의 과거를 고백했다. "아버지가 학교 교사인 중산층 가정"에서 태어났고, "신문의 사교계 뉴스가 세상의 전부인 곳"에서 나고 자랐다고 말했다. 청소년기에는 "서점이야말로 바깥세상, 거대한 바깥세상"이었을 정도로 독서광이었다고도 했다.

그는 이따금씩 열리는 도서전에 가서 멕시코와 라틴아메리카 작가들의 작품을 습득했다. 그의 중고등학생 시절은 라틴아메리카의 소장파 작가들이 북미와 유럽을 비롯해 전세계 독자들로부터 지지를 받던 시기였다. 흔히 1960~1970년대를 가리켜 '라틴아메리카 문학의 붐' 시기라고 한다. 그 시대에 성장한 마르코스는 멕시코의 카를로스 푸엔테스와 카를로스 몬시바이스, 훗날 노벨상을 수상하는 작가들인 콜롬비아의 가브리엘 가르시아 마르케스와 페루의 마리오 바르가스 요사의 작품도 탐독했다. 그는 "문학으로 세상에 눈을 떴다".

부모에게서 양장본 『돈키호테』를 선물받아 읽기도 했다. 세계문학사에서 가장 유명한 허구적 인물 돈키호테는 마르코스에게도 큰 영향을 주었다. 스페인의 요절한 천재시인 페데리코 가르시아 로르카, 칠레의 파블로 네루다 등의 시들도 그의 감성을 자극했다. 마르크스와 엥겔스도 읽었고, 샤르트르 같은 실존주의 작품도 두루 섭렵했다.

마르코스는 2000년 가르시아 마르케스와의 인터뷰에서 지금도 『돈키호테』를 배게 맡에 늘 놓아두고, 가르시아 로르카의 『집시 민요집』을 늘 품에 품고 다닌다고 말했다. 그에겐 『돈키호테』가 최고의 정치이론서이고, 『햄릿』과 『맥베드』야말로 멕시코 정치의 비극과 희극을 파악하는 데 도움을 준다고 했다.

문학과 정치서적을 탐독하던 마르코스는 대학 졸업 이후 본격적으로 행동의 세계에 뛰어든다. 당시 비밀리에 활동하던 좌파 혁명조직에 가담해 활동하다가 1984년에는 치아파스로 떠났다.

사파티스타민족해방군의 창설

마르코스가 비밀 혁명결사에 가입한 것은 '학살'에 대한 분노 때문이었다. 사건은 1968년 멕시코시티에서 벌어진다. 그해는 전세계적으로 반체제운동이 활발하게 전개된 해였다. 1959년 쿠바혁명의 여진에다가 '68혁명'의 열기까지 더해져 멕시코에서도 학생운동이 매우 활발했다. 멕시코 청년들도 1929년부터 장기집권해온 제도혁명당 일당체제에 맞섰다.

제도혁명당 정부는 매우 강경하게 대처했다. 1965년에 멕시코에서 최초의 게릴라 운동이 등장한 이래로 제도혁명당의 신경은 매우 날카로워졌다. 게릴라를 신속하게 진압했지만 반정부세력은 점점 커져가고 있었기 때문이다. 게다가 1968년 10월 12일에는 멕시코시티에서 개발도상국 최초로 올림픽이 열릴 예정이었다. 올림픽을 치르기 전에 치안 질서를 확립해야 한다고 판단한 것일까. 9월 중순 정부는 학생운동의 중심지인 멕시코 국립자치대학교UNAM에 연방군을 보냈다. 학교를 점령한 것은 물론이고 시위 학생들도 체포했다.

이에 항의하기 위해 10월 2일에는 대학생들 중심으로 대규모 시위가 벌어졌다. 시위대는 "돌멩이 하나, 막대기 하나 들지 않은 채" 평화시위를 벌이고 있었다. 그날 비가 추적추적 내리던 오후, 제도혁명당은 '제도억압당'이라고 비판하는 구호를 외치며 거리를 행진하던 시위대는 집회를 열기 위해 멕시코시티의 틀라텔롤코 광장으로 모여들

1968년 군부대가 대학교를 점거하자 이에 항의하기 위해 틀라텔롤코 광장에 모인 대학생들. 보이는 대로 이들은 어떤 무기도 들지 않았지만 정부는 무차별 사격을 가했다. 공식적으로 사망자 49명, 부상자 500명으로 발표되었지만, 영국의 「가디언」은 325명이 사망했다고 보도했다.

었다.

그때 미리 정부가 주변 건물 옥상에 배치한 저격수들이 지상에 있던 군대에 선제사격을 가했다. 그러자 군대가 대응사격을 하는데 옥상이 아닌 광장에 모인 대학생들과 교수들, 시민들을 향해 총을 쐈다. 이 모든 것이 연방정부가 꾸민 음모였다. 실제로 학살을 벌였으면서도 마치 무력 충돌이 벌어진 것처럼 꾸몄다. 평화시위를 벌이던 학생들과 시민을 죽인 이 사건은 훗날 학살 장소의 이름을 따서 "틀라텔롤코 학살"이라고 불린다. 그날 300여 명이 사망했고, 2000명 이상이 체포되었다. 반정부세력에 대한 대대적인 탄압을 벌인 것이다.

이 사건의 여파는 매우 컸다. 멕시코의 대학과 지식인, 진보적 중산층은 물론이고 좌파에 공감했던 노동자와 농민들은 제도혁명당 일당체제에 매우 적대적인 계층으로 바뀌었다. 그리고 이후 멕시코 좌파의

한 세대가 무장투쟁에 직간접적으로 연루되었다.

정부는 강력한 탄압 정책과 동시에 '좌파적인 정책'을 펼치면서 학살과 게릴라 운동의 영향력을 차단하는 데 적극 나선다. 선거제도를 고쳐 야권후보들도 연방의원이 되도록 하고, 정치범들을 사면하고, 노동계급을 위한 주택지원 사업을 펼치고, 새로운 대학교도 지었다. 심지어는 정부가 장악하고 있던 인쇄물과 텔레비전 등 언론으로 민족주의와 민주주의에 대한 선전도 대대적으로 벌인다.

그 시기에 민족해방군FLN이라는 게릴라집단이 출현했다. 학살에서 살아남은 대학생들과 학살에 공분한 사람들이 의기투합해 1969년에 결성했다. 이들도 여느 라틴아메리카 게릴라들과 마찬가지로 1959년 쿠바혁명과 68혁명의 영향을 크게 받았다. 제도혁명당 일당체제라는 '가짜 혁명' 체제를 무너뜨리고 진짜 사회주의 혁명체제를 만들자고 결의했다.

민족해방군은 '도시게릴라' 조직이었다. 그러나 정부의 탄압이 거세지고, 시민들에게서 고립되면서 도시 내부 활동 대신에 새로운 진로를 찾아야 했다. 그들은 도시에 지원 네트워크를 만들어놓은 뒤에 1972년 멕시코 남동부 치아파스 라칸돈 정글에 처음으로 게릴라 거점을 세운다. 이들이 멕시코의 주요 도시들이 모여 있는 멕시코 중심부를 버리고, 멕시코의 변경 변두리로 활동무대를 옮긴 이유는 명백했다. 유사시에 도주로를 확보하기에는 과테말라와 국경이 인접한 치아파스 주가 안성맞춤이라고 여겼기 때문이다. 하지만 낯선 지역에 사는 낯선 원주민들, 낯선 전통과 문화 속에서 도시에서 온 비원주민 게릴라들이 자리를 잡는 일은 쉬운 일이 아니었다. 그들은 우여곡절 끝에 라칸돈 정글에 자리를 잡았고, 1983년에는 조직명을 사파티스타민족해방군EZLN으로 바꾸었다. 그리고 이듬해 멕시코시티에서 강사 생활을 하던 마르코스가 치아파스에 도착했다.

원주민과 게릴라의 만남

1984년 마르코스가 라칸돈 정글에 올 무렵에는 원주민 농민들도 큰 위기를 맞고 있었다. 멕시코혁명은 농민들에게 땅을 보장했다. 하지만 농민들이 어떤 땅을 분배받느냐는 혁명헌법이 보장해주지는 않았다. 그것은 농민들의 힘에 순전히 달려 있었다. 혁명 당시 농민군 지도자 에밀리아노 사파타가 주로 활약한 모렐로스 주의 농민들은 질 좋은 토지를 분배받을 수 있었다.

하지만 대지주들의 힘이 매우 셌던 변두리 치아파스 주에서 농민들은 질이 나쁜 토지를 받았다. 치아파스 대지주들은 자기 소유 토지를 분배하지 않으려고 했고, 대지주의 힘에 굴복한 치아파스 주정부는 원주민들에게 아무도 살지 않는 라칸돈 정글의 질 나쁜 토지를 분배한다. 그 때문에 가난한 원주민 농민들이 대거 라칸돈 정글로 이주해야 했다.•

그런데 1970~1980년대가 되면서 치아파스 대지주들이 목축업에 손을 대기 시작했다. 대지주들은 소를 방목하는 목장을 만들려고 토지를 더욱 넓히면서 원주민들에게 나눠준 척박한 밀림의 토지마저 빼앗았다. 심지어는 '백위대Guardias Blancas'라는 사병집단을 만들어 항의하는 원주민을 살해하기도 했다. 라칸돈 정글이 무법천지가 되어 가는데도 주정부는 원주민 편을 들어주지 않고 오히려 대지주를 비호하고

• 1990년대 초반에 라칸돈 정글 1만3000m^2(전라남도 보다 더 큰 면적)지역은 약 200개의 원주민 마을, 약 30만 명이 거주하는 곳으로 바뀌었다.

나섰다.

그 즈음에 원주민들이 라칸돈 밀림의 산악지대에서 군사훈련을 하고 있던 게릴라들을 찾아갔다. 주정부가 대지주 편이라는 것을 깨닫고 자신의 토지를 방어할 수단이 더 이상 없다고 여겨졌을 때, 원주민들이 게릴라들에게 원주민 마을을 지키는 '자위대'가 되어달라고 요청했다. 이렇게 원주민들과 게릴라들이 처음으로 만났다.

원주민들에겐 방어를 위한 군사력이 필요했고, 게릴라는 지지기반이 필요했다. 데면데면하던 두 집단이 서로를 필요로 하게 된 것이다. 그 만남으로 도무지 어울려 보이지 않는 것들이 서로 혼합되었다. 원주민들의 오랜 저항의 전통이 멕시코 좌파의 투쟁 전통과 섞였다. 마오쩌둥과 체 게바라의 무용담이 마야 신들의 이야기와 섞였다. "마르크스의 『자본론』과 마야문명의 성전聖典인 『포폴부Popol Vuh』가 뒤섞였다." 원주민 마을의 의사결정구조와 게릴라 조직이 서로 결합되었다.

1992년 여름 이후에는 원주민 마을의 '자위대'가 진정한 '원주민 군대'로 바뀌어갔다. 치아파스 원주민들은 주로 멕시코 사람들의 주식인 옥수수와 커피를 경작하며 살았다. 그런데 무역자유화로 인해 미국에서 저가 옥수수가 대거 들어오는 데다가 1990년에 국제적으로 커피 가격마저 폭락하면서 매우 어려운 처지에 놓였다. 1992년에는 정부가 NAFTA 체결에 임박해서는 토지분배를 중단하고, 중·소농 위주의 농업 정책마저 포기해버렸다. 목장주로부터 힘겹게 지켜온 땅마저 빼앗길지 모른다는 불안감이 원주민 마을을 덮쳤다. 원주민들의 분노가 폭발했다.

원주민들은 마을회의를 열었고, 원주민 마을 지도자들로 이뤄진 원주민비밀혁명위원회를 만들어 전쟁을 결심했다. 사파티스타민족해방군은 바로 이 원주민 지도자들로 구성된 혁명위원회의 명령을 받는 군대조직이고, 이 군대의 책임자가 마르코스 부사령관이었다. 원주민 지도자들은 1994년 1월 1일 북미자유무역협정 체결일을 거사일로 잡았고, 마르코스는 그 결정에 따라 전쟁을 준비하고 군대를 훈련시켰다. 원주민들의 분노와 백인 게릴라의 군사전략이 결합하여 진정한 원주민 군대가 탄생한 것이다.

우리가 원하는 것은 권력이 아니라 자치입니다

사파티스타도 여느 라틴아메리카 게릴라와 마찬가지로 무장봉기를 통해 자신의 존재를 알렸다. 다른 게릴라처럼 자기 나라의 전설적 혁명가 에밀리아노 사파타의 이름을 조직명에 담았고, 냉전기 좌파 게릴라들이 즐겨 쓰던 고색창연한 슬로건 '민족해방'을 그대로 채택했다. 이런 몇 가지 공통점에도 불구하고, 사파티스타는 기존의 라틴아메리카 게릴라들과는 매우 달랐다.

우선 사파티스타 게릴라는 목표 자체가 달랐다. 과거 라틴아메리카 게릴라들은 국민 다수의 지지와 군사적인 승리를 바탕으로 권력을 장악해서 사회주의 혁명정부를 세우는 것이 목표였다. 하지만 사파티스타 게릴라는 그 같은 목표 자체를 거부했다.

마르코스는 과거 라틴아메리카 게릴라 투쟁을 "두 헤게모니 사이의 권력 쟁탈전"이었다고 비판했다. 즉 우파패권체제를 좌파패권체제로 바꾸었을 뿐, 패권체제는 그대로였다는 것이다. 권력의 상층부만 교체되었을 때 권력구조는 그대로 남아 있었다는 지적이다. 마르코스가 보기에는 극우독재체제를 대체한 쿠바체제도 대안이 못된다.

그래서 마르코스는 이렇게 썼다. "승리는 어떤 것일까요? 권력을 잡는 것? 아닙니다. 그보다 훨씬 얻기 힘든 것, 곧 새로운 세계입니다."

심지어는 "사파티스타민족해방군에게 벌어질 최악의 일은 권력을 장악해서 혁명군으로 변하는 것이다. 그것은 우리가 의도한 것과는 정반대의 일이다"라고도 말했다. 게릴라 투쟁의 목표는 더 이상 권력장악도, 기존의 사회주의 혁명도 아니라는 주장이었다.

그렇다면 이들의 목표는 무엇일까? 사파티스타가 무장투쟁을 벌이는 이유는 "여러 가지 다양한 정치적 견해가 해소될 수 있는 민주적 공간을 창출하는 것"이라고 밝혔다. 즉 온건한 권위주의체제인 제도혁명당 일당체제를 대체할 만한 다원적인 민주주의를 도입하는 것이 목표라고 주장한 셈이다. 이 때문에 프랑스 지식인 알랭 투렌은 마르코스를 '무장한 민주주의자', 멕시코 정치가 호르헤 가스타녜다Jorge Castañeda는 '무장한 개량주의자'라고 불렀다. 고전적인 혁명을 포기하고 민주주의를 수용했다는 평가였다.

물론 사파티스타가 말하는 민주주의는 자유민주주의가 아니다. 그들은 한걸음 더 나아가 근대국가의 권력 구조 차제를 바꾸는 일이 필요하다고 생각한다. 그들에게 이것이 "새로운 세계"의 비전이자 진정한 혁명이다. 그렇다면 어떻게 권력구조를 바꿀 것인가? 사파티스타의 대답은 '자치'였다. 원주민들 스스로가 자신들의 생활과 운명에 영향을 주는 모든 것들을 직접 결정할 권리를 누리는 것이었다.

사파티스타들은 게릴라 운동의 목표를 새로 설정했고, 혁명 자체를 새롭게 정의했다. 이는 1960~1970년대 라틴아메리카 게릴라 운동과 완전히 단절하겠다는 선언이었다. 동시에 탈공산주의 시대의 반체제운동이 추구할 만한 목표에 대한, 사파티스타의 대답이었다.

사파티스타들은 과거 라틴아메리카 게릴라의 전위주의도 완전히 버렸다. 과거 모든 라틴아메리카 게릴라들은 다수를 대변한다고 곧잘 주장했다. 민족의 이름으로, 전체 노동계급의 이름으로, 민중의 이름으로 말했다. 이들 다수의 이름으로 자신들의 무장투쟁과 권력 장악을 정당화했다. 반면 사파티스타들은 자신들을 다수를 위해 싸우는 전위가 아니라 오히려 소수를 위해 싸우는 사람들이라고 주장했다. 자신들은 치아파스의 원주민 마을을 대표한다고 말이다. 마르코스는 이렇게 말한다.

모든 전위는 자신을 다수의 대표라고 가정합니다. 우리는 그런 가정이 잘못되었다고 생각합니다. (…) 사건들이 벌어지고 사회적 힘들이 서로 충돌하기 시작하면 전위는 그렇게 전위적이지 못하다는 것이 금세 드러납니다. 또 인민이 전위라 자칭하는 이들을 전위로 인정하지 않는다는 것도 금세 알게 됩니다.

바로 사파티스타들이 전위가 아니기 때문에, 자신들이 멕시코 전체 원주민을 대표하지도, 멕시코 인민을 대표하지도 않기 때문에, 이들에게는 '엔꾸엔뜨로encuentro'가 아주 중요했다. 스페인어로 '집회'와 '만남'이라는 뜻을 있는 이 단어는 사파티스타 운동에서 가장 중요한 개념이었다. 사파티스타들은 치아파스 바깥에 거주하는 멕시코 원주민들과 만나야 했고, 멕시코 국민 다수를 이루는 혼혈인과도 만나야 하고, 북미·유럽의 백인 청년들이나 지식인들과도 만나야 했다.

이런 엔꾸엔뜨로를 위해 사파티스타민족해방군은 게릴라 근거지인 라칸돈 정글을 만남의 장소로 완전히 바꾸었다. 이제 라칸돈 정글은 멕시코 전역에서 제도혁명당 일당체제에 맞서 싸워온 민주화운동가들의 집결지, 멕시코 원주민 대표들의 회의장, 전세계 반체제 활동가들이 모이는 저항집회장이 되었다.

여기서 중요한 것은 라칸돈 정글이 특정한 입장과 견해가 지배하는 공간이 아니었다는 점이다. 라칸돈 정글에서는 사파티스타의 사상과 실천도 하나의 사례에 불과했다. 라칸돈 정글은 멕시코와 세계의 미래를 토론하는 민주적 공간으로, 서로 다른 입장과 서로 다른 저항 방식이 공존했다. 그들의 공통점은 더 민주적이고 평등하고 자유로운 세계에 대한 열망뿐이었다.

사파타스타의 만남은 '민중투표'와 같은 방식으로도 이뤄졌다. 가령 게릴라들은 자기 조직의 진로에 대해 멕시코 시민들의 의견을 듣고자 1995년 8월 27일에는 민중투표를 열었다. 멕시코 국민 100만 명이 참여해 사파티스타가 무장투쟁조직이 아니라 정치조직으로 변신할 것을 요청했다.

사파티스타들은 평화협상장에서도 멕시코 '시민사회'와 만났다. 과거 라틴아메리카 게릴라들과 정부의 평화협상은 밀실협상으로 이뤄지곤 했다. 그 둘 사이를 중재하는 제3국이나 국제기구가 있기는 하지만, 시민사회가 직접 협정 내용에 개입하는 경우는 거의 없었다. 그런데 사파티스타와 정부의 평화협상에는 시민사회가 직접 참여했다. 치아파스만이 아니라 멕시코 전역에 살고 있는 원주민 부족의 대표들이 직접 협정 내용을 토론하고 승인했다. 1996년 체결된 산안드레스 평화협정은 게릴라, 시민사회, 정부 간의 오랜 토론의 산물이었다.

과거 라틴아메리카 게릴라들의 평화협상은 정치적 실익이 중요했다. 보통 좌파 게릴라들은 합법적인 정치활동이 불가능해서 무장투쟁을 벌이기 때문에 정당 활동의 자유 보장은 물론이고 의석 보장을 위해 선거제도 변경을 요구한다. 하지만 사파티스타들은 이와 같은 조건 대신 치아파스 원주민을 포함해 멕시코 전체 원주민들에게 폭넓은 자치권을 보장해줄 것을 요구했다.

이런 독특한 사상과 실천에도 불구하고 사파티스타민족해방군도 엄연히 군사조직이다. 여느 게릴라처럼 수직적인 체계를 가진 조직이다. 마르코스는 자신의 조직을 이렇게 설명한다.

우리 군대의 구조도 여느 군사조직과 다르지 않습니다. 하지만 이 군대가 요구하는 것은 더 이상 군대로 남고 싶지 않다는 것입니다. (…) 군인은 어리석은 존재입니다. 다른 사람들을 납득시키기 위해 무력에 의존할 수밖에 없는 존재죠. 그렇기 때문에 우리 운동의 미래가 군대가 되는 것이라면 그 운동에는 미래가 없지요.

사파티스타들은 자신들이 어쩔 수 없이 무기를 들었지만, 다른 환경에 있는 사람들은 무장투쟁을 택할 필요가 없다고 말한다. 오히려 무장투쟁을 선택하는 것이 가져올 위험을 경고하기까지 한다. 나아가 사파티스타는 전세계에 사는 사람들이 각자 놓인 처지와 조건에 부합하는 다양한 저항전략과 수단을 선택하는 것이 옳다고 생각한다. 저항전략과 수단의 다원성을 옹호한 것이다.

한마디로 사파티스타민족해방군은 역설과 파격의 게릴라였다. 혁명을 거부하고 민주적 공간을 창출하겠다는 게릴라, 무장투쟁을 호소하지 않는 게릴라, 다수의 전위가 아니라 소수의 대표라고 말하는 게릴라. 게다가 더 이상 군대로 남고 싶지 않은 게릴라.

사파티스타민족해방군의 파격은 무엇보다 서로 다른 역사를 가진 많은 사람들 사이에 상호 존중의 문화가 숨 쉬는 공간, 민주적 공간을 만들어놓았다. 그곳의 이름은 라칸돈 정글이었다. 그곳에서 멕시코 민주화를 바라는 이들이 만나고, 더 나은 세계를 바라는 이들이 모였다. 바로 이것이 사파티스타들이 멕시코 사람들의 지지를 받고, 전세계 청년들의 관심을 얻은 이유였다.

과거의 게릴라들은 냉전시기에 공산주의 혁명을 추구했지만, 사파티스타들은 이를 거부했기에 '탈공산주의 게릴라'라고 불렸다. 미국체제냐 소련체제냐는 양자택일에서도 탈피했기 때문에 '탈냉전 게릴라'라고 불렸다. 뿐만 아니라 국가권력을 장악하여 사회주의 혁명을 수행한다는 근대적인 좌파 프로젝트와 결별하고, 좌파 전통에 원주민 전통이라는 매우 이질적인 요소를 결합했기 때문에 '포스트모던 게릴라'라고 불렸다.

사파티스타들이 치아파스의 가난한 원주민 문제를 멕시코 국민 다수의 문제, 전세계적 관심사로 바꾸어놓는 데 성공한 이유는 사파티스타민족해방군을 군사조직에서 사회운동조직으로 바꾸는 데 성공했기 때문이다. 사파티스타가 멕시코 연방정부의 군사적 포위망을 돌파할 수 있었던 것은 군사력 덕분이 아니었다. 오히려 멕시코 내외의 지지자들을 치아파스로 초청해 만들어낸 '엔꾸엔뜨로'의 힘이었다. 그 만남이 없었다면, 사파티스타들은 라칸돈 정글의 비참한 전쟁터에서 연방군에 맞서 싸우는 고독한 게릴라들로 남았을지 모른다. 사파티스타의 신속한 진화로 라칸돈 정글의 원주민들은 군사적 열세를 극복했고, 지리적이고 인종적이고 계급적인 고립도 극복했으며, 멕시코 독재정권과 신자유주의 세계화에 대항하는 세계적인 상징이 되었다.

최초의 사이버 게릴라

사파티스타 운동에서 마르코스의 역할은 무엇이었을까? 그는 자신을 이렇게 소개한다. "내 직업은 전쟁을 하면서 편지를 쓰는 것입니다." 마르코스는 사파티스타민족해방군의 '부사령관'이자 '대변인'이다. 즉 그는 무기를 들고 치르는 전쟁과 언어를 가지고 싸우는 전쟁 모두를 책임지는 사람이었다. 그리고 그는 '대변인'으로서 탁월한 역량을 발휘하여 세계적인 명성을 갖게 되었다.

마르코스는 일종의 통역자였다. 그는 원주민들의 언어와 전통과 사상과 저항을 비원주민들에게 전달하는 막중한 일을 매우 잘 처리한 '훌륭한 통역자'였다. 그는 도시의 비원주민 세계와 치아파스 원주민 세계를 모두 겪은 사람이었기 때문에 이 두 세계의 차이를 누구보다 잘 알고 있었다.

마르코스가 두 세계를 연결하기 위해 생산한 '언어의 무기'는 매우 다양했다. "우리의 말은 우리의 무기"라고 스스로 밝혔듯이 대변인 마르코스는 총보다 언어를 더 잘 다루었다. 1994년 1월 12일 연방정부가 전투중지를 명령한 이후 사파티스타들이 총기를 사용한 적은 없다. 하지만 사파티스타의 언어를 생산해내는 무기 공장은 풀가동되었다. 마르코스의 문학적 재능과 선전가로서의 능력은 빛을 발했다. 그는 초기엔 휴대용 수동 타자기로, 나중에는 노트북 컴퓨터로 사파티스타민족해방군의 공식 성명서와 편지들과 이야기들을 쏟아냈다.

편지의 수신자 목록은 매우 다양했다. 그는 멕시코 소녀에게 편지를 보내고, 미국의 빌 클린턴와 같은 정치인들에게도 편지를 보내고, 존 버거와 에두아르도 갈레아노와 같은 진보적 지식인에게도 편지를 보낸다. 그 편지들은 치아파스의 원주민 문제가 전세계와 깊은 관계를 맺고 있다는 것을 보여주었다.

라칸돈 정글에서 세상으로 쏘아 보낸 언어의 무기 가운데 가장 흥미로운 것은 소박하고 진솔한 이야기들이었다. 그는 라만차의 돈키호테에서 영감을 받은 것이 분명한 '라칸돈의 돈두리또'라는 딱정벌레 이야기를 전해준다. 부사령관 마르코스의 담배를 훔쳐가는 이 딱정벌레 기사는 안경을 쓰고 세계정세를 분석하면서 사파티스타들의 군황

발에 자신들과 같은 딱정벌레들이 더 이상 밟혀서는 안 된다고 주장한다.

마르코스가 10년간 알고 지낸 마야족 무당 안토니오 할아버지가 전해준 마야족 신화와 전설도 흥미롭다. 안토니오 할아버지는 어떻게 마야의 신들이 검정과 하양 두 색깔만 존재하던 세상에 더 많은 색깔들을 만들기 위해 애를 썼는지, 어떻게 앞을 보지 못하는 두더지들이 사자와의 전투에서 승리하는지를 전해준다.

그는 문학적 소양에 날카로운 정치적 감각을 버무려 새로운 정치문학을 창조해냈다. 사파티스타판 정치문학은 원주민 세계와 그 밖의 세계, 치아파스와 그 밖의 세상 사이의 경계를 무너뜨리면서 정글 오지의 왜소한 원주민들의 목소리를 전세계가 들을 수 있는 거대한 함성으로 바꾸었다. 멕시코 내부에서조차 가장 주변부에 있는 원주민들의 목소리가 전세계에 울려 퍼지게 했다.

치아파스 열대우림 속에서 비와 안개와 어둠과 함께 탄생한 사파티스타들의 메시지는 멕시코 언론들, 전국적인 진보일간지 『라호르나다』, '멕시코의 월스트리트 저널'이라 불리는 『엘피난시에로』, 비판적인 시사주간지로 유명한 『프로세소』, 산크리스토발의 지방 일간지 『엘티엠포』에 실렸다. 이들 언론들은 비록 논조는 다르지만 모두 공정하고 객관적인 보도로 신뢰를 받았기 때문에 사파티스타들의 메시지를 전하는 데 더할 나위 없었다.

사파티스타의 주장은 전세계의 자발적인 인터넷 사용자들을 통해서도 퍼져 나갔다. 마르코스의 문체는 집단적이면서 개성적이고, 풍자적이면서 유머감각이 살아 있고, 때론 적당한 자조까지 섞여 있다. 이 같은 문체는 급진적이고 반체제적인 메시지를 인터넷으로 접하는 시대와 잘 부합했다.

특히 1994년 사파티스타 봉기가 벌어지던 시기는 사이버공간이 갈수록 확장되던 시기이기도 했다. 이제 뉴욕과 파리·베를린·취리히의 지지자들은 멕시코 열대 밀림에서 벌어지는 일을 매일매일 실시간으로 확인하는 것이 가능했다. 그리고 연방군이 사파티스타 원주민들을 공격하면 바로 멕시코 대사관에 항의전화와 항의메일을 보내고, 피켓과 플래카드를 들고 시위를 벌였다. 특히 선진국 대열에 진입하고 싶었던 멕시코 정부는 국가 이미지에 손상을 입힐 만한 일들이 전세계로 알려지는 것을 두려워했다. 경제의 세계화에 맞선 이 같은 저항의 세계화는 사파티스타가 부족한 군사력을 대신하는 매우 유용하고 효과적인 방어력이었다. '최초의 사이버 게릴라'는 단순한 레토릭이 아니었다.

사이버공간을 통해 전세계로 퍼진 사파티스타의 슬로건 중에 세계적인 반향을 일으킨 것도 있다. 마르코스는 '카피라이터'로서도 탁월했다. 그는 사파티스타가 벌여온 실천을 "모두에겐 모든 것을, 우리에겐 아무것도"라는 슬로건으로 요약했다. 이는 신들의 자기희생으로 해와 달이 만들어졌다는 원주민 신화를 연상시키는 한편, 사파티스타들의 투쟁은 모두를 위한 민주적 공간을 창출하는 것임을 보여준다. "모든 세상이 들어가는 하나의 세상"이란 슬로건에는 다양한 차이가 존중받으면서 모두가 보편적인 권리를 누리는 세상을 바라는 사파티스타의 염원을 담았다. 원주민들도 차이를 존중받으면서 멕시코의 일부가 되고자 하는 바람을 표현한 것이다.

"우리는 영원한 반란자"는 사파티스타의 투쟁에는 종착역이 없다는 것을 뜻한다. 마르코스는 "투쟁은 둥근 원과 같다. 아무 데서나 시작할 수 있지만 결코 끝이 없다"고 썼다. 그리고 무엇보다 "우리의 언어가 우리의 무기"라는 카피야말로 사파티스타가 그동안 보여준 담론투쟁의 의미를 가장 잘 요약해준다.

총이 아니라 언어로 싸우는 전장에서 사파티스타민족해방군은 멕시코 정부를 완전히 포위하고 승리를 거두었다. 멕시코 대통령이 NAFTA 체결과 OECD 가입으로 제1세계의 일원이 되었다고 여기는 것이 "한여름 밤의 꿈"에 불과하다는 것을 잘 보여주었다. 하지만 현실의 제도를 바꾸고 권력구조를 바꾸기 위해서는 "말들의 전쟁"에서 승리하는 것만으론 부족했다.

22년 넘게 진화하는 저항조직

2000년 멕시코 민주화 이후, 사파티스타 원주민들은 정부로부터 어떤 도움도 받지 않고 자치운동을 벌여왔다. 직접 자신의 대표를 선출하고, 학교를 만들고, 병원을 지었다. 국내외 시민사회의 물질적·정치적 후원을 받으면서 진행해온 자치 운동이었다. 사파티스타들은 이렇듯 지속적으로 변해왔다. 사회적이고 정치적 환경이 변할 때마다 그에 대한 대응전략을 바꿔가면서 계속 진화해왔다.

그런데 사파티스타들이 자치운동에 몰두하고 있을 때인 2012년에 민주화 이전 71년간 멕시코를 통치했던 제도혁명당이 다시 귀환하는 일이 벌어졌다. 민주주의체제 아래서 과거 권위주의 세력이 재집권에 성공한 것이다. 1994년 봉기 이후에 사파티스타들이 몰아내기 위해 싸웠던 그 세력이 다시 복귀한 것이다. 이것은 멕시코 민주주의의 위기였다. 사파티스타들도 새로운 전략으로 이 난국에 대처해야 했다.

2016년 10월 중순에 사파티스타민족해방군은 파격적인 결정을 내린다. 2018년 대선에 여성 대통령 후보를 출마시키겠다고 선언한 것이다. 멕시코 정치제도 밖에서 자치운동을 벌여온 이들이 처음으로 제도 내에서 공직을 놓고 경쟁을 벌이겠다는 것이었다. 이것은 22년간 사파티스타들이 유지해온 전통을 깨는 파격이었다.

사파티스타 앞에는 새로운 도전들이 놓여 있다. 무엇보다 중요한 것은 어떻게 제도혁명당의 재집권을 막아내고, 국민의 생명조차 보호할 수 없을 정도로 허약해진 국가를 어떻게 개혁해갈 것인가이다. 2006년 이래 멕시코에서는 마약조직이 무고한 시민을 상대로 무차별 테러를 저질러왔다. 2014년에는 멕시코 중부 게레로 주 지방경찰들이 갱단과 함께 학생 시위대를 습격하는 범죄를 저지르기도 했다. 그날 학생 43명이 실종되었으며, 그중 한 명의 유해가 발견되었다.

사파티스타들은 이런 일을 막기 위해서라도 출마한다고 주장한다. "우리는 권력을 추구하지 않는다. 대신 원주민들과 시민사회에 호소할 생각이다. 이 파괴를 멈추기 위해 모두 함께 나서고, 저항과 반란 속에서 더욱 힘을 튼튼하게 다지자고 제안한다"고 말했다. 그동안 제도 밖에서 제도를 바꾸기 위해 노력했다면, 이번에는 제도 내부로 들어가서 제도를 바꾸자고 호소하겠다는 것이다.

1983년 창설 이래 사파티스타민족해방군은 단 한 번도 진화를 멈춘 적이 없었다. 초기에는 초기 소수 도회지 인텔리들의 군사조직에 불과하던 것이 진정한 원주민 군대로 바뀌었다. 그 뒤에는 멕시코 원주민운동과 민주화운동을 결합시켰고, 신자유주의에 맞서는 지구적인 저항을 만들어내는 운동조직으로 바뀌었다. 민주화 이후에는 치아파스 원주민 마을의 자치운동을 지원하는 조직으로 전환됐다. 이제 처음으로 원주민 여성을 대통령 후보로 세우는 정치조직으로 진화를 앞두고 있다.

그들이 성공할까? 아무도 모른다. 1994년 1월 1일 라칸돈 정글 속에서 그림자처럼 웅크리고 있다가 홀연히 세상의 한복판에 등장한 마야족 게릴라가 멕시코 민주화를 앞당기고 세계를 뒤흔들 줄은 아무도 몰랐다. 얼핏 보면 1994년의 사파티스타 봉기는 시대착오적인 무장투쟁집단의 '계란으로 바위치기'와 같은 무모한 모험주의로 보였다. 하지만 이 운동은 1994년에서 2005년까지 전세계에서 가장 성공한 반체제 저항운동으로 발전했다. 그래서 멕시코와 라틴아메리카는 물론이고 미국과 유럽에서도 "우리가 사파티스타들이다. 우리가 마르코스다"라는 구호가 등장했다. 2006년 이후 사파티스타운동은 과거의 영향력을 상실한 것처럼 보인다. 그들은 이번에도 승리할 수 있을까?

1994년 4월 10일 봉기 초기에 부사령관 마르코스가 멕시코의 열 살 소녀에게 쓴 편지에는 우화 한 토막이 등장한다. 마르코스가 딱정벌레 기사 '라칸돈의 돈두리또'와 나눈 대화이다.

마르코스가 사파티스타들이 승리할 것인지 묻자 돈두리또가 답한다.
"당신네가 이길 거야."
"그건 나도 알아. 그런데 얼마나 걸릴까?"
돈두리또는 체념하듯 길게 한숨을 쉰다.
"아주 오래."

오늘 마르코스가 죽기로 결정했다

2014년 5월 2일 부사령관 마르코스가 "멕시코 남동부 전선에서 새벽 2시 08분"에 사망했다. 20세기 멕시코의 마지막 게릴라, 최초의 탈공산주의 게릴라 '마르코스'가 죽었다. 그런데 놀랍게도 사망자가 직접 부고장을 작성했다.

멕시코 정부는 마르코스의 본명이 라파엘 세바스티안 기옌 비센테라고 하지만, 당사자는 이를 부인하고 있다. 그래서 우리는 아직 그의 본명을 모른다. '마르코스'라는 이름도 과거 군사검문소에서 살해당한 게릴라 동료의 이름이다. 그런데 그 '마르코스'가 사망한 것이다. 어찌된 일일까.

2014년 5월 2일 사파티스타민족해방군의 베테랑 투사인 '갈레아노Galeano'가 살해되었다. 사파티스타 자치 마을에서 아이들을 가르치던 교사였다. 부사령관 마르코스는 갈레아노의 추모행사에 참석해서 이렇게 말했다. "갈레아노가 살기 위해서는 우리 중 누군가가 죽어야 한다고 생각한다. 그래서 오늘 마르코스가 죽기로 결정했다."

이 발언은 마르코스가 전해준 마야족 무당 안토니오 할아버지의 이야기를 떠올리게 한다. 안토니오 할아버지는 밤하늘을 바라보며 "누군가가 밝게 빛나기 위해서는 누군가가 스스로 어두워져야 한다. 사실 빛나는 이들은 빛을 끈 이들 덕분에 밝게 빛난다. 그렇지 않으면 이 세상 누구도 빛날 수 없다"고 말했다. 갈레아노가 빛나려면 마르코스가 스스로 빛을 꺼야 한다. 즉 부사령관 갈레아노가 살려면 부사령관 마르코스가 죽어야 한다.

과거에 부사령관 마르코스였던 부사령관 갈레아노는 대안미디어 활동가들과 만난 자리에서 지난 20년간 자신의 역할을 회고했다. "처음에는 대변인으로 시작했는데, 이내 관심 끌기에 몰두하는 사람이 되었다. 내게 '마르코스'의 역할이 무엇이었냐고 묻는다면, 주저하지 않고 '어릿광대'였다고 말할 것이다."

사파티스타의 '어릿광대'는 2003년에도 유사한 성찰을 한 적이 있다. 그는 당시 봉기 10주년을 앞두고 시간을 돌이킬 수만 있다면 "마르코스라는 존재가 실제 이상으로 보이게 한 것"을 막았을 것이라고 반성했다. 원주민들의 요구를 성실하게 전달하는 대변인의 본분을 가끔 망각하고, 사파티스타들의 메시지를 기다리는 사람들을 위해 너무 개인적인 재주를 부린 것이 아닌가 하는 자조였다.

그 부사령관 마르코스가 죽었다. 그리고 부사령관 갈레아노가 태어났다. 한때는 기옌 비센테였고, 한때는 마르코스였고, 이제 갈레아노인 사람. 그는 멕시코시티의 대학 강사에서 치아파스의 게릴라로, 다시 사회운동가로 변신에 변신을 거듭해왔다. 그리고 다시 새로운 변신을 시도하고 있다.

사파티스타민족해방군도 죽음을 앞두고 있다. 새롭게 태어나기 위해 다시 죽는 것이다. 이제까지 늘 그래왔듯이 사파티스타들은 세상을 바꾸기 위해서는 먼저 자신들이 바뀌어야 한다고 생각한다.

제8장

정치가
중요하다

아르헨티나

부자나라의 몰락

이때부터 시민들의 슬로건은 바뀌었다.

"모두 꺼져라!"

시민들은 자기 나라의 정치가들을 향해

'알리바바와 329명의 도둑'이라고 불렀다.

'남미의 파리'로 불리던 도시에는

나라를 저주하는 사람들로 가득 찼다.

'내 사랑 부에노스아이레스'를 노래하던

시민들의 긍지도 곤두박질쳤다.

주변 라틴아메리카 국가들을 제3세계 국가라고 깔보던

아르헨티나 사람들은 자존감을 잃고 말았다.

라틴아메리카에서 선진국이 나온다면, 그 나라는 어디일까? 20세기 초에는 아무도 이견이 없었다. 모두가 아르헨티나를 지목했을 것이다. 그 시절 아르헨티나는 세계 8대 부자나라로 꼽혔다.[•] 1950년까지만 해도 아르헨티나는 일본·이탈리아·오스트리아보다도 1인당 국민소득이 더 높았다.

아르헨티나에는 지구상에서 가장 기름진 땅, 팜파스가 있다. 그 넓이만 해도 한국 면적의 5.5배에 달할 정도로 광활하다. 지평선이 아득한 팜파스 위로 인구수보다 많은 소떼들과 양떼들이 풀을 뜯고, 밀밭과 옥수수밭이 끝없이 펼쳐져 있다. 오죽하면 "돌멩이 하나를 아무 곳에나 던져 보라! 땅이 네게 맛난 열매를 되돌려줄 것이다"라는 말까지 나왔을까. 그뿐만이 아니다. 광물자원도 풍부하고, 석유와 천연가스도 자급할 정도로 넉넉하다. 신이 세계를 참으로 불공평하게 창조했다는 시샘까지 나올 정도였다.

그러던 나라가 1980년에는 개도국 수준으로 추락하더니, 2001년에는 아예 파산에 이르게 된다. 20세기 초엔 미국의 지위를 넘보던 나라가 21세기 초에 라플레타 강Río de la Plata 너머에 있는 이웃 나라 우루과

•　　　1인당 국민소득, 1인당 국내총생산(혹은 1인당 국민총생산), 그리고 국내총생산(혹은 국민총생산) 총계를 기준으로 순위를 매긴 것들이다.

이보다 뒤처진 나라로 전락하고 말았다. 칠레가 라틴아메리카 최대 부국으로 착실하게 발전하고, 브라질이 '브릭스BRICs'의 일원으로 꼽히는 등 콧대 높은 아르헨티나 사람들이 한없이 무시하던 이웃 나라들이 신흥 경제국으로 급부상할 때, 아르헨티나는 무너진 정치를 세우고 파산한 경제를 회생시키느라 애를 써야 했다.

연구자들조차 아르헨티나의 몰락을 명쾌하게 분석하지 못했다. 어떤 이는 20세기 세계사 최대의 "미스터리", 다른 이는 "수수께끼"라고 언급했다. 또 다른 이는 "역설"이라고도 불렀다. 학자들이 얼마나 곤혹스러워하는지를 잘 보여주는 말들이다. 소수의 성공 사례에만 관심을 집중해온 이들에게 아르헨티나와 같은 보기 드문 몰락의 사례는 여전히 거대한 미스터리로 남아 있다.

이 거대한 수수께끼를 풀어가는 실마리는 아르헨티나가 걸어온 길에 있다. 그 역사 속에는 잠시 적중한 듯이 보였지만 결국 시간의 시험을 견디지 못한 정치와 경제 모델이 있다. 그 어떤 정치세력도 20세기 하반기 내내 내리막길을 달리는 나라를 멈춰 세우지 못한 이유는 무엇일까?

아르헨티나, 변방에서 부자 나라로

원래 아르헨티나는 라틴아메리카의 변방이었다. 스페인 식민지 시절 라틴아메리카의 중심은 멕시코와 페루였다. 그곳에 원주민 인구가 밀집해 있었기 때문이다. 스페인 지배자들은 원주민 노동력을 활용해 금·은과 같은 귀금속을 채굴해서 본국으로 보내고, 본국에서 농산물을 비롯해 다른 물품을 가져왔다. 식민지 경제는 오직 금과 은 같은 귀금속으로 스페인 황실 금고를 채우는 경제였다. 그러니 원주민 노동력이 밀집해 있지 않고, 금광이나 은광도 없는 아르헨티나는 주목받지 못하고 변두리로 남았다. 식민지 시대 말엽에서야 아르헨티나의 내륙, 볼리비아와의 국경지대에 도시들이 들어서기 시작했는데, 그것도 볼리비아 광산지대에 일하는 노동자들과 스페인 관리들을 먹여 살릴 농산물과 축산물이 필요했기 때문이었다.

1816년 독립을 이룬 아르헨티나는 1853년 미국식 연방제 헌법을 공포하면서 근대국가로서의 면모를 갖추기 시작했다. 국가의 경계를 명확히 하려고 이웃 나라와 전쟁을 벌이기도 했고, 영토 내부에 거주하고 있던 원주민들을 학살하고 추방하기도 했다.

신생 연방국가의 지배자들은 스페인계 백인이었다. 이들은 문명과 야만의 이분법에 사로잡혀 타인종에 적대적이었다. 당시 아르헨티나에서는 사방으로 지평선이 끝도 없이 펼쳐진 팜파스에 원주민들이 부족별로 흩어져 살았다. '팜파스'라는 말도 원주민의 말로 대평원을 뜻한다. 백인들은 그 거대하고도 비옥한 대평원을 독차지하려고 원주민을 학살해놓고 이를 '사막의 정복'이라고 불렀다. 그뿐만 아니다. 스페인 귀족들은 주인도 없는 그 너른 땅에서 가우초gaucho라 불리던, 야생 소떼를 몰고 다니던 혼혈 목동들을 모조리 몰아냈다. 원래도 원주민이나 혼혈인의 수가 그리 많았던 것은 아니었지만, 학살과 추방으로 비非백인의 수가 급감했다.

영토와 국민을 확정하고 나니 광활한 팜파스를 개발할 자본과 노동력이 필요했다. 자본은 영국에서 가져오기로 했다. 당시 세계 최강의 산업국가로서 투자처를 물색하고 있던 영국으로선 더할 나위 없이 좋은 기회였다. 영국 기업이 천혜의 항구도시 부에노스아이레스에 항만시설을 만들고, 쇠고기 냉동공장을 짓고, 관공서도 세웠다. 수도 부에노스아이레스에서 방사선으로 뻗어가는 철도도 놓았다. 철로는 광활한 팜파스를 향해 서북쪽으로 달렸고, 철로를 따라 도시가 들어섰다. 영국 자본이 해상운송도, 보험도, 은행도 모두 지배했다.

노동력은 유럽에서 받아들이기로 했다. 정부는 아르헨티나를 혼혈인과 원주민을 배제한 '유럽인의 공화국'으로 만들고 싶었다. "멕시코 사람들의 조상은 아스텍족에서, 페루 사람들의 조상은 잉카족에서 왔다. 그런데 아르헨티나 사람들의 조상은 이민선에서 왔다"는 말은 전혀 과장이 아니었다. 1810년과 1930년 사이에 무려 600만 명의 유럽 이민자들이 대서양을 건너서 부에노스아이레스항구에 도착했다. 20세기 초만 해도 아르헨티나에는 미국보다도 더 많은 이민자들이 거주했다.*

지배층은 부유한 유럽인들이 대거 이주하길 바랐지만, 실제 이민자 대다수는 이탈리아, 스페인 등 남유럽의 가난한 사람들이었다. 특히 이탈리아 출신이 이민자의 과반수에 달할 정도로 많았다. 아르헨티나 스페인어에 이탈리아어 억양과 단어가 스며들기 시작한 것이 이때부터였다. 독일·영국(웨일스)·동유럽 사람들도 있었다. 그들은 모국의 신분사회와 계급사회의 속박에서 벗어나 자유와 성공의 기회를 찾고자 부에노스아이레스행 이민선에 몸을 실었다.

이탈리아 작가 에드몬드 데 아미치스Edmondo De Amicis의 1886년 작인 『사랑의 학교』에는 아르헨티나 이민을 다룬 단편이 실려 있다. 이 단편에서 영감을 얻은 일본 애니메이션 〈엄마 찾아 삼만리〉에는 아르헨티나로 건너간 엄마를 찾으려는 이탈리아 제노바의 12세 소년 마르코가 나온다. 마르코의 어머니는 19세기 말엽 아르헨티나로 건너간 수

---

* 아르헨티나, 우루과이, 칠레 등의 국가들에는 유럽 백인 이민자들이 인구의 절대다수를 차지하고 있다. 이 지역들을을 가리켜 '백인 라틴아메리카'라고 부르기도 한다.

많은 이민자 가운데 한 명이었다.

아르헨티나 경제는 영국 자본과 이탈리아 노동력이 만나서 발전했다. 영국제 열차가 밀을 수확하러 가는 이탈리아 이민자들을 가득 싣고 팜파스를 가로지르면서 아르헨티나 경제가 전진하기 시작했다. 이민 노동자들이 수확한 밀과 도축한 소고기는 배에 실린 뒤 대서양을 건너 유럽으로 향했다. 19세기 말에서 20세기 초까지 유럽에서 공업이 급성장하고 있었기 때문에 아르헨티나 농축산업은 엄청난 호황을 누렸다.

그 시절 아르헨티나 대지주들은 드넓은 팜파스에서 방목한 소들을 직접 부에노스아이레스까지 우루루 몰고 가서 떨이로 넘겨주곤 했다. 숫자를 세는 것도 번거로울 정도로 소들이 넘쳤다. 도축된 소들은 냉장된 뒤에 유럽으로 가는 증기선에 실렸다. 돛을 단 범선보다 훨씬 빠르고, 일정한 속도를 내는 증기선 덕분에 소고기 수출량이 증가했다. 게다가 냉동선이 보급되어 염장 소고기 대신에 신선한 쇠고기가 유럽인의 식탁에 오르게 되면서 수출은 날개를 달았다. 1876년 최초의 냉동선이 부에노스아이레스항을 출발해 영국 런던으로 떠났다. 그리고 그 즈음에 이탈리아 이민자들이 수확한 아르헨티나 밀도 대서양을 최초로 건넜다.

수출 호황은 무려 50여 년간 지속되었다. 1860년대부터 1914년 1차세계대전 직전까지 아르헨티나의 국내총생산은 최소 연평균 5%씩 성장했다. 아르헨티나 역사에서 가장 오랫동안 고성장을 이룬 시기였다. 그 시절 아르헨티나는 세계 10위 규모의 경제대국이었고(1914년), 1인당 국민소득 기준으로는 전세계에서 8번째로 잘 사는 나라였다(1909년). 아르헨티나 한 나라가 라틴아메리카 전체 생산의 50%를 도맡고 있었다(1910년). 당시 아르헨티나 사람들은 "번개라는 것은 하나님이 아르헨티나 사람들을 촬영하기 위한 것"이라고 농담했을 정도로 자부심이 대단했다.

과두제와 쿠데타

팜파스가 생산한 부는 아르헨티나의 수도 부에노스아이레스를 '남미의 파리'로 변모시켰다. 정부는 프랑스 파리의 도시계획을 모델로 삼아 수도를 완전히 새로운 도시로 개조했다. 세계에서 가장 폭이 넓은 대로를 닦고, 그 한복판에 오벨리스크도 세웠다. 유럽풍의 우아한 오페라하우스인 콜론 극장도 지었다. 유럽의 유서 깊은 도시들처럼 도시 곳곳에 기념탑과 동상도 세웠다. 녹지를 갖춘 공원도 조성했다. 1913년 말에는 아메리카에서는 두번째로, 라틴아메리카에서는 처음으로 지하철도 개통했다. 1880년만 해도 고작 18만 명의 소도시에 불과했던 부에노스아이레스는 제1차 세계대전이 발발하기 직전인 1914년에는 인구 160만 명의 대도시로 급성장했다.

시인들도 부에노스아이레스의 눈부신 발전에 영혼을 빼앗겼다. 1923년에 발간된 시집 『부에노스아이레스의 열기』에서 대문호 호르헤 루이스 보르헤스Jorge Luis Borges는 이렇게 노래한다.

이런 모든 거리들은 영혼을 탐하는 이들에겐 행복의 약속이라네.

하지만 찬란한 성장이 만들어낸 불평등의 그림자 또한 무척 짙었다. '행복의 약속'인 수도 부에노스아이레스는 남북으로 확연히 나뉘어졌다. 상류층은 부에노스아이레스 북쪽에서 마치 프랑스 귀족처럼 살았다. 이들은 목장주이자 농장주이자 대상인이었다. 이들 중에서 대통

아르헨티나의 화려했던 시절을 보여주는 레꼴레따 묘지(위)와 콜론 극장(아래). 레꼴레따 묘지에는 유럽에서 수입한 대리석으로 만든 납골당과 조각상이 무수히 서 있으며, 콜론 극장은 세계에서 가장 유명한 오페라 극장의 하나로 꼽힌다. 수도 부에노스아이레스에는 이외에도 유럽풍의 화려한 건물이 즐비하다.

령과 정치가, 군장성들이 나왔고, 가톨릭교회 상층부도 이들과 한패였다. 당시 아르헨티나의 부와 권력은 400여 귀족 가문이 독차지하고 있었다.

이들의 프랑스에 대한 집착은 유별났다. 아르헨티나 백인들은 초기에는 미국 모델을 추종하다가 당대의 강국인 프랑스를 새로운 모델로 삼았다. 프랑스인들의 생활 방식과 건축양식을 모방한 것은 물론이고 그들의 생각도 부러워 프랑스 문학과 사상도 흡수했다.˙ 이들은 최신 프랑스 양식으로 대저택을 세우고, 프랑스에서 최신 유행하는 옷을 입고, 오페라 극장을 드나들면서 자기들끼리 사교클럽과 사업모임을 열곤 했다.

부자들은 죽어서도 호사를 누렸다. 도시 중심부에 있는 레꼴레따Recoleta 공동묘지는 그 당시 상류층 인사들의 부와 허세가 얼마나 대단했는지 잘 보여준다. 이 묘지는 1880년에서 1930년 사이에 내로라하는 상류층 인사들이 대거 묻히면서 초호화 공동묘지로 변한다. 묘지는 정방형으로 구획되어 있는데, 골목과 골목이 만나는 곳에는 이정표도 서 있다. 프랑스와 이탈리아에서 수입한 웅장한 대리석으로 조성한 가족묘들은 마치 고급 저택의 모형처럼 보인다.

부에노스아이레스 북쪽에서 상류층들이 부를 마음껏 누리고 살고 있을 때, 남쪽에서는 가난한 사람들이 양철집이나 판잣집을 짓고 살았다. 주로 근처 조선소에서 쓰다 남은 선박용 페인트를 얻어다가 칠을 했기에 집들이 울긋불긋해졌다. 이 빈민가에는 유럽 이민자들은 물론이고 아르헨티나 내륙의 빈한한 시골에서 상경한 사람들로 북적거렸다.

˙ 라틴아메리카 전체가 독립을 맞은 이후, 대륙 전역에서 스페인 전통과 절연하고자 하는 움직임이 있었다. 라틴아메리카 태생의 스페인계 백인들을 '크리오요criollo'라고 부르는데, 이들 크리오요들은 독립전쟁을 벌일 때에 미국독립혁명과 프랑스대혁명의 성공에 큰 감명을 받았으며, 독립 이후에 미국을 자기 나라의 모델로 삼기도 했다. 하지만 신생 독립국 미국이 멕시코 영토의 절반 이상을 강탈하는 제국주의적 행태를 보이자 미국에 대한 반감을 가졌고, 미국의 정치경제 모델도 거부하게 되었다.

아르헨티나 내륙에서 이주했건, 유럽에서 건너왔건 이들 이민자들에게 부에노스아이레스는 '외로운 남자들의 도시, 여자들이 없는 남자들의 도시'였다. 도시 변두리의 선술집과 매음굴에서 시골 목동 가우초와 남유럽의 이민 노동자들이 자연스럽게 어울렸다. 바로 이곳에서 보르헤스가 "부에노스아이레스의 위대한 대화"라고 부른 탱고가 탄생했다. 가난한 사람들은 우수에 젖은 탱고 리듬에 맞춰 춤을 추면서 향수를 달래고 도시가 주는 좌절감을 누그러뜨렸다.

가난한 이민자들이 부에노스아이레스로 몰려든 데는 이유가 있었다. 아르헨티나 농촌에서 전통적인 농민층이 형성되지 못했다. 미국이 대평원의 토지를 분배할 때 가족농과 개인자작농에게 나눠준 것과 달리, 아르헨티나는 팜파스를 소수의 귀족들에게 대단위로 분배했다. 게다가 소를 방목하는 데는 노동력이 많이 필요하지도 않았다. 땅을 일정 기간 동안 빌려 밀과 같은 곡식을 재배하는 이민자들이 있기는 했지만, 이들은 대지주와 계약관계가 끝나면 다른 토지를 빌리거나 그것이 힘들면 도시로 이주했다. 그러다보니 농민들은 영향력 있는 사회집단으로 자리 잡지 못했다. 그 때문에 아르헨티나에는 멕시코나 브라질처럼 대지주에 맞서 토지개혁을 강력하게 요구할 전통적인 농민층이 없었다.

그런 이유로 다수 이민자들이 도시로 대거 몰려들었고, 농축산물 무역에 종사하거나, 서비스업에서 일자리를 찾았다. 아니면 이제 막 발전하기 시작한 제조업 노동자가 되었다.

페론의 시대

영원히 성장할 것만 같던 아르헨티나 경제에도 위기가 들이닥쳤다.

세계경제의 주변부에 있던 아르헨티나는 중심부인 유럽에 농축산물을 수출하고 소비재를 수입하는 경제구조였다. 그런데 유럽에서 제1차 세계대전, 대공황, 제2차 세계대전이 연달아 벌어지면서 농축산물의 수요가 급격히 줄어드는 일이 잦았고, 유럽 소비재의 공급도 자주 급격히 축소됐다. 이에 대처하기 위해 아르헨티나 내부에서 유럽 소비재 수입을 대체하기 위한 산업화가 본격화되었다. 정부도 이 같은 산업화를 지원하려고 했다. 하지만 오랫동안 자유무역으로 부를 쌓아온 농장주와 목장주와 대상인과 같은 '과두제' 세력은 국내 산업을 보호하려는 노력을 방해하면서, 농축산물 자유무역이 주는 이익을 결코 포기하려 하지 않았다.•

과두제 세력은 근대적인 정당정치의 발전도 가로막았다. 1890년경에 이미 아르헨티나에는 중간계급을 대변하는 급진당UCR과 노동계급을 대변하는 사회당PS이 등장했다. 근대적인 정당들이 속속 모습을 갖추고, 1916년에는 급진당 후보가 최초의 민선 대통령이 되기도 했다. 당시 이 정부는 과두제 세력에 단호하게 대처하지 못하고 어정쩡한 관계를 유지하고 있었다. 그런데 1930년 대공황이라는 경제위기를 악용하여, 퇴역 장군 호세 우리부루José Uriburu가 지휘하는 소규모 사관생도들이 나무 소총으로 무장하고서 허약하기 짝이 없던 민선 정부를 전복시켰다. 그로 인해 권좌에서 물러났던 과두제 세력이 다시 복귀했고, 국내산업 보호조치를 폐지했다.

아르헨티나가 산업경제와 농축산물 수출 경제 사이에서 갈팡질팡하고 있던 그때, 아르헨티나를 산업화로 이끌겠다는 의지를 갖고 노동

•   소수의 실력자들이 한 나라의 정치와 경제와 사회를 주무르는 '과두제'의 교과서적 사례가 바로 아르헨티나였다. 소수 귀족 가문이 경제적 부는 물론이고 행정부와 의회와 사법부, 군대와 교회까지 좌지우지했다.

빈민들로부터 압도적인 지지를 받아 집권한 인물이 있다. 바로 유명한 후안 도밍고 페론이다.

페론은 육군 대령으로 1943년 연합장교단Grupo de Oficiales Unidos의 쿠데타에 참여하면서 정치무대에 데뷔했다. 연합장교단은 1930년 쿠데타로 들어선 보수적인 군사정권에 반대하는 민족주의적 장교들의 비밀결사였다. 쿠데타가 성공한 이후 페론은 노동청이라는 한직에서 공직을 시작했다. 하지만 페론은 갓 신설된 이 부서를 집권으로 가는 튼튼한 기반으로 바꿔놓았다.

그는 노동청을 노동부로 승격시킨 것은 물론이고, 노동부와 노동계급과의 관계를 매우 긴밀하게 만들어놓았다. 그의 전략은 간단했다. 정부가 부추긴 파업을 노동자들이 개시하면, 노동자들에게 유리하게 해결해주는 것이었다. 이 방식으로 노동자들의 실질임금을 지속적으로 높여주었다.

페론이 노동계급에 주목한 것은 이들이 표가 되고 권력 기반이 될 수 있기 때문이었다. 아르헨티나는 1912년에 성인 남성에 한해 보통선거권을 부여했지만, 당시엔 노동계급에 속한 대다수 이민자들이 여전히 외국 국적이어서 참정권을 행사할 수 없었다. 하지만 1946년 페론이 대선에 출마했을 때는 이 노동자들도 모두 아르헨티나 국적을 갖고 있었고 투표권을 행사할 수 있었다.

페론은 노동부장관 시절 도시의 노동빈민들과 긴밀한 유대관계를 만든 뒤에 1946년 대선에 출마했다. 그는 대선에서도 극심한 불평등에 허덕이던 노동빈민을 적극 대변했다. 대선 연설에서 "아르헨티나는 소는 살찌고, 노동자들은 영양실조에 걸린 나라"라고 일갈했다. 또한 미국이 자신을 파시스트로 간주하자, 당시 주아르헨티나 미국 대사인 스프루일 브레이든Spruille Braden의 이름을 거론하여 "브레이든이냐 페론이냐"라는 선거 슬로건을 만들어냈다. 아르헨티나 국민들에게 '미국이냐 페론이냐'고 묻는 도발적인 질문과도 같았다. 그 대선에서 페론은 반미민족주의 이데올로기, 선명한 이분법적 레토릭과 노동빈민들의 압도적 지지를 바탕으로 54%의 지지율을 얻어 집권에 성공했다.

페론은 집권 이후에도 노동계급을 위한 정책을 계속 펼쳤다. 파업노동자들에게 유리하게 개입하던 전략을 더욱 확대한 것은 물론이고, 도시와 지방 노동자들의 권리를 보호하기 위해 다양한 노동보호법을 제정했다. 페론의 적극적인 노동정책으로 노동조합 활동이 매우 활발해졌다. 아르헨티나 최대 노동조합인 노동총연맹CGT의 조합원수는 페론 집권 이전(1943년)에 30만 명에서 페론 집권 이후(1950년)에 500만 명으로 치솟았다. 상류층과 언론이 "셔츠를 입지 않은 자들descamisados"이라고 조롱하던 생산직 노동계급이 자부심을 얻고서 강력한 정치적 집단으로 부상했다. 뿐만 아니라 여성들에게도 참정권과 이혼의 자유를 보장한 것은 물론이고, 가정부로 일하는 여성 노동자들에게도 법적 권리를 보장했다. 또한 모든 노동자들에게 유급휴가와 사회복지를 보장하는 법을 제정하기도 했다.

페론은 기업가들의 지지도 받았다. 페론은 수입대체산업화를 본격적으로 추진했다. 영국 기업 소유의 철도를 비롯해 외국인 수중에 있던 주요 기업들을 국유화했다. 국내 제조업을 해외상품으로부터 보호하기 위해 다양한 보호무역 조치도 취했다. 농축산업 수출 전략에서 수입대체산업화 전략으로 바뀌면서 다양한 혜택을 입은 기업가들은 노동계급에게 돌아가는 몫이 늘어나는 것을 용인했다.

산업화가 급진전되고, 국가의 규모가 커지면서 관료직과 전문직 등 중간계급 일자리가 늘어났다. 이들 신흥 중간계급도 페론에게 지지를 보냈다. 페론은 군 장교들의 임금을 인상하고, 현대식 무기로 교체해주면서 군부의 지지도 확고히 만들었다.

페론의 통치에 가장 불만이 큰 집단은 과두제 세력의 중심인 대지주들이었다. 당시 페론정부는 도시 노동자들의 임금을 통제하기 위해 농산물 가격을 낮게 유지했다. 또한 주요 농산물 수출을 독점하는 국가기관을 만들어 '돈줄'을 틀어쥐고서는 수출 소득을 복지정책의 재원으로 삼았다. 제2차 세계대전 직후 전쟁으로 무너진 유럽에서 아르헨티나산 농축산물에 대한 수요가 급증하면서 큰 소득을 거둘 수 있었다. 허나 이런 정책 때문에 과두제 세력은 페론을 격렬하게 증오했다.

페론체제는 노동계급, 자본가계급, 중간계급, 군부 등 매우 이질적인 집단들로 반反과두제 연합을 구성하는 체제였다. 이는 세 가지 면에서 독특했다. 우선 사회계급의 이익을 대변하는 정당들이 서로 수평적으로 이해관계를 조정하는 것이 아니라 국가가 직접 수직적으로 개입하여 사회 계급들의 이익을 조정하는 '조합주의Corporatism'를 도입했다.* 또한 페론당의 당원이나 지지자들에게만 복지혜택과 특권을 제공했다. 이 같은 '후견주의Clientelism'가 지지자 개인의 정치적 행동에 촘촘히 제약을 가했다. 그리고 '포퓰리즘'이 체제의 특징이었다. 카리스마 넘치는 페론 대통령이 하향식으로 노동계급을 동원했다. 페론은 임금과 복지 등의 경제적 혜택을 노동자들에게 제공했지만, 정부 허락 없이는 파업권도 자유롭게 행사하지 못하게 만들었다. 이 같은 통치 스타일에 반대하는 정치세력이나 노조는 바로 탄압의 대상이 되었다.

페론은 자신의 체제를 가리켜 사회주의도 자본주의도 아닌 '정의주

---

* 페론체제는 여러 계급들의 이해를 대변하고 서로 타협하고 갈등하는 다당제도 아니고, 그렇다고 멕시코처럼 강력한 일당이 이질적인 계급들을 모두 당내로 끌어들여서 통합시키는 체제도 아니었다. 서로 다른 계급을 통합시키는 구심은 오직 행정부를 이끄는 카리스마 넘치는 대통령 페론 자신뿐이었다.

의justicialismo'라고 불렀다. 사회정의를 구현하는 체제라는 뜻이었겠지만, 사람들은 이 말 대신에 '페론주의' 혹은 그냥 포퓰리즘이라고 부른다.* 이 체제는 우파적 측면과 좌파적 측면을 모두 다 갖추었다. 분배와 재분배의 측면, 즉 임금인상과 복지혜택의 측면에서 페론체제는 좌파적인 측면이 있었다. 노동자들이 대거 노동조합에 가입하고, 정치적으로나 사회적으로나 노동자들의 지위가 개선된 점도 그랬다. 하지만 이 체제는 엄연히 민족주의적 산업화를 위해 노동계급을 동원하는 체제였다. 노동계급에겐 파업권이 없었다. 정부의 허락 없이 파업을 벌일 경우, 주동자는 체포되어 군법에 따라 처벌받기도 했다. 사회당과 공산당 등 다른 노동계급 정당이 페론정부의 정책에 반기를 들 경우에도 가차 없이 탄압받았다.

페론이 이처럼 독특한 체제를 만들어낸 것은 그가 1930년대 유럽에서 무관으로 지냈고, 특히 이탈리아의 파시즘과 같은 우익 민족주의운동에 심취한 경험에서 기인했다. 당시 남유럽 우익 민족주의자들은 공산주의에 맞서 '조합주의' 체제를 채택했다. 역설적이게도 페론은 아르헨티나 버전 민족주의 운동의 기반을 노동계급에서 찾았다. 그랬기에 자국 내의 산업화를 가로막는 과두제 세력에 대항해서 노동빈민의 삶을 개선시켰다. 에릭 홉스봄은 이 같은 역설을 가리켜 "우익의 수장이 노동운동에 감화를 주는" 상황이라고 기록했다. 말하자면 머리는 무솔리니인데, 손발은 마르크스인 셈이었다.

페론이 노동빈민을 동원하는 데, 부인 에비타의 역할이 매우 중요했다. 에비타는 페론정부의 2인자로, 당대 라틴아메리카에서 가장 강력

•   정치학자들은 포퓰리즘을 좁게 정의할 때는 카리스마적인 정치가 개인을 중심으로 대중을 하향식으로 동원하는 정치형태를 가리키는 반면, 넓게 정의할 때는 조합주의, 후견주의, 협의의 포퓰리즘 모두를 포괄하는 정치체제를 가리킨다.

국민들에게 인사하고 있는 후안 도밍고 페론 대통령과 그의 부인인 에바 페론. 이 둘은 페론주의로 불린 독특한 정치체제를 이끌었다. 페론주의는 한동안은 잘 굴러갔으나 아르헨티나 정치경제 시스템에 있는 근본적인 문제를 건드리지 못하고 개인의 카리스마와 인기에만 의존했기에, 한계를 드러낼 수밖에 없었다.

한 여성 지도자였다.[*] 페론의 통치를 쌍두마차 체제라고 부를 정도로 에비타의 존재감은 매우 컸다.

에비타는 시골 소도시에서 라디오 성우로 일하다가 1945년 페론과 결혼하면서 정치무대에 등장했다. 그때부터 1952년 33세의 나이에 암으로 요절할 때까지 에비타는 국적도 문화도 다른 백인 이민노동자들을 페론의 지도력 아래로 결집시키는 데 열정을 쏟았다. 상류층에게 무시당하던 에비타는 빈민들을 위해 병원·학교·고아원·양로원을 세우면서 큰 지지를 얻었다. 1947년에는 페론주의 여성조직을 창설했고, 에바페론재단을 만들어 빈민들을 위한 지원 사업을 펼쳤다.

에비타는 죽어서도 '성녀'로 추앙받았다. 노동총연맹CGT은 1개월의 애도기간을 선포해 그녀를 추모했고, 시신은 방부처리해서 총연맹 본

---

[*]   본명은 마리아 에바 두아르떼María Eva Duarte(1919~1952년), 애칭인 에비타Evita로 더 유명하다.

부 건물에 전시했다. 1955년에 페론을 쿠데타로 쫓아낸 군부는 에비타의 시신을 빼돌렸다. 군부는 11개의 관을 만들어 10개에는 돌을 채워 넣었고, 관 하나에 진짜 에비타의 유해를 넣었다. 그리고는 모든 관에 '에비타의 유해'라고 써 붙여서 세계 곳곳에 보냈다. 에비타의 진짜 관은 이탈리아의 밀라노로 보냈는데, 1974년 권좌에 복귀한 페론이 그 관을 되찾아왔다.

에비타가 아르헨티나 국민들에게 어떤 존재인지는 오늘날 부에노스아이레스 시내에 걸린 강철 초상을 보면 알 수 있다. 2011년 아르헨티나 정부는 부에노스아이레스에 있는 공공사업부 건물의 북쪽 벽과 남쪽 벽에 강철로 된 에비타의 초상 두 개를 걸었는데, 북쪽의 부촌을 향해서는 전투적인 표정을 짓고 있고, 남쪽의 빈민가를 향해서는 환히 웃고 있다.

페론이 만든 정치체제의 약점은 명백했다. 페론은 민주주의자가 아니었다. 그는 자주 독재적 수단을 활용했다. 반정부세력을 탄압하는 조직을 만드는가 하면, 반정부 언론은 몰수하기도 했다. 정당을 무시하고 의회를 폄하했다. 그가 1946년에 만든 정의당Partido Justicialista, PJ(정의주의자당, 별칭 페론당)도 이념과 강령을 갖춘 정당이라기보다 대중동원기구에 불과했다. 그는 대통령 임기제한 규정을 없애버렸고, 모든 권력을 자신, 에비타, 행정부에 집중시켰다. 그가 중요하게 여긴 것은 보통선거권을 가진 국민과 카리스마적인 지도자의 직접적인 소통뿐이었다. 문제는 과두제 세력을 제외한 이질적인 모든 계급들을 통합시킨 페론이 사라질 경우에 거대한 권력의 공백이 생긴다는 점이었다. 그 무엇도 페론의 빈자리를 채우기는 어려웠다. 그가 사망한 이후에 그 빈자리에 우익 군부가 들어서는 것을 막을 길은 사실상 없었다.

페론의 경제발전 전략은 모순적이었다. 그는 수입대체산업화를 추진했지만 그 재원은 농축산물 수출에서 나왔다. 문제는 산업화 정책을 추진하면서 노동자들의 임금 인상에 대한 압력을 줄이려고 저가 농산물 정책을 채택하자 농업 생산성이 하락한 것이다. 게다가 유럽이 재건 과정을 마치고 농업 생산성을 회복하면서, 유럽 시장에서의 아르헨티나 농축산물 특수도 끝이 났다. 농업이 위기를 맞자 페론의 정책은 급선회했다. 그는 노동자들의 임금인상 요구를 수용하지 않았고, 다시 농업에 우호적인 정책을 채택했으며, 외국 자본의 투자도 허용했다.

페론의 복지정책도 전적으로 농산물 수출소득에 의존한 것이었다. 국제 농축산물 시장의 가격 등락에 따라 복지재원이 오르락내리락했다. 그 때문에 수출 붐이 끝이 나면 복지에 투자할 국가재정이 줄어들었다. 문제는 복지혜택의 축소로 그치지 않았다. 복지혜택에는 내수 진작시켜 산업을 활성화하는 효과가 있었다. 그래서 수출 붐이 끝나면 결국 산업화 자체가 주춤하게 됐다.

무엇보다 큰 문제는 페론도 과두제 세력이 힘을 발휘하는 근원을 전혀 건드리지는 못했다는 점이다. 무소불위의 권력을 가진 것처럼 보였던 그도 소수의 가문들이 팜파스를 차지하고 있는 토지소유구조를 바꾸지 못했다. 그렇다고 중상류층을 대상으로 하는 직접세를 인상해 재정을 튼튼하게 만들지도 못했다. 그 결과 수출 붐이 끝나고 복지혜택이 줄어들자 마치 안개가 걷히듯 빈부격차가 다시 선명히 모습을 드러냈다. 즉 페론이 인구 다수를 괴롭히는 불평등과 빈곤의 원인을 제거하지 못하면서 더욱 강해진 과두제 세력이 권좌에 복귀한 것이다.

2주 동안 5명의 대통령, '아르헨티나 병'

가장 강력한 카리스마를 소유했던 페론이 1955년 쿠데타로 권좌에서 쫓겨난 뒤 아르헨티나 정치는 파행의 연속이었다. 1962년, 1966년에도 계속 쿠데타가 일어나서 기존 정부를 전복시켰다. 1973년 페론이 권좌에 복귀해서 수립한 정부도 1976년 쿠데타로 다시 무너졌다.

쿠데타로 들어선 정권은 대부분 극우보수정권이었다. 유일한 예외는 1943년 쿠데타로 들어선 페론정부였다. 특히 1955년 페론을 축출한 쿠데타 이후에 들어선 정권들은 페론이 정치화시킨 노동계급을 탄압했다. 군사정권 아래서 아르헨티나 산업자본가들은 기꺼이 대지주들과 손을 잡고 타협했다. 특히 교육수준이 높은 중간계급도 노동계급의 몫이 커지는 것을 막기 위해 군사정권에 협력했다. 중산층은 우익 쿠데타보다 좌파 게릴라가 더욱 두려워 1976년 쿠데타를 지지했다. 노동계급과 좌파는 군부가 주도한 보수연합에서 배제되었다.

한편 아르헨티나 좌파는 페론주의 세력과 때로는 협력, 때로는 갈등하는 관계였다. 일찍이 1890년에 좌파는 사회당ps을 만들었고, 러시아혁명 이듬해인 1918년에는 공산당pca이 만들어지기도 했다. 좌파의 기반인 노동조합운동도 19세기 후반부터 활발하게 전개되었다.

노동운동도 초기에는 무정부주의자들이 주도했지만, 내부에서 사회주의자들의 영향력이 강해지면서 1930년대가 되면 사회당이 노조운동의 주도권을 가졌다. 하지만 페론 대통령이 노동계급과 매우 강력한 관계를 형성하면서부터 좌파의 힘이 축소되었다. 사회당과 공산당은 모두 주변 정당으로 전락했고, 노동조합 내에서도 좌파가 위축되었다. 독재정권 시기에 좌파가 게릴라 운동을 벌이기도 했지만, 체제를 위협할 수준은 되지 못했다.

1983년에 아르헨티나가 민주화되면서, 페론당이 합법화되었고, 급진당ucr과 함께 주요 정당의 자리를 차지했다. 하지만 정치 불안정은 해소되지 못했다. 민주화 이후 2015년까지 9명의 대통령 중에서 임기를 제대로 마친 사람도 3명뿐이었다. 가장 최악의 순간은 2001년 국가 부도사태였다. 2주 동안 무려 5명의 대통령들이 등·퇴장하던 그때 아르헨티나 국민들은 또다시 군사쿠데타가 벌어지는 것이 아니냐는 두려움을 품었다.•

아르헨티나의 고질적인 정치 불안은 '아르헨티나 병anomalía argentina' 이라 불릴 정도였다. 강력한 카리스마를 보유한 페론도 군부와 과두제 세력의 귀환을 막을 수 있는 정치체제를 만들어내지 못했다. 우익 군부는 페론주의 세력과 노동계급과 좌파를 탄압하면서 등장했지만 내부의 분파들을 제대로 제압하지 못해 다른 분파들의 쿠데타로 무너지곤 했다. 민주정부도 군부를 제대로 통제하지 못했다. 민주화 이후에도 군부는 툭하면 반란을 일으켜 독재시기의 인권범죄자를 단죄하는 것을 가로막았고, 그때마다 허약한 정부는 군부와 타협했다. 그 어떤 정치세력도 중간계급·노동계급·빈민 등 국민 다수의 지지를 받는 정부를 이끌어 정치를 안정시키는 데 성공하지 못했다.

정치 불안은 경제에 직접적인 영향을 끼쳤다. 1930년에서 1983년 민주화 이전까지 아르헨티나 경제부장관은 무려 52명이나 바뀌었다. 평균 임기도 1년밖에 되지 않았다. 쿠데타로 정권이 바뀔 때마다 이전 정부가 추진하던 경제정책이 수시로 뒤집어졌다.

아르헨티나 경제 전략은 크게 두 가지 길이 서로 각축했다. 하나는 자유주의 발전 전략이다. 거대한 팜파스에서 나오는 농축산물 수출을 극대화하는 것이었다. 수출 경쟁력이 있기 때문에 자유무역을 할수록

• 정치 불안은 20세기 내내 아르헨티나를 괴롭혔다. 가령 1930년 쿠데타 이후 1983년 민주화까지 23명이 대통령직에 올랐지만, 정해진 임기를 마친 대통령은 고작 2명에 불과했다. 6차례에 걸친 쿠데타로 정부가 무너지고 새로 들어서는 과정을 거듭하면서 군부 개입은 아르헨티나 정치의 상수가 되어버렸다.

이득이 된다. 1860년에서 1914년까지 바로 이 전략이 막대한 부를 안겨주었다. 하지만 이 전략의 약점은 명백했다. 유럽시장의 변덕에 나라경제가 좌우되었다. 게다가 산업의 발전을 가로막았다. 국내 산업을 보호하기 위해서는 보호주의 조치가 필요한데, 농축산물의 자유로운 수출을 위해서는 무역을 자유화해야 했기 때문이다.

유럽의 세계대전과 대공황으로 자유주의 전략이 더 이상 작동하지 않자 대안으로 등장한 것이 민족주의 전략이었다. 이는 선진국에서 수입해오던 모든 공산품을 국산품으로 대체한다는 의미에서 수입대체산업화 전략으로 불린다. 1940년대 페론 시대에 이 전략이 고강도로 추진되었다. 농산물 수출 소득을 재원으로 삼아서 국가가 산업화를 주도했다. 외국 자본이 지배하는 기업들을 국유화하여 직접 국가가 소유 경영했다. 이 전략은 한국을 비롯한 동아시아 국가들이 1960년대 이후에 채택한 수출주도산업화 전략과 달랐다. 수입대체산업화 전략은 풍부한 원자재와 넘치는 노동력으로 산업화를 이루지만 수출이 아니라 내수를 목적으로 하므로 임금인상과 복지혜택이 뒤따랐다.

하지만 이 전략에는 또 다른 문제가 있었다. 외국 공산품을 대체하는 소비재를 생산하는 데는 성공했지만, 소비재 생산에 필요한 기계장치와 같은 중간재(자본재)를 여전히 외국에서 수입했다. 즉 선진국 경제에 대한 의존을 줄이겠다는 전략이 또 다른 종속을 낳은 것이다. 게다가 농·축산업을 희생시킬수록 오히려 산업화에 투자할 재원이 줄어들었다. 그럴 때면 외채를 들여와 산업화에 투자했는데, 이것이 훗날 외채위기의 원인이 되었다.

페론 이후의 몇몇 정부가 외국 자본을 끌여들여 산업화를 이루려고 시도했다. 하지만 외국 자본에 잘 보이기 위해 지불해야 할 사회적 비용이 너무 컸다. 국가재정 지출을 줄이고, 임금을 규제하고, 공무원을 해고하고, 신용을 규제하고, 통화를 대폭 평가절하하는 정책을 택해야 했는데, 이 때문에 임금이 대폭 하락한 노동자들이 총파업에 나섰고 페론주의 세력과 좌파세력이 강력하게 반발했다. 이 같은 위기가 발생하면 더욱 강경한 군부가 집권하여 억압적인 정책을 펼쳐나갔다.

그중 최악이 1976년 쿠데타로 등장한 호르헤 라파엘 비델라_{Jorge Rafael Videla Redondo} 독재정권(1976~1983년)이었다. 이 정부는 의회를 해산시킨 건 물론이고 정당을 모조리 불법화했으며, 노동총연맹마저 없애버렸다. 저항하는 세력은 납치하고 암살했다. 경제정책에서도 이 정부는 이전 정부와 달랐다. 군부는 관료와 외국인 투자자와 손을 잡고서 국영기업을 민영화하고, 외국 공산품에 대한 관세를 낮추는 전략을 추진하기 시작했다. 신자유주의 전략을 도입한 것이었다.

본래 아르헨티나는 비옥한 토지와 풍부한 천연자원, 교육수준이 높은 노동력을 갖추고 있었다. 그러니 천혜의 자연이 제공하는 질 좋은 농축산물을 바탕으로 해서 호주나 캐나다와 같은 농업자본주의국가로 발전할 수도 있었다. 혹은 원자재와 교육수준이 높은 노동력을 활용하여 산업대국으로 발전할 수도 있었다. 하지만 불행하게도 그 무엇에도 성공하지 못했다. 농축산업 발전은 소수에게만 막대한 이익을 안겨주었고, 산업화는 가다 서다를 반복한 나머지 튼튼하게 이뤄지지 못했다.

"모두 꺼져라"

2001년 12월 20일 목요일 저녁, 남반구의 여름밤에, 부에노스아이레스 시민들이 거리로 나왔다. 아르헨티나의 전성기 시절에 닦은 '7월 9일대로_{Avenida 9 de Julio}'에 사람들이 쏟아져 나왔다. 보르헤스가 "행복의 약속"이라고 노래하던 거리마다 사람들이 몰려나왔다. 주말이나 공유일도 아닌 평일 저녁인데도 시민들이 자발적으로 거리 행진을 벌이고 있었다. 특정한 정당이나 노동조합이 소집한 시위가 아니었다. 시위대 대다수는 깃발도 피켓도 플래카드도 들지 않았다.

디스커버리 채널의 다큐멘터리 〈2001년 아르헨티나 몰락〉에는 이 날 시위 장면이 고스란히 들어 있다. 그 시위 군중 가운데 한 명은 이렇게 말한다.

이 시위에는 좌파도 우파도 따로 없다. 부패에 찌든 나라를 바꾸려는 시민들이 있을 뿐이다.

평소 시위를 해본 적도 없는 중산층 시민들이 아예 가족 단위로 참석하기도 했다. 아이들부터 노인들까지 남녀노소 구분이 없는 시위였다. 이들의 공통점은 한 가지였다. 모두 손에 주방기구를 들고 두들기고 있었다. 그 유명한 '냄비시위'였다. 시민들은 소리가 나는 것이면 냄비건, 프라이팬이건 모두 두들겼다. 궁핍을 강요하는 정부에 맞선 항의 표시로는 제격이었다. 굶주린 사람들 앞에 놓인 밥그릇마저 치워버린 정부에 대한 분노가 거대했다. 냄비시위는 폭발적인 전염성이 있었다. 어느새 도시 전체로 확산되어 숟가락으로 주방기구를 두드리는 소리가 곳곳에서 들렸다.

이들의 목적지는 두 곳이었다. 하나는 대통령 집무실이 있는 카사 로사다Casa Rosada 궁이었다. 시민들은 그곳 앞에 있는 오월광장에서 집회를 가졌다. 다른 하나는 경제부장관 도밍고 카발로domingo Cavallo의 집이었다. 그곳으로 몰려간 시민들은 "델라루아(대통령의 이름) 꺼져라!" "카발로 꺼져라!"라고 외쳤다.

시위는 대체적으로 평화로웠다. 경찰들이 시위를 해산하기 위해 최루탄을 쏘면서 진압에 나서고, 이에 맞서 몇몇 시위대가 타이어나 쓰레기에 불을 붙여 바리케이드를 만들어 대치하기도 했다. 하지만 다수는 냄비만을 두들기며 분노를 표출하고 있었다.

평일에도 시민들이 거리로 쏟아져 나온 이유는 무엇일까? 이는 1990년대 내내 고강도로 추진된 신자유주의 정책에 대한 반발 때문이었다. 공기업들이 전면적으로 민영화되면서 실업자가 대거 양산되고, 민영기업이 제공하는 전화요금과 전기요금이 폭등했다. 공기업 민영화 과정에서 벌어진 막대한 부패는 차라리 애교였다. 무역 개방은 국내 기업을 줄도산으로 이끌었다. 재정긴축 정책은 사회복지 재정을 축소시키면서 빈곤층 가계를 더욱 악화시켰다. 이 같은 정책으로 빈곤층이 급증했다. 심지어는 중산층 절반이 몰락했다는 연구까지 나왔다. 도시 노동자 실업률은 17%로 치솟았는데, 그 다수가 청년들이었다. 가톨릭교회도 신자유주의 정책을 강요하여 불평등을 악화시킨 주범이 국제금융기관이라고 지적했을 정도였다.

1990년대는 카를로스 메넴Carlos Menem이 대통령(1989~1999년 재임)이었는데, 그는 페론당 소속이었지만 기존의 페론주의 노선과 완전히 단절하고 신자유주의자로 변신했다. 국제금융기관과 미국은 신자유주의를 매우 급진적으로 받아들인 아르헨티나를 '개방경제의 모범생'이라고 추켜세웠다. 하지만 아르헨티나판 신자유주의 정책은 인플레이션 진정을 제외하고는 최악의 성적을 기록했다.

아르헨티나는 외채를 갚으려고 이처럼 거대한 사회적 비용을 치렀다. 하지만 외채는 줄어들지 않고 오히려 늘어만 갔다. 바로 아르헨티나 페소화와 달러화를 1:1로 비율로 교환하기로 한 '태환법'의 모순 때문이었다. 이 제도가 잘 유지되려면 아르헨티나가 달러화를 충분히 보유하여 언제든지 페소화를 달러화로 바꿀 수 있어야 했다. 따라서 달러화를 넉넉히 보유하는 것이 관건이었다. 그렇지만 문제는 태환법이 페소화 가치를 높이고 수출품의 가격경쟁력을 하락시키면서 아르헨티나 정부의 달러화 보유액이 줄어들었다는 것이다. 결국 다시 외채를 빌려와 외채를 갚아야 했다. 그야말로 밑 빠진 독에 물 붓기였다. 이같은 모순 때문에 아르헨티나 총 외채는 1991년 613억 달러에서 1999년에 1450억 달러로 급증했다. 외채가 아르헨티나 국내총생산 총액의 51%나 차지하면서, 수출로 벌어들인 소득의 40.3%를 오직 외채의 이자를 갚는 데 쏟아붓고 있었다.

1999년 아르헨티나 국민들은 신자유주의 정책에서 벗어나기를 갈구하면서 야당 급진당의 페르난도 델라루아Fernando de la Rúa 대통령 (1999~2001년 재임)을 선출했다. 하지만 정부는 국민의 기대를 배반하고 다시 국제통화기금에 손을 내밀었다. 중도좌파정당 연대국가전선FREPASO이 급진당과의 연정에서 이탈을 선언했다. 부통령 카를로스 알바레스Carlos Álvarez와 장관들이 모두 사임했다. 정치적 위기뿐만 아니라 사회적 위기도 심각해졌다. '피켓을 든 사람들'이라는 뜻에서 '피케테로piquetero'라고 불리던 실업자들이 도로를 막고 시위를 벌이기 시작했다.

여기까지는 차라리 양호한 편이었다. 델라루아정부가 취한 몇 가지 조치가 아르헨티나의 외채위기를 거대한 국가적인 위기로 비화시켰다. 하나는 2001년 11월 30일에 실시한 은행계좌 동결 조치였다. 델라루아정부는 전임 정부에서 태환법을 도입한 장본인인 도밍고 카발로를 다시 경제부장관에 앉혀 시장을 진정시키고자 했다. 그런데도 상류층이 계속 해외로 돈을 빼가자 카발로는 예금자 모두가 한꺼번에 돈을 인출하는 뱅크런 사태를 막고자 은행계좌를 동결해버렸다. 그러자 특히 은행에 계좌를 갖고 있던 중산층 시민들의 분노가 폭발했다. 기업주나 부자들, 정치가들과 유명인들이 외채 금액에 맞먹는 규모의 자본을 해외로 빼돌릴 때는 손 놓고 있던 정부가 애먼 중산층 계좌를 동결한 작태에 분노한 것이다.

어느 나라나 시민들은 은행에 자녀의 대학등록금, 주택자금과 노후자금 등을 예금해둔다. 그런데 그 예금을 자유롭게 찾아 쓸 수도 없게 되었고, 예금의 가치마저 대폭 하락할지 모를 상황이 된 것이다. 이들을 더욱 분노하게 만든 것은 은행경영진의 도덕적 파탄이었다. 은행측은 정부의 조치를 미리 예상하고 이미 최우수고객들에게는 해외로 송금하라고 권고하면서도 일반고객들에게는 계속 예금을 권장하는 이중적 행태를 보였다.

그때 국제통화기금과 미국이 아르헨티나 정부를 버리는 일이 벌어졌다. 개방 경제의 모범생이라 칭찬하면서 외채이자를 꼬박꼬박 챙겨가던 국제통화기금은 2001년 12월에 주기로 한 구제금융을 유예하겠다고 선언했다. 엎친 데 덮친 격이었다.

정부와 은행과 국제통화기금에 대한 분노가 거세지면서 지방에서는 빈민들이 슈퍼마켓을 약탈하고, 폭동을 일으켰다. 사태가 걷잡을 수 없이 커질 것을 우려한 델라루아정부는 12월 19일에 국가비상사태를 선포했다. 델라루아 대통령은 훗날 그 일이 "상징적인 조치"에 불과했다고 주장하지만, 아르헨티나 국민들은 시위와 집회의 자유마저 억압하겠다는 소리로 들렸다. 집에 불을 낸 정부가 대문 밖으로 뛰쳐나가려는 것도 막으려 한다고 여긴 것이다.

이 때문에 12월 20일 저녁에 대규모 냄비시위가 발생했다. 시위는 이튿날에도 계속되었다. 그런데 그날 오후 2시경부터 경찰의 태도가 매우 강경해졌다. 기마경찰대가 연좌시위를 하고 있던 시위대 한복판으로 난입하고, 시위대를 향해 최루탄을 쏘고 곤봉을 휘두르기 시작했다. 급기야 부에노스아이레스 거리에서 백주대낮에 경찰이 시민들에게 발포했다. 이날 경찰의 발포로 전국에서 34명의 시민이 사망했다. 상황은 통제불능이었다.

오후 4시 45분, 대통령은 긴급담화를 통해 정당 지도자들에게 사태를 공동으로 해결하자고 제안했다. 하지만 대통령의 제안에 화답하는 야당은 없었다. 오후 6시 30분 결국 사면초가의 위기를 맞은 대통령이 사임을 발표했다. 국회가 헌정질서의 붕괴를 막고, 국제금융기관과의 외채 재협상을 잘 처리해달라는 당부의 말을 남기고 대통령궁 옥상에서 헬리콥터를 타고 떠났다. 대통령이 외채 걱정을 하고 사임을 발표하고 있을 때, 생명의 위협을 느낀 경제부장관 카발로는 남미 대륙 남쪽 끝인 파타고니아로 도망쳤다.

델라루아 대통령이 떠난 12월 21일부터 2002년 1월 2일까지 2주도 채 되지 않은 짧은 기간 동안 상원의장(2일), 의회가 간선으로 선출한 대통령(7일), 하원의장(2일) 등 세 명의 대통령이 등장했다 사라졌고, 다시 의회가 간선으로 에두아르도 두알데Eduardo Duhalde를 대통령(2002년 1월 2일~2003년 5월 25일 재임)으로 선출할 때까지 아르헨티나 정치는 최악의 불안정을 겪었다. 델라루아 대통령의 남은 임기를 채우게 된 두알데 신임 대통령은 마침내 1월 6일 외채 디폴트를 선언했다. 그는 태환법도 폐지하고 페소화를 평가절하하는 조치도 취했다. 20세기 초만 해도 손꼽히던 부자국가 아르헨티나가 21세기 초에 국가부도를 맞은 것이다.

이때부터 시민들의 슬로건이 바뀌었다. "모두 꺼져라!"였다. 여당이건 야당이건 페론당이건 급진당이건 좌파건 우파건 아무런 대책을 내놓지 못한 정치세력은 모두 물러가라고 외치기 시작했다. 정치계급 전체에 대한 분노가 매우 컸기 때문에 정치가들이 국민들을 피해 다녀야 했다. 시민들은 정치가들을 가리켜 "알리바바와 329명의 도둑"이라고 조롱했다. 상·하원 329명의 의원들과 대통령을 가리키는 말이었다.

정치가들만이 아니었다. 경제 엘리트들, 특히 기업가들과 대지주, 은행가들에 대한 분노도 하늘을 찌를 듯 높았다. 그들 모두가 아르헨티나 외채에 맞먹는 규모의 자본을 미리 해외로 빼돌렸다. 한 작가는 인구밀도가 매우 낮은 나라인 아르헨티나가 단위면적당 '나쁜 놈hijo de puta'들의 비율은 세계에서 가장 높다며 모국母國에 저주를 퍼부었다. 인구밀도 순위(2011년 세계은행 통계)가 216개국 중에 192위를 기록할 정도로 낮은 아르헨티나에서 '나쁜 놈'들이 그렇게나 많다는 조롱이었다.

미래의 열쇠는 정치

2001년 12월 21일 부에노스아이레스 거리에서 아르헨티나가 몰락했다. 정치와 경제는 물론 사회와 도덕도 모두 무너졌다. '남미의 파리'로 불리던 도시에는 나라를 저주하는 사람들로 가득 찼다. "내 사랑 부에노스아이레스"를 노래하던 시민들의 긍지도 곤두박질쳤다. 도시는 불평등과 범죄로 뒤덮였다. 라틴아메리카에서 가장 범죄율이 낮다고 자부하며, 주변 국가들을 제3세계 국가라고 깔보던 아르헨티나 사람들은 자존감을 잃고 말았다. 아르헨티나 국민들은 선진국의 꿈을 완전히 상실해버렸고, 정치가들과 부자들도 여느 라틴아메리카 국가들과 다를 바 없다는 체념에 사로잡혔다.

아르헨티나 재건은 정치에 달려 있었다. 2003년에서 2015년까지 아

2001년 아르헨티나가 국가부도 위기 사태에 처했을 때 많은 시민들이 식기를 가지고 나와 두드리는 냄비시위를 벌였다.

르헨티나를 이끌었던 정부들은 국가의 역할을 대폭 강화했다. 2003년 아르헨티나 국민들은 네스토르 키르치네르Néstor Kirchner를 대통령(2003~2007년 재임)으로 선출했다. 지지율은 고작 22.24%에 불과했다. 아마도 세계 정치사상 가장 낮은 득표율로 당선된 대통령일 것이다. 게다가 이력도 변변치 않았다. 땅은 거대하지만 인구는 매우 적은 파타고니아 지역의 산타크루스 주지사 이력이 전부였다.

그러나 그는 독재시기에 군부가 자행한 인권유린을 사면하는 법안을 폐지하고, 신자유주의 정당으로 변질된 페론당을 비판하는 등 혁신적인 모습을 보여주었다. 사회복지정책을 강화해 노동자들과 빈민들의 경제적 고통도 줄였다. 공공서비스요금만 대폭 올려놓은 민영화된 기업들을 다시 국유화했다. 국제 원자재 호황으로 국가재정이 좋아지자 국제통화기금에 대한 채무도 조기에 청산했다. 이 같은 정책에 대한 국민들의 지지가 매우 높았다.

그는 재선에 나서는 대신에 상원의원이었던 아내 크리스티나 페르난데스의 대선 캠페인을 지원했다. 그리고 페르난데스는 아르헨티나 최초의 민선 여성 대통령이 되어 2007년에서 2011년, 2011년에서 2015년까지 두 차례 대통령을 역임했다. 전임 정부의 정책을 이어받아 경제와 복지에서 국가의 역할을 강화했다.

새 정부들은 모두 몰락의 교훈을 잊지 않으려고 노력했다. 아르헨티나의 몰락은 짧게는 신자유주의의 몰락을 상징한다. 신자유주의는 아르헨티나 경제를 더욱 수렁으로 몰고 갔고, 정치 불안을 더욱 가중시켰다. 또한 아르헨티나의 몰락은 길게는 라틴아메리카에서 선진국으로 가는 길에 놓인 장애물이 무엇인지 보여준다. 포퓰리스트 페론도, 우익군사정권도, 1983년 이후에 등장한 민주정부들도 모두 아르헨티나 정치를 안정시키는 데 실패했다. 이들 정부가 추진한 자유주의 발전전략과 민족주의 발전전략, 신자유주의 발전전략도 모두 실패로 판명이 났다.

아르헨티나의 몰락은 정치란 무엇인지 질문하게 만든다. 세계에서 가장 비옥한 땅을 갖고 있다 하더라도, 석유와 천연가스를 비롯해 자원이 넘친다 하더라도, 한때 세계적인 부자국가로 잘나갔다고 하더라도, 아무리 교육수준이 높고 세련된 도시 생활을 누리는 중산층이 많다고 하더라도, 정치가와 정치정당이 제 역할을 하지 못한다면 아무런 소용이 없었다.

아르헨티나 사람들도 브라질 사람들처럼 '미래의 나라'라는 말을 자조적으로 내뱉곤 한다. 과거에도 현재도 미래에도 늘 '미래의 나라'로 남을 것 같다는 체념에서 나오는 말이다. 그 미래를 현실로 가져올 수 있는 열쇠는 바로 정치일 것이다.

제9장

혁명은
끝이 없다

쿠바는 어떻게 망하지 않고 재기했는가

사람들은 식용유 대신 맹물로 계란후라이를 하는 법,

바나나 껍질을 이용해 고기 맛을 내는 법 등을 개발했다.

영양부족으로 각기병, 시신경염 등을 앓는 사람들도 생겨났다.

그러나 쿠바는 망하지 않았다.

느리지만 꾸준히 위기에서 벗어났다.

그리고 혁명 이후 처음으로 쿠바를 방문한 미국 대통령이 인사를 건넸다.

"하얀 장미를 기르네"

하얀 장미는 평화와 우정의 상징이었다.

쿠바는 늘 예술가들에게 영감을 주는 땅이다. 미국 작가 어니스트 헤밍웨이가 1937년에 발표한 소설 『소유와 무소유』는 수도 아바나를 묘사하면서 시작한다.

동틀 무렵의 아바나를 본 적이 있는가? 거지들이 건물 벽에 기댄 채로 아직도 잠들어 있고, 술집으로 얼음을 실어 나르는 차들조차 다니지 않는 그때를 본 적이 있는가?

카리브해에 위치한 열대의 나라, 아프리카 흑인 노예들과 스페인 노예주들이 세운 나라, 담배와 사탕수수의 나라가 맞는 새벽녘을 이보다 더 간결하게 묘사할 수는 없을 것이다.

헤밍웨이는 쿠바에 애정이 깊었다. 그는 1939년에 아예 미국에서 쿠바로 이사해서는 아바나 중심가에서 16km가량 떨어진 곳에 집을 장만해서 눌러 앉았다. 그곳에서 1960년까지 무려 21년을 살았다. 그리고 여느 쿠바 사람처럼 바다로 자주 낚시하러 나갔고, 쿠바 어부들과도 스스럼없이 어울렸다.

그의 걸작 『노인과 바다』도 그 시절에 아바나 근교의 작은 어촌 코히마르Cojímar에서 쓰였다. 그 마을에는 카나리아제도에서 건너온 그레고리오 푸엔테스Gregorio Fuentes라는 어부가 살고 있었다. 그에게서 영감을 받아 작가는 산티아고Santigao라는 인물을 창조했고, "인간은 무너질지언정 패배하지는 않는다"는 명구절을 남겼다.

그 시절 소설가와 어부들의 관계가 어땠는지를 보여주는 일화가 있다. 헤밍웨이가 1961년에 미국에서 사망했다는 부고가 전해지자, 쿠바 어부들은 자기 배들의 닻을 녹여 작가의 흉상을 만들었다. 그리고서는 헤밍웨이가 서툰 스페인어를 구사하며 자신들과 격의 없이 어울리며 맥주를 마시던 마을 술집 '라 테라사La Terraza' 앞에 세워놓았다.

헤밍웨이의 쿠바 술과 시가 애호도 유명하다. 그는 사탕수수로 양조한 럼주에 레몬과 설탕을 넣어 만든 쿠바산 칵테일을 즐겨 마시고, 열대 태양에 그을린 시가를 피워댔다. "모히토 한 잔은 라보데기타에서, 다이키리 한 잔은 엘플로리디타에서My mojito in La Bodeguita, My daiquiri in El Floridita." 당시만 해도 소박한 선술집이었던 '라보데기타' 벽에 그가 직접 써놓은 영어 문구이다. '종로에서 소주 한 잔, 신촌에서 막걸리 한 잔'처럼 술꾼의 주흥이 흥건하다. 오늘날 아바나 사람들은 이 대작가의 작품 제목은 몰라도 이 문구는 또렷이 기억한다.

지금도 헤밍웨이가 자주 드나들었던 아바나의 선술집들에는 작가의 사진과 서명, 육필 문장이 남아 있다. 그가 들렀을까 의문스러운 술집에도 작가의 사진이 걸려 있고, 주인들은 이곳에도 작가가 들렀노라고 떠벌인다.

노예에서 사탕수수 노동자가 되었을 뿐

그런데 헤밍웨이가 묘사한 아바나 풍경이 열대 섬나라의 새벽에 대한 서정적인 묘사만은 아니다. 그가 언급한 거지와 술집 이야기는 사실 '미국의 식민지'로 전락한 쿠바의 서글픈 모습이기도 했다.

쿠바는 스페인으로부터 독립하는 순간에 다시 미국의 보호령으로 전락한 비운의 땅이었다. 미국은 쿠바 독립지도자들이 스페인에 대항해 독립전쟁(1895~1898년)을 벌이던 막바지에 스페인에 선전포고를 하고 전쟁에 끼어든다. 미국-스페인 전쟁(1898년)라 불리는 이 전쟁에서 승리한 미국은 쿠바를 자신의 보호령으로 만들어버린다. 1901년 쿠바헌법에 '플랫 수정조항Platt Amendment'이라는 부가 조항이 들어갔는데, 그 골자는 미국이 "쿠바의 독립을 보전하고, 생명·재산·개인의 자유를 보호하는 데 적합한 정부를 유지하기 위해" 쿠바 내정에 간섭할 수 있다는 것이었다. 미국의 협박에 못 이겨 쿠바는 어쩔 수 없이 이 불평등 조항을 수용했다. 1934년에 이 조항이 삭제되기는 하지만, 그 사이에 쿠바사회에는 이미 친미세력이 뿌리 깊게 자리 잡았다.

1952년에는 풀헨시오 바티스타Fulgencio Batista의 독재정권(1940~1944, 1952~1959년)이 미국을 등에 업은 쿠데타로 들어섰다. 아이젠하워정부의 초대 쿠바 주재 미국대사를 지낸 아서 가드너Arthur Gardner는 "우리는 바티스타보다 더 좋은 친구를 가진 적이 없다"며 좌파세력과 노동조합을 탄압한 반공독재자에 만족해했다. 당시 미 부통령 리처드 닉슨Richard M. Nixon도 미국에 고분고분한 바티스타를 '쿠바의 링컨'으로 추켜세웠다.

정치뿐만이 아니었다. 경제도 미국에 의존했다. 쿠바는 사탕수수로 만드는 설탕을 수출하는 대신에 식량과 석유를 비롯해 나머지 모든 제품을 수입하는 나라였다. 제1차 세계대전 무렵 세계 설탕의 4분의 1은 쿠바 산이었고, 설탕 수출은 쿠바 외화 수입의 80%를 차지했는데, 그 설탕의 70%에서 80%가 미국으로 수출되었다. 즉 쿠바 경제는 사탕수수 경제이자 미국에 전적으로 의존한 경제였다.

미국인 투자자들이 대거 몰려와서 쿠바 농장과 제당소를 사들이기도 했다. 이 시기 쿠바 농촌에는 중소농장주들이 몰락하고 대농장과 현대식 제당소가 들어서게 되는데, 대다수는 미국인이 소유하게 되었다. 미국인이 소유한 제당소가 생산한 설탕은 1906년에 전체 설탕의 15%에서 1928년에는 75%로 급격히 늘어났다.

사탕수수 부자들은 미국적인 생활을 누렸다. 이들은 시골의 농장에 살지 않고 모두 아바나와 뉴욕 같은 도시에 거주했다. 그곳에서 요트 클럽을 만들고 카지노에서 도박을 벌이면서 특권층끼리 서로 인맥을 쌓았다. 그들은 마이애미에서 쇼핑을 즐기고, 미국에서 유행하는 최신 상품들을 사들이면서 부를 과시했다. 이 시기를 거치면서 쿠바 스페인어에 영어가 침투했고, 미국의 대표적 스포츠인 야구가 쿠바에서 큰 인기를 끌게 되었다.

미국인 관광객들도 '태양과 섹스'를 쫓아 쿠바로 쇄도했다. 아바나 곳곳에 카지노와 매춘업소가 들어섰다. 당시 독재정권은 미국 마피아들에게 카지노 운영권을 주고, 수익금은 사이좋게 나눠가졌다. 아바나는 '미국의 환락가'가 되었다.

그러나 쿠바 국민들 다수는 전혀 다른 인생을 살았다. 노예에서 해방된 이후 사탕수수 노동자들이 된 이들은 1년에 4개월, 오직 사탕수수 수확 철에만 일할 수 있었고, 나머지 8개월은 실업자로 끼니를 걱정하며 목숨을 연명하는 처지였다. 그래서 헤밍웨이가 소설에서 아바나를 묘사할 때 거지와 술집이 등장한 것이다.

쿠바혁명이 일어나다

그런 광경을 바꿔보려고 쿠바혁명이 일어난 것이 그 무렵이었다. 1956년 11월 25일 멕시코만에 위치한 항구 툭스판Tuxpan에서 요트 한

척이 출발한다. 그란마granma라는 불리는 이 작은 배에는 정원을 초과해 82명의 게릴라들이 올라탔다. 이들은 모두 '7월 26일 운동Movimiento 26 de Julio'이라는 무장조직의 성원들이었다. 그 배에는 피델 카스트로Fidel Castro, 라울 카스트로Raúl Castro 등 쿠바인들은 물론이고 아르헨티나 출신 에르네스토 체 게바라Ernesto Che Guevara가 승선했다. 이들은 모두 멕시코에서 군사훈련을 마치고 쿠바에서 게릴라 전쟁을 벌여 바티스타 독재정권을 무너뜨리겠다는 결의로 무장했다.

피델과 라울 형제는 1953년 7월 26일에 쿠바 동남부의 산티아고 시에 있는 몬카다 병영을 습격한 적이 있었다. 독재정권에 무력으로 맞서고자 벌인 모험이었는데 무모한 시도였다. 몬카다 병영 공격에 참가한 165명 청년들 모두 군경에게 체포되거나 학살되었다. 피델과 라울 형제도 15년형을 선고받았다. 병영 습격의 지도자는 물론 피델이었지만, 당시 유혈사태를 줄인 것은 라울의 기민한 대처 때문이었다. 그때부터 피델은 카리스마 넘치는 정치가, 라울은 신중하고 기민한 조직가였다.

이들이 감옥에 들어가고 11개월 후 독재자 바티스타는 자신의 포용력과 여론의 호의를 끌어내기 위해 사면을 단행했다. 운 좋게 풀려난 카스트로 형제는 출소하자마자 멕시코로 건너가 동지들을 규합했다. 이들과 배를 타고 멕시코만을 가로지른 게릴라 중에 단연 눈에 띄는 이는 아르헨티나 출신 의사 체 게바라였다. 그는 1954년 CIA가 주도하여 과테말라의 하코보 아르벤스 개혁정부를 전복시키는 것을 현지에서 직접 목격했다. 미국 과일회사인 유나이티드프루트컴퍼니는 당시 과테말라의 대지주였는데, 이 회사 소유 토지를 과테말라 정부가 수용해 분배하겠다고 하자 미국이 나서서 정권을 무너뜨린 것이다. 이때 체 게바라는 라틴아메리카 어느 나라에서 현상을 타파하는 개혁을 시도해도 미국이 개입할 것이니, 자신의 전장은 라틴아메리카 어디라도 상관없다고 생각했다. 그렇게 과테말라에서 미국에 분노한 아르헨티나 의사는 그란마 호에 승선해 쿠바로 출발했다.

1956년 12월 2일 게릴라들이 쿠바 동남부 해안에 도착했고, 3일 뒤에는 정부군과 첫 전투를 벌였지만 크게 패했다. 생존자는 고작 8명, 그들은 모두 시에라마에스트라 산맥으로 도주했다. 그리고 그때부터 약 2년간 8만 명의 정규군과 싸우는 투쟁이 시작됐다.

게릴라 지도자들이 전쟁에서 승리하기 위해 취한 전략은 두 가지였다. 하나는 전국적으로 정치전선을 조직해 쿠바 국민의 지지를 모아내는 것, 다른 하나는 쿠바 독재자와 미국의 결탁을 무너뜨리는 전략. 전형적으로 아군 형성, 적군 분열 전략이었다. 결과적으로 두 전략 모두 성공했다.

사탕수수농장 노동자건 땅을 잃은 중소농장주건 당시 쿠바 국민들 사이에선 독재정권에 대한 불만이 팽배했다. 극소수 상류층을 제외하고 쿠바 국민 다수는 게릴라의 대의에 동조하게 된다. 또한 피델은 미국이 바티스타 독재정권을 더 후원하지 못하게 하려고 꾀를 내었다. 피델 카스트로는 『뉴욕타임스』의 베테랑 특파원 허버트 매튜스를 게릴라 산채로 불렀다. 매튜스의 기사는 1면 특종으로 실렸는데, 그 글에서 독재자는 잔인하고 무능한 반면 피델 카스트로를 비롯한 게릴라들은 이상적이고, 도덕적인 개혁가로 묘사되었다. 게릴라들이 하루아침에 국제적인 유명인사들이 되었다. 국내외 여론이 좋아지면 좋아질수록 청년들이 더 많이 반군에 합류했고, 체 게바라를 비롯해 반군사령관들은 전투에서 승승장구했다.

1958년 12월 31일. 게릴라에 대한 지지가 급속히 늘어나고, 여론을 의식한 미국이 무기 지원마저 중단하자 독재자 바티스타는 도망친다.

그는 참모들과 일가친족들을 비행기에 가득 태우고 무자비한 독재자 트루히요가 지배하는 도미니카공화국으로 줄행랑쳤다. 그리고 마침내 1959년 1월 8일 게릴라군이 수도 아바나로 입성했다.

골리앗에 맞서는 용감한 다윗

혁명이 일어난 해, 쿠바는 독재에서 벗어난 해방감, 새 나라에 대한 기대감으로 가득 찼다. 그러나 이런 환희는 곧 전쟁에 대한 공포로 바뀌었다.

초기부터 미국은 쿠바혁명에 적대적이었다. 1959년 4월 피델 카스트로가 미국을 방문했을 때 당시 미국 대통령 아이젠하워는 그를 만나는 대신에 골프를 치러 가버렸다. 부통령 닉슨이 쿠바혁명 지도자를 접견했다. 미국 정부가 쿠바혁명을 얼마나 탐탁찮게 여겼는지 보여주는 일화였다.

미국은 1961년 1월에 쿠바와 외교관계를 단절하더니, 4월 17일에는 쿠바를 침공하여 아예 혁명정부를 전복하고자 시도했다. 이것이 유명한 '피그만灣 침공 사건'이었다. 미국이 망명 쿠바인들을 훈련시켜 쿠바 본섬 남쪽에 있는 피그만에 상륙시켰지만, 원정대원 대부분이 포로로 체포되어, 원정은 실패로 막을 내렸다. 침공 당시 피델 카스트로는 직접 탱크를 타고 전쟁을 지휘해 침략군을 물리쳤다. 미국은 톡톡히 망신을 당했다.

미국의 적대정책으로 쿠바 정부는 소련과 급속히 가까워졌다. 혁명 초기 피델 카스트로는 민족주의자에 가까웠지 공산주의자가 아니었다. 그러나 미국이 피그만 침공을 벌인 이후에는 쿠바혁명을 사회주의 혁명으로 선언하고, 마르크스-레닌주의자로 평생 살겠다고 다짐했다. 그도 그럴 것이 냉전시대에 혁명정부가 적대적인 미국의 턱 밑에서 살아남으려면 소련과 손을 잡는 길 외에 다른 길은 없어 보였다.

냉전기 내내 쿠바와 미국은 적대국으로서 대결했다. 1962년 10월에는 쿠바가 안보 위협에 대처하기 위해 소련제 중거리 미사일을 설치하려고 했다. 미국의 또 다른 군사 공격을 막기 위한 조치였다. 이번에는 미국이 안보 위협을 느꼈다. 케네디정부가 소련 군함의 접근을 막기 위해 카리브 해상을 봉쇄하면서 미국과 소련이 핵전쟁을 벌일 기세로 며칠간 대치했다. 이 위기는 소련이 쿠바에 미사일을 설치하지 않는 대신에 미국도 쿠바를 다시 침공하지 않겠다고 약속하면서 일단 해소되었다. 이 일은 훗날 '쿠바 미사일 위기'로 불린다. 그 위기를 거치고 미국은 1966년에는 쿠바에 대한 전면적인 금수조치를 취해 경제 봉쇄를 개시했다.

쿠바는 심각한 안보 위기 속에서도 급진적 개혁을 추진해갔다. 혁명정부의 목표는 명확했다. 정치적으로 독립국가, 경제적으로 자립국가, 국민 모두가 평등한 나라를 만들겠다고 선언했다.

혁명 직후인 1959년 5월 쿠바는 가장 시급한 개혁인 토지개혁에 착수했다. 1000에이커(약 4km²) 이상의 농장 토지를 유상으로 수용하여 자영농이나 협동조합에 분배하는 방식으로 대토지 소유제를 해체하려고 했다. 외국인이 쿠바 토지를 소유하는 것도 금지했다. 쿠바에서 대농장과 제당소를 소유한 미국인들이 반발한 것은 물론이다. 나아가 쿠바 정부는 미국인 소유 기업들(정유·전력·전화 등)도 국유화했다.

또한 혁명정부는 농촌의 빈민들의 삶을 개선하는 데 노력을 기울였다. 문맹·질병·영양실조·판자촌 등의 현실을 바꾸기 시작했다. 문맹퇴치운동이 효과를 거두어 사실상 쿠바에서 문맹이 사라지자 교육제도의 질적 수준을 높이는 데 몰두했다. 그 결과 한때 라틴아메리카 가장 수준 높은 교육제도를 갖추는 데 성공했다. 무상의료제도의 발전도 눈부셨다. 빈곤 가정의 질병을 치료하는 것에서 시작한 이 제도는 곧 쿠바 국민 전체를 대상으로 하는 보편적인 제도로 발전했고, 훗날 세계적인 의료복지제도로 자리 잡아 쿠바혁명의 성취로 남았다. 당장 굶주리는 국민들을 위해 실시한 배급제도도 모든 국민들에게 기초적인 먹거리를 제공해 기아를 없앴고, 정부가 건설한 대규모 공공주택은 다수 국민의 주거환경을 획기적으로 개선시켰다. 혁명 이후 쿠바는 라틴아메리카에서 의료와 교육 수준이 가장 높은 나라가 되었고, 세계에서 가장 불평등한 대륙에 있는 평등한 나라로 이름이 높았다.

미국은 카리브해 섬나라에서 벌어진 쿠바혁명이 라틴아메리카 대륙 본토에 상륙하지 않을까 두려워했다. 그 공포 때문에 미국의 대對라틴아메리카 정책이 초강경 모드로 선회했다. 민주정부냐 독재정권이냐는 하등 중요하지 않았고, 오직 반공이냐 아니냐가 중요했다. 민주선거로 선출되었다 하더라도 미국에 굽신거리지 않는 정부는 좌파건 중도파건 가리지 않고 전복시켰다.

억압이 거세지면 저항도 거세지는 법. 라틴아메리카 전역에 반공극우정권이 우후죽순 들어서자 이에 맞서 싸우는 게릴라 조직들도 속속 출현했다. 이들 좌파 게릴라의 모델은 당연히 쿠바혁명이었다. 그들도 쿠바 게릴라처럼 군사독재를 무너뜨리고 사회주의 혁명을 이루겠노라 다짐했다. 혁명 쿠바는 냉전기 내내 미국에게는 지속적인 골칫거리였으며, 게릴라들에게는 거대한 골리앗 미국에 맞서 싸우는 용감한 다윗이었다.

하지만 시간이 흘러 냉전의 승자가 미국이라는 것이 확실해졌다. 세계 차원의 체제 경쟁은 물론이고 라틴아메리카의 냉전에서도 미국이 승리했다. 니카라과혁명을 제외하고 게릴라의 혁명 시도는 모두 실패로 막을 내렸다. 순식간에 쿠바는 아메리카 대륙에서 외톨이가 되었다.

1980년대 라틴아메리카 민주화 시기를 거치면서 쿠바의 고독은 더욱 깊어졌다. 민주화 직후 대다수 나라에 들어선 중도우파정부는 좌파인 쿠바를 외면했다. 뿐만 아니라 민주화 이후 야당으로 변신한 좌파들도 더 이상 쿠바를 대안으로 여기지 않았다. 피델 카스트로는 이 시기를 이렇게 회상했다. "미국의 144*km* 앞에 있는 우리는 서양에서 완전히 외톨이가 되었다."

맹물로 계란후라이를, 바나나 껍질로 고기를

냉전의 붕괴는 외톨이 쿠바에게 고독만 안겨준 것이 아니었다. 그것보다 더한 고통은 배고픔이었다. 소련과 동유럽의 공산주의체제가 무너지면서 쿠바는 그야말로 직격탄을 맞았다. 쿠바는 혁명 이후에도 사탕수수와 담배를 수출하는 국가였다. 혁명 이전에는 주로 미국에서 오던 수입품이 혁명 이후에는 소련과 동유럽에서 왔다. 식량과 의약품은 물론이고, 생필품과 석유는 모두 공산국가들에서 들여왔다. 소련은 사탕수수를 매우 후한 가격으로 사주었고, 석유는 매우 싸게 팔아주었다. 그렇게 쿠바를 배려하던 사회주의 형제국가가 1991년에 갑자기 사라진 것이다.

쿠바정부는 1992년에 '특별시기período especial'를 선포했다. 피델 카스트로는 소련 몰락 직후의 시기를 가리켜 "혁명 이래 가장 힘든 시기가 아니라 쿠바 역사상 가장 힘든 시기"라고 토로했다. 그의 발언은 전혀 과장이 아니었다. 20세기 라틴아메리카 역사에서 이렇게 힘든 상황에 놓인 나라는 없었다. 대공황기의 라틴아메리카 국가들보다도 1990년대 초반의 쿠바가 더 힘들었다.

쿠바 경제는 성장을 멈추었고, 에너지와 식량 등 모든 물자가 부족했다. 1989년과 1993년 사이에 쿠바 국내총생산은 무려 45%가량 축소되었다. 1989년과 1992년 사이에 석유 수입량은 86%, 식량 수입량은 42%나 줄었다.

버스는 휘발유가 부족하거나, 동유럽에서 수입하던 부품이 없어 무용지물이 되었다. 트랙터는 소가 끌었고, 말이 끄는 달구지가 다시 등장했고, 사람들은 자동차 대신 자전거를 타야 했다. 에너지 위기에 투자마저 줄어들어 공장들은 문을 닫았다. 정전은 하루 12시간씩 계속되었다.

이제 하루에 두 끼를 먹는 것이 사치스러운 일이 되었다. 소고기·닭고기·생선은 식사메뉴에서 사라졌다. 사람들은 식용유 대신 맹물로 계란후라이를 하는 법, 자몽과 오렌지 그리고 바나나 껍질을 이용해 고기 맛을 내는 법을 개발했다. 영양부족으로 각기병, 시신경염 등을 앓는 사람들이 생겨났다. 그나마 식량배급제도로 대규모 기아와 영양결핍 사태를 겨우 막았다. 당시 쿠바 정부는 최악의 경우를 대비해 '옵션 제로'라는 대책까지 준비해두었다. 실제로 실행되지는 않았지만 군대가 직접 동네마다 돌면서 먹을 것을 배급한다는 계획이었다. 사람들이 배고픔으로 갑자기 쓰러지는 사태를 막기 위한 것이었다.

살아서도 고달팠지만 죽어서도 편히 안식할 수 없었다. 당시 쿠바인들은 장례식도 제대로 치르지 못했다. 가톨릭식으로 장례를 치르려면 나무로 관을 만들고 매장해야 하는데, 목재조차 구하기 힘들었기 때문이다.

쿠바 화폐인 페소화의 가치는 폭락했고, 물가는 치솟았다. 당시 공식 통계자료를 보더라도 1992년 쿠바 인구 약 65%가 월 소득이 2달러

미만에 불과했다. 당시 환율은 곤두박질쳐서 1달러에 150페소였다. 쌀 1파운드(453*g*), 아보카도 1개가 140페소에 달하던 시절이었으니 한 달 치 월급으로 아보카도 2개를 사면 끝이었다.

원하는 사람은 떠나도 좋다

그 시절 쿠바혁명의 적대자들은 물론이고 우호적으로 지켜보던 사 람들도 쿠바가 몰락할 확률이 높다고 생각했다. 모두가 쿠바가 소련과 동유럽의 길을 가게 될 가능성이 크다고 봤다. 쿠바 내부에서도 그런 조짐이 보이는 것 같았다.

1994년 8월 5일, 수도 아바나에서 혁명 이후 최초의 대중 소요가 발 생했다. 그날 아침 아바나 사람들 사이에는 두 가지 소문이 삽시간에 퍼져나갔다. 하나는 일단의 사람들이 연안 여객선을 납치해 플로리다 로 출발했다는 것이다. 다른 하나는 미국에서 배들이 도착해서 떠나고 싶어 하는 사람들을 실어갈 것이라는 소문이었다. 플로리다 주 마이애 미에서 송출하는 반공매체인 '라디오 마르티'에서 직접 언급했다고도 했다.

쿠바에서 바닷길로 144*km* 떨어진 플로리다에는 망명 쿠바인들의 공동체가 있었다. 쿠바인들은 그곳에 가면 먹고살 수 있고, 성공의 기 회를 얻을 수도 있다고 생각했다. 그래서 당시 적지 않은 이들이 배를 훔쳐서라도 쿠바를 떠나고 싶어 했다.

'비상시기'에 힘겨운 삶에서 벗어나고 싶은 사람들을 술렁이게 하는 소문이었다. 소문을 들은 사람들은 아바나 방파제로 몰려들었다. 그러 나 정오가 지나도 기다리던 배들이 오지 않자 사람들의 기대감은 절 망감으로 바뀌었다. 군중이 모여든 것에 위기감을 느낀 경찰이 해산을 시도하자 절망감은 이내 분노로 바뀌었다. 경찰들을 피해 달아나던 아바나 사람들이 방파제 앞 대로로 흩어지더니 사이사이 골목으로 스며들었다. 골목에서 무리를 이룬 사람들이 다시 방파제 쪽으로 나아갔다. 누군가가 "물러가라que se vaya!" "피델 꺼져라Abajo Fidel!"를 외쳤다. 플로리다로 탈출하려던 사람들이 시위대로 변한 것이다.

분노한 시민들이 돌과 막대기를 들었다. 경찰차 유리창이 돌에 맞아 깨졌고, 호텔과 상점의 쇼윈도가 박살났다. 약탈이 벌어지고, 쓰레기통이 뒤집혔다. 소요는 순식간에 아바나의 서민 지역으로 퍼져갔다. 열대의 나라 쿠바의 8월 열기에 대중시위의 열기마저 더해졌다. 마치 화약고에 불똥이 튄 것과 같은 긴장감이 느껴졌다.

불과 한 달 전인 7월 13일에는 예인선이 침몰해 30여 명이 숨지는 참사가 있었다. 아바나를 떠나려던 사람들이 예인선을 납치해 플로리다로 가다가 이를 쫓아온 다른 예인선들의 공격을 받아 쿠바 연안 11km 지점에서 침몰한 것이다. 정부는 불법행위를 막는 과정에 발생한 불행한 사고라고 말했지만, 사람들은 배도 고픈데 떠나려는 사람마저 죽인다고 생각했다.

대중소요는 오후에 진정되었다. 놀랍게도 직접 피델 카스트로가 소요 현장에 나타났다. 그는 지프차를 타고 몇 명의 경호원만 데리고 직접 찾아왔다. 그리고는 현장에 있는 기자들에게 "원하는 사람은 떠나도 좋다"고 말했다. 쿠바 해안경비대가 떠나는 이들을 잡지 않겠다는 것이었다. 소요는 순식간에 가라앉았다. 그날 경찰은 수백 명을 체포했다. 다행히 총격도 사망자도 없었다. 부상자들이 제법 되었지만, 모두 가벼운 타박상에 그쳤다.

이날 시위는 혁명 이후에 최초로 쿠바에서 벌어진 대중 소요였다. 쿠바 정부도 이 소요를 댐의 균열로 인식했다. 이 틈이 더욱 커지면 체

1994년 쿠바의 경제난이 극심해지자 쿠바인들은 얼기설기 만든 어설픈 뗏목에 몸을 맡기고 미국 땅 플로리다를 향해 떠났다. 후에 피델 카스트로는 이 쿠바 탈출 러시가 평생의 가장 큰 충격이었다고 당시의 심경을 밝혔다.

제가 무너질지도 모를 일이었다.

소요 사태가 일어나고 6일이 흐른 8월 11일, 피델 카스트로는 쿠바를 떠나려는 사람들을 막지 않겠다고 공식적으로 발표했다. 정부가 국경을 개방하겠다는 선언이었다.

그렇다고 정부가 플로리다까지 갈 수 있는 이동수단까지 줄 수는 없는 노릇이었다. 그래서 사정이 좋은 사람들은 그나마 엔진이 달린 배를 타고 승선인원을 초과한 채로 달렸지만, 대부분의 사람들은 직접 뗏목을 만들어 띄웠다. 물에 뜨는 것이라면 모두 이용해 얼기설기 만든 원시적인 뗏목이었다. 고무 혹은 드럼통으로 뗏목 바닥을 만들고, 나무와 철로 난간을 만들고, 이불 천과 나무로 돛을 달았다. 그리고 친구들 혹은 가족들 예닐곱 명, 열댓 명 등이 한 조가 되어 노를 저어갔다. 훗날 사람들은 이 이민 물결을 '뗏목 이주 위기'라고 불렀다. 모두가 무사히 플로리다 해안에 도착하지는 못했다. 어떤 사람들은 도중에 익사했다. 그런데도 수천 명의 사람들이 쿠바를 떠났다.

결국 미국은 1994년 9월 9일 이 대규모 이민 물결을 제지하기 위해 쿠바와 이민협정을 체결했다. 미국은 매년 2만 명의 쿠바인들에게 정식 비자를 발급하기로 약속했다. 또한 1966년 미국 의회가 채택한 기존 쿠바이민법The Cuban Adjustment act을 개정했다. 그전까지 이 법은 쿠바 이민자들에게 자동적으로 '정치난민'의 지위를 부여하고 망명할 수 있는 권리를 주었으며, 미국 체류 1년 뒤에는 영주권을 주었다. 반면 새 이민법은 "젖은 발, 마른 발Wet feet, dry feet" 원칙을 내세웠다. 즉 쿠바 이민자가 플로리다 해안에 도착하면(마른 발) 정식이민자로 간주하여 영주권을 주지만, 양국의 공해상에서 발견되면(젖은 발)은 쿠바로 돌려보낸다는 것이었다. '젖은 발' 원칙 때문에 대규모 이민 위기는 일단 진정되었다.

시장경제화를 막은 미국

쿠바 정부도 위기 극복에 나섰다. 당시 쿠바가 참고할 만한 몇 가지 길이 있었다. 우선 고르바초프가 펼친 개혁개방정책을 따르는 길이 있었다. 하지만 피델 카스트로는 고르바초프의 몰락과 소련의 급격한 붕괴가 너무 빠르고 과도한 개혁에서 비롯된 것이라고 결론지었다. 다른 하나는 기존 정치체제를 유지하면서 시장경제를 도입하는 중국의 길이었다. 쿠바는 그 길을 가기로 했다. 100% 외국인 소유 기업도 허용하고, 해외자본과의 합작기업 설립도 허용했다. 스페인이 호텔 사업에 투자했고, 멕시코가 전화 사업에 투자하는 등 유럽과 아메리카 국가들이 적극 관심을 보였다. 하지만 쿠바에서 시장경제가 자라는 것을 가로막은 것은 오히려 미국이었다.

미국은 1966년부터 쿠바와 완전히 무역을 중단하고 쿠바를 경제적으로 봉쇄해왔다. 그런데 탈냉전기인 1990년대에 들어서서도 봉쇄 조치를 더 강화했다. 미국은 1992년에는 제3세계 국가에 있는 미국 기업의 자회사들조차 쿠바와 무역을 하지 못하게 하더니, 1996년에는 쿠바 혁명정부가 국유화한 미국인 재산에서 이득을 얻는 외국기업을 고소할 수 있게 만들어버렸다. 게다가 이 미국인의 범위에 혁명 이후 망명한 쿠바인들까지 포함시켰다. 1959년 이후 혁명체제 자체를 부정한 것은 물론이고 외국과의 무역을 방해하고, 외국인의 투자를 막아 쿠바를 무너뜨리려는 속셈이었다.

미국이 탈냉전의 분위기 속에서도 유독 쿠바에 대해 이토록 초강경 조치를 취한 것은 쿠바붕괴론에 기인했다. 쿠바 경제를 더욱 압박하면, 쿠바 내부에서 불만이 터져 나와 대중봉기로 이어질 것이고, 그것이 카스트로 체제를 몰락시킬 것이라는 계산이었다. 하지만 그런 일은 벌어지지 않았다.

미국의 압박에도 쿠바는 느릿느릿 중국의 길을 따라 갔다. 국영농장을 개혁해 협동조합이 농업을 주도하게 만들었고, 생산량의 일부를 시장에 팔 수 있도록 인센티브를 도입해서 농업 생산성도 높였다. 자영업도 허용하여 세수도 늘렸다. 관광업에 투자를 크게 늘리자 관광객이 몰려왔다. 관광업이 쿠바의 최대 외화수입원으로 자리 잡았다.

의료서비스도 주요 수출품목이 되었다. 베네수엘라의 우고 차베스 정부가 무상의료서비스를 제공하기 위해 쿠바 의료인력 3만 여 명을 수입했다. 또한 미국에 거주하는 망명 쿠바인들의 달러 송금을 늘리기 위해 쿠바 정부는 국민들이 달러를 보유할 수 있게 했다. 그 조치 덕분에 달러 유입이 크게 증가해 정부의 외환보유고도 늘어났다. 쿠바 연안에서 원유가 발견되고, 베네수엘라가 저렴하게 석유를 제공하면서 에너지 위기도 서서히 누그러졌다.

최악의 상황에서도 쿠바는 혁명의 성과를 지키려고 노력했다. 사회복지투자비율을 보면 1980년대 GDP 대비 17%에서 1993년 24%로 오히려 늘어났다. 쿠바가 지키기 위한 노력한 교육수준과 의료수준 등 사회주의적 인프라는 해외투자자들에게 유리한 투자 유인으로 작용했다. 해외투자기업은 교육비와 의료비, 노사관계 비용을 지불할 필요가 없었기 때문이다.

정치체제도 개선했다. 무엇보다 입법부(인민권력의회)를 강화했다. 쿠바 국민들은 혁명 이후 처음으로 인민의원들을 직접 비밀투표로 선출했다. 직접 투표 덕분에 의원들의 평균 연령도 43세로 낮아져 세대교체도 이뤄졌다.

지도자의 교체도 이뤄졌다. 피델 카스트로는 1959년부터 2008년까지 쿠바의 최고지도자인 국가평의회 의장이었다. 2006년 80세 생일을 앞둔 시점에는 위장출혈로 긴급 수술을 받으면서 한때 사망설까지 퍼졌다. 그때 피델 카스트로는 자신의 동생이자 혁명동지인 라울 카스트로에게 권력을 이양한다고 발표했다. 라울은 형 피델처럼 카리스마를 갖춘 지도자는 아니었지만, 더 신중하고 실용적이었다. 라울은 1959년 혁명 직후부터 2008년까지 쿠바 군대를 직접 통솔해왔기 때문에 권력교체 과정에서 동요는 전혀 없었다.

하지만 반정부인사에 대한 탄압은 계속되었다. 2016년 기준으로 쿠바 정치범은 100명에서 1000명까지 추정된다. 2003년에는 정부가 75명의 반정부인사들을 투옥해 국제적인 논란을 불러일으켰다. 그때는 쿠바혁명에 우호적이던 지식인들조차 비판에 나섰다. 노벨문학상을 수상한 포르투칼의 작가 주제 사라마구는 "'반대하기'는 양심의 거역할 수 없는 행위"라며 사상의 자유를 옹호했고, "쿠바는 자기 길을 계속 가겠지만 나는 여기에서 멈추겠다"고 혁명 쿠바와 결별을 예고

했다.

국제적으로 반대 여론이 일었지만 쿠바 정부의 입장은 단호했다. 피델 카스트로는 온건파 반정부인사 오스왈도 파야Oswaldo Payá가 제출한 정치개혁안에 대해서도 "미국의 최신 발명품"이라고 일축했다. 파야는 유럽의회가 주는 인권상인 사하로프상을 수상한 인물로 쿠바 정권을 전복하려는 강경파 반정부세력과는 선을 긋고 민주적 이행을 제시해 국제적인 주목을 받았다. 파야가 제시한 개혁안의 핵심 내용은 국민투표를 통해 민주선거제 도입 여부를 결정하자는 것이었다.

어쨌든 쿠바는 느리지만 꾸준한 개혁으로 서서히 위기에서 빠져나왔다. 최악의 시기였던 1993년에는 국내총생산이 무려 −15%까지 추락했지만 2005년과 2007년 사이에는 짧은 호황기도 맛보았다. 2008년에는 교육과 의료, 국민소득을 종합하는 인간개발지수에서 180개국 중 51위, 라틴아메리카에서는 아르헨티나·칠레·우루과이·코스타리카 다음으로 5위를 기록하며 혁명의 성취를 지키는 데도 성공했다.

신임 국가평의회 의장 라울 카스트로는 2009년 1월 1일 쿠바 동부 산티아고 시에서 열린 혁명 50주년 기념식에서 쿠바 인민의 피와 땀으로 온갖 어려움을 이겨냈다고 말했다. 1994년 최초의 대중소요가 벌어졌을 때만 해도 곧 몰락할 것만 같던 쿠바 혁명체제가 다시 살아난 것이다.

'쿠바 망해라'던 미국의 실패

쿠바의 재기는 곧 미국이 그간 쿠바를 상대로 벌인 모든 전략이 실패했다는 것을 의미했다. 1959년 혁명 이래 미국은 무력 침공, 지도자 암살, 경제 봉쇄, 정치적 고립, 반정부세력 지원 등 모든 수단을 다 동원했다. 미국이 쿠바 몰락에 얼마나 집착해왔는지를 풍자하는 만평까지 있을 정도다. 만평 속에는 미국 대통령 10명 모두가 "쿠바 망해라! 망해라!"라고 기도를 하고 있다. 하지만 끝내 쿠바는 망하지 않았다.

미국이 벌인 일 가운데 가장 어처구니없는 일은 피델 카스트로에 대한 암살 시도였다. 무려 638번의 암살 시도가 있었는데, 비밀해제된 미국 정부 문서에 몇몇 구체적인 사례가 기록돼 있다. 미 중앙정보국 소속 어느 요원은 피델을 독살하려다 실패했다. 이 요원은 피델이 자주 들러 밀크쉐이크를 마시는 '아바나리브레' 커피숍에서 청산가리 캡슐을 이용해 죽이려고 했다. 다른 요원은 카스트로가 방송을 준비하던 스튜디오에 화학물질*을 주입해서 살해하려고 시도하다가 실패했다. 또 어떤 요원은 시가에 독을 묻혀 놓기도 했다. 이 모든 음모에도 살아남은 피델은 "만약 암살 시도에서 살아남기가 올림픽 종목이라면 나는 금메달감"이라고 농담하기도 했다.

냉전시기 스파이 영화의 기상천외한 시나리오 같은 미국의 행태보다 더 심각한 것은 미국이 쿠바혁명을 전혀 이해하지 못했다는 사실이다. 미국은 혁명의 최고 지도자를 제거하면 혁명정부가 무너진다는 믿음 아래 저런 일들을 벌였다. 쿠바혁명의 원인이 무엇인지 전혀 파악하지 못한 셈이다.

미국이 공들여 추진한 전략 가운데 가장 실현 가능성이 높아 보인 것은 반정부세력을 양성하는 것이었다. 하지만 그것마저 실패한 이유는 무엇일까? 먼저 미국의 강경조치가 불러온 역효과를 지적할 수 있다. 부시정부(2001~2009년)가 '자유쿠바지원위원회CAFC'라는 이름으로 일종의 예비정부를 세우고, 쿠바로 향하는 여행과 송금을 제한한

---

* 정신분열을 일으키는 환각제로서 LSD와 유사한 물질이었다.

적이 있다. 당시 그 강경 조치에 반대하고 나선 것은 쿠바 정부만이 아니었다. 쿠바 내부에 있던 반정부인사들도 그런 조치가 쿠바 국민들 사이에서 미국에 대한 반감만 키우고, 쿠바 정부의 입장을 더욱 강화시켜준다고 반발했다. 미국의 강경조치가 오히려 쿠바 내부의 반정부 세력이 국민들과 가까워지는 것을 가로막은 것이다.

또한 혁명정부를 괴롭히려는 목적으로 만든 미국의 이민법이 의도와 달리 반정부세력이 만들어지는 것을 방해했다. 미국은 쿠바를 떠나겠다는 사람들이 늘어날수록 체제의 정당성이 무너질 것이라는 판단에서 쿠바 이민자들 모두에게 망명자 자격과 영주권을 제공했다. 피델 카스트로는 이 법이 불법이민을 부추긴다고 강도 높게 비판해왔다. 그는 쿠바 이민자에게 주는 특권을 라틴아메리카 국적자 모두에게 적용하면 "미국 인구의 반이 라틴아메리카 사람이 될 것"이라고 비꼬기도 했다. 또한 쿠바 이민자가 늘어나는 것은 체제 자체의 문제로 다루면서, 멕시코나 다른 라틴아메리카 이민자가 늘어나면 왜 체제의 문제로 다루지 않느냐고 반문하기도 했다. 카스트로가 보기에 쿠바 이민자 문제는 혁명체제 자체의 문제가 아니라 제1세계 미국과 제3세계 국가들 간의 문제인 것이다.

하지만 피델 카스트로가 언급하지 않은 중요한 사실이 하나 있다. 사실 쿠바 정부는 미국의 이민법을 역으로 활용해 종종 체제 불만 세력을 미국으로 대거 송출해버리곤 했다. 압력솥에서 수증기가 배출되듯, 쿠바 내부에 누적된 불만세력이 대규모로 쿠바를 빠져나갔다. 혁명초기(1959~1962년) 27만 명, 미사일 위기 이후 1965년엔 30만 명, 1980년에 12만5000명, 그리고 1994년에 3만 명 이상이 미국으로 갔다. 미국은 이 같은 이민 물결을 "쿠바 탈출"이라고 대대적으로 홍보했다. 하지만 이는 쿠바 입장에선 체제 불만세력의 제거를 의미했다. 이 때문에 쿠바 내부의 반정부세력은 계속 소수로 남았고, 반쿠바 구호는 플로리다 해협 건너편 미국에서만 더욱 거세졌다.

게다가 쿠바 문제에 대해서 국제사회는 오히려 미국을 비판하기 시작했다. 쿠바를 정치적으로 고립시키고 경제적으로 봉쇄하는 일은 갈수록 국제적으로 비난을 받았다. 냉전 이후 전세계는 미국이 쿠바를 상대로 벌이는 금수조치를 거의 만장일치로 반대해왔다. 2008년 10월 유엔총회에서도 쿠바에 대한 금수조치 반대 결의안에서 미국 편을 든 나라는 이스라엘과 태평양 도서국가 팔라우 두 나라뿐이었다. 게다가 2000년대 라틴아메리카 주요 10개국에 좌파정부가 들어서는 '좌회전' 시기(1999~2015년)에는 쿠바가 라틴아메리카 국제무대에 초대되는 반면, 오히려 미국이 배제되는 수모를 겪기도 했다.

미국 내부에서도 비판이 고개를 들었다. 미국 재계는 무역과 투자의 기회가 다른 나라로 넘어가고 있다며 우려를 표시했다. 플로리다 주 마이애미에 있는 쿠바계 이민공동체의 기류도 변했다. 혁명에 반대하여 망명을 택한 보수적인 구세대와 달리 1980년 이후에 이민을 택한 새로운 세대는 쿠바와 미국의 화해를 원했다. 이래저래 미국이 1959년 혁명 이후 유지해온 정책을 계속 지탱하는 것이 어려워졌다. 효과도 없었고, 지지도 줄어들고 있기 때문이다.

오바마, 쿠바에 '하얀 장미'를 건네다

19세기 말엽 쿠바 독립투사이자 시인 호세 마르티José Martí는 식민모국 스페인제국은 물론이고 쿠바를 호시탐탐 노리던 미국과도 싸워야 한다고 생각했다. 5년간의 미국 망명 시절 뒤에 "괴물 속에서 살아보았기 때문에 그 내장을 잘 안다"면서 미국의 속셈을 경계했다. 마르티는 쿠바가 스페인과 미국 모두에게서 독립하기를 진심으로 갈망했고, 쿠바가 진정한 독립국가가 되기를 염원했다. 그 염원을 담아 시 한 편을 남겼는데, 오늘날 쿠바 국민들 모두가 부르는 노래가 되었다.

하얀 장미를 기르네.
7월에 마치 1월처럼
내게 손을 내미는
신실한 친구를 위해

내게서 심장을 빼앗는
비정한 이를 위해서도
엉겅퀴도 쐐기풀도 아니고
하얀 장미를 기르네.

마르티는 손을 내미는 친구에게도, 심장을 빼앗는 사람에게도 하얀 장미를 선사하겠다고 노래했다. 친구에게는 우정의 선물로, 적에게는 평화의 선물로 하얀 장미를 선사하겠다는 뜻이다. 쿠바가 내민 흰 장미를 미국은 쿠바혁명 이후 57년 내내 거절해왔다. 그러던 미국이 쿠바가 보낸 평화의 선물에 화답하는 날이 찾아왔다.

2016년 3월 20일 오후 4시 19분, 부슬비가 내리던 쿠바 수도 아바나의 호세 마르티 국제공항에 미 대통령 전용기 에어포스원이 도착했다. 비행기에서 내린 사람은 오바마 미 대통령이었다. 부인과 두 딸, 장모도 함께였다. 1959년 혁명 이래 쿠바를 처음으로 방문한 미국 대통령이었다. 그날 오후 늦게 오바마 가족은, 비가 내리는 아바나 구 시가지를 거닐었다. 스페인 식민지 시대에 지어진 건물이 가득한 그곳에서 오바마 일행은 땅에 고인 비 웅덩이를 요리조리 피해가며 시내를 산책했다. 오바마 가족을 보기 위해 아바나 시민들이 연신 창밖으로 고개를 내밀었다.

2014년 11월 27일, 쿠바 지도자 라울 카스트로와 미국 오바마 대통령은 양국이 외교관계를 재개한다고 동시에 발표했다. 그때부터 오바마 대통령의 쿠바 방문 일까지 만 2년도 채 안 되는 기간 동안 참으로 많은 일이 벌어졌다. 양국 대사관이 각각 아바나와 워싱턴에서 문을 열었고, 아바나에 성조기가 워싱턴에 쿠바기가 각각 게양되었다. 양국 사이에 화물을 실은 상선이 오가더니 곧 승객을 실은 크루즈 여객선이 오갔다. 양국 사이에 처음으로 우편이 오가더니, 곧 플로리다발 민간항공기가 쿠바에 도착했다. 미 연방의회 하원의원들이 방문하고, 미 국무장관도 찾아오더니 마침내 오바마 대통령까지 아바나를 방문했다. 미국 대통령이 할 수 있는 조치는 모두 취한 것이다. 쿠바도 이런 미국의 노력에 답하는 의미에서 정치범을 석방시켰다.•

방문 이틀째 날 오바마는 텔레비전으로 전국에 생중계되는 연설을 하려고 아바나의 유서 깊은 대극장 무대에 올랐다. 오바마는 사이좋게 서 있는 쿠바기와 성조기를 배경으로 연설을 시작했다.

"하얀 장미를 기르네."

오바마가 호세 마르티의 시구를 서툰 스페인어로 직접 발음하자 대극장을 가득 채운 청중들이 박수를 보냈다.

"호세 마르티는 이 유명한 시에서 우정과 평화의 인사말을 친구에게만 건넨 것이 아닙니다. 적에게도 건넸습니다. 오늘 미국 대통령인

• 　남은 것은 미 연방의회가 대통령이 요구한 금수조치 철폐라는 결단을 내리는 것이었다. 하지만 2016년 대선을 앞둔 연방의회는 결정을 미루었다.

오바마 "쿠바 잘 지냈어요?"… 3시간 만에 88년 단절의 땅 밟다

오바마의 전향적인 쿠바 정책으로 미국과 쿠바 사이의 관계는 비약적으로 발전할 수 있었다. 쿠바인들은 오바마에 대한 열렬한 환영으로 이에 화답했다.(한국일보, 2016년 3월 22일)

저는 쿠바 국민에게 평화의 인사를 건넵니다."

57년 만에 미국이 적국 쿠바에게 하얀 장미를 건네는 순간이었다. 청중들의 박수 소리가 더욱 커졌고, 몇몇은 '브라보!'를 외쳤다. 쿠바 사람들의 애송시로 운을 뗀 오바마는 "냉전의 마지막 흔적을 파묻기 위해 여기에 왔다"고 방문목적을 밝혔다. 또 "미국이 그간 해온 일은 더 이상 아무런 효과가 없다. 냉전시기에 만들어진 고립정책은 21세기에는 무용지물이고, 경제봉쇄정책은 쿠바인들을 돕기는커녕 피해만 입혔다"고 시인했다. 그는 연설 내내 미국과 쿠바는 서로 다르지만 서로 인정하며 협력하면서 서로 변해가야 한다고 역설한다. 그리고 스페인어로 "쿠바의 미래는 쿠바 국민의 손에 있어야 한다"고 말하기도 했다. 이는 미국이 쿠바 문제에 개입하지 않겠다는 다짐이면서 동시에 쿠바의 민주화를 호소하는 것이었다.

57년이 흐르고 나서야 미국은 그간의 적대정책이 완전히 실패했다는 것을 자인했다. 그리고 직접 대통령이 방문해서 쿠바 혁명체제를 존중한다는 것을 보여주었다. 쿠바 지도자들은 박수를 보냈고, 쿠바 국민들은 오바마에 열광하는 '오바마니아' 현상으로 화답했다.

오늘날 쿠바는 서양에서 유일하게 살아남은 혁명체제다. 소련과 동유럽을 비롯해 서양의 모든 공산주의국가들은 몰락했다. 그러나 쿠바는 살아남았다. 우리가 놀라는 것은 쿠바가 단순히 살아남았다는 점때문이 아니다. 우리가 쿠바에 주목하는 것은 혁명의 성취를 지키면서 재기에 성공했기 때문이다.

쿠바혁명 당시 체 게바라의 부관으로 아바나에 함께 입성한 호르헤 파라Jorge Parra는 2003년 인터뷰에서 혁명 이후의 쿠바에 대해 이렇게 말했다.

쿠바는 천국도 지옥도 아니다. 우리가 꿈꾸던 나라를 만들지는 못했다. 하지만 주어진 조건에서 최선을 다했고, 우리가 실제 만들 수 있었던 나라를 만들었다.

솔직한 고백이었다. 그는 미국이 1972년 닉슨이 중국을 방문하고 2000년 클린턴이 베트남을 방문했듯이 쿠바를 대했다면 상황이 훨씬 달라졌을 것이라고도 덧붙였다.

만약 미국의 적대정책이 사라진다면 쿠바 지도자들은 더 이상 미국 탓으로만 돌릴 수 없는 많은 문제들과 직접 대면해야 할 것이다. 시장 경제 도입 이후에 갈수록 커지고 있는 소득격차도 그중 하나다. 냉전 적 정치체제를 개혁하는 것도 중요한 과제다. 이 문제에 대한 해결책을 미국이나 유럽이 가져다줄 수 없는 것은 명확하다.

쿠바혁명은 '소련의 붉은 군대'가 만들어낸 것이 아니라 사탕수수농장 노동자들의 거대한 분노에서 탄생했다. 그것이 없었다면 혁명은 극소수 몽상가들의 객쩍은 무용담에 그쳤을 것이다. 이제 쿠바 사람들은 자신의 손으로 직접 혁명체제를 손보는 일에 나서고 있다. 지도자건, 거리의 평범한 시민이건, 현재의 체제가 결함이 있다는 것을 모두 안다. 그래서 혁명의 성취는 성취대로 더욱 발전시키면서도 결함은 결함대로 고칠 수 있는 길을 찾고 있다. 이를 위해 시장경제도 받아들였고, 라울 카스트로는 2018년에 다음 세대 지도자에게 권력을 이양하겠다는 발표도 했다.

혁명 이전의 구형 자동차들에서 최신형 자동차들까지 마구 섞여 굴러다니는 아바나 거리, 옛것과 새것 사이에서 쿠바 사람들이 해법을 찾고 있다. 혁명은 일단 시작하면 결코 끝나지 않는다.

제10장

국제관계는
늘 움직인다

더 이상 미국의 뒷마당이 아니다

많은 사람들은 아직도 라틴아메리카를 '미국의 뒷마당'이나
'미국의 실험실'이라고 생각한다.
그러나 그것은 20세기의 상식이다.
21세기에 들어서면서 그 상식이 깨졌다.
미국의 관심이 온통 중앙아시아와 아랍으로 향한 사이에
라틴아메리카 국가들은 서로 힘을 모아 다양한 실험을 시도했다.
그것은 반란과 혁명이 아니었다. 그것은 민주주의로 벌인 일이었다.
미국이 가장 두려워해야 할 일은
오히려 라틴아메리카에 민주주의가 더욱 튼튼해지는 것이다.

미국과 국경을 마주하고 있는 멕시코 사람들은 이런 말을 자주 한다.

"불쌍한 멕시코, 하느님과는 너무도 멀고, 미국과는 너무도 가깝다."

이것은 그나마 고상한 한탄에 속한다. '이웃집 개가 병이 들어도 미국 탓'이란 말이 있을 정도다. 멕시코뿐만 아니다. 라틴아메리카 사람들은 일이 잘 풀리지 않을 때마다 미국을 자연스럽게 끌어들인다. 라틴아메리카에서는 미국 백인을 '그링고gringo'라고 부른다. 원래 이 단어는 그리스 사람을 뜻하는 '그리에고griego'에서 나온 말이지만, 라틴아메리카 사람들은 미 해병대의 녹색제복(Green!)은 꺼져라(go!)라는 말에서 비롯되었다고 믿는다. 발음마저 절묘하게 비슷하지 않은가.

이들이 이토록 미국에 반감을 드러내는 데는 역사적인 이유가 있다. 미국은 지난 200년간 늘 라틴아메리카의 나쁜 이웃이었다. 건국 후 미국이 라틴아메리카에서 가장 먼저 한 일은 멕시코의 땅을 뺏는 것이었다. 그다음에는 유럽 열강들이 나눠 가지고 있던 카리브해를 '미국의 호수'로 만들었다. 냉전시대에는 아예 라틴아메리카 전체를 '미국의 뒷마당'으로 바꿔놓았고, 탈냉전시대에는 라틴아메리카를 '신자유주의 실험실'로 만들어버렸다.

미국이 주권을 부당하게 침해할 때마다 라틴아메리카 사람들은 분노와 굴욕감을 느꼈다. 여우 피했더니 호랑이 만난 격이라고 스페인과 포르투갈제국의 압제에서 벗어났더니 미국이라는 새로운 제국이 나타나 괴롭힌 것이다.

미국의 야욕에 라틴아메리카도 다양한 전략으로 대항했다. 독립 초기에는 라틴아메리카연방공화국이라는 원대한 꿈을 그리기도 했다. 냉전시대에는 혁명으로 미국에 맞서기도 했다. 또 미국에 의존하는 경제 체질을 바꾸려고 다양한 시도도 해보았다. 그렇게 여러 가지 시도를 해보았지만 정작 미국의 영향력에서 벗어나지는 못했다. 그래서 전 세계 사람들은 여전히 이곳을 미국의 뒷마당으로 기억한다. 이것이 20세기의 상식이었다.

하지만 21세기에 들어서면서 라틴아메리카 대륙의 분위기가 급격히 달라졌다. 탈냉전의 시대에 유일한 초강대국 미국이 오히려 라틴아메리카에서 고립되고, 외톨이가 되었던 쿠바가 오히려 환대받는 일이 벌어졌다.

어떻게 이런 극적인 전환이 생긴 것일까? 먼저 라틴아메리카가 '미국의 뒷마당'이라는 모욕적인 호칭을 갖게 된 과정부터 살펴보자.

하느님은 너무 멀고, 미국은 너무 가깝고

아메리카 대륙 전체에서 가장 먼저 독립을 이룬 나라는 미국이었다. 미국은 1783년 영국으로부터 독립한 뒤 1787년 연방제에 기초한 공화국을 수립했다. 북아메리카 동부에 위치한 13개주가 치열한 토론 끝에 세운 이 신생 공화국은 명칭부터가 '아메리카 합중국'이었다. 대륙의 명칭을 그대로 가져다 쓴 매우 오만한 국명이었다.

신생 공화국 미국은 건국 초기부터 라틴아메리카에 대한 야욕을 품었다. 소설가 마크 트웨인은 미국이 라틴아메리카를 무대로 "유럽이 하는 게임"을 해왔다고 간파했다. 유럽 열강들이 세계지도를 펴놓고 아시아·아프리카·라틴아메리카를 어떻게 차지할 것인지 궁리하던 이른바 '제국주의 시대'에 미국도 열강의 반열에 오르고자 골몰했다는 지적이다.

실제로 '건국의 아버지' 중 한 명인 토머스 제퍼슨Thomas Jefferson 대통령(1801~1809년 재임)은 1780년대 초에 라틴아메리카 국가들이 독립하면 "거대하고 유익하지만 무기력한 고래"에 불과한 대륙을 "한 조각 한 조각" 흡수할 수 있다며 회심의 미소를 지었다. 존 퀸시 애덤스John Quincy Adams 대통령(1825~1829년 재임)은 "(미국은) 라틴아메리카가 아직 발을 디디지 못한 분야에서 매우 발전해 있다. (라틴아메리카 독립) 전쟁 이후 여러 해 동안 많은 제품을 공급할 수 있다"며 라틴아메리카와의 무역에서 얻을 이익을 헤아렸다.

미국의 의도를 가장 잘 보여주는 것은 1823년 12월 2일 제임스 먼로(1817~1825년 재임) 대통령James Monroe의 선언이다. "아메리카 대륙은 자유롭고 독립적인 조건을 스스로 책임지고 유지해왔다. 따라서 유럽 세력은 앞으로 이 대륙을 식민화 대상으로 간주해서는 안 된다. (…) 우리는 아메리카 대륙에 자신의 제도를 이식하려는 그 어떤 시도도 우리의 평화와 안전을 위협하는 것으로 간주한다"고 천명했다.

아무도 요청한 적이 없는데 미국이 '아메리카 대륙 전체의 경찰'을 자임하고 나선다. 얼핏 보면 이 독트린은 라틴아메리카 신생 독립국들을 방어하는 것처럼 보인다. 하지만 미국의 속내는 빤했다. 유럽 열강에게 아메리카에서 손 떼라고 요구하면서 동시에 신생 독립국들이 유럽 열강과 손잡는 것도 막는다는 계산이었다. 그 다음에는 미국이 치고 들어간다는 속셈이었다. 한마디로 라틴아메리카는 미국의 '나와바리'라는 선언이었다.

이제 필요한 것은 제국의 속셈을 가려줄 명분이었다. 16세기 스페인이 이교도 개종을, 18세기 프랑스가 문명화를, 19세기 영국이 '백인의 의무'를 자임했듯이, 미국도 '민주주의 복음'을 전파한다는 명분을 내걸었다. 미국 지도자들은 민주주의가 미국이라는 특별한 땅에서만 예외적으로 번창하고 있으니 이를 라틴아메리카에 전파할 '명백한 운명Manifest Density'을 부여받았다고 믿었다. 이 관점에 따르면 미국이 라틴아메리카에서 벌이는 영토합병과 군사개입은, 민주주의를 모르는 폭군들로부터 억압당하는 사람들을 해방시키는 과정이었다.

미국은 즉각 행동을 개시했다. 먼저 원래 멕시코 땅이었던 텍사스를 노렸다. 당시 멕시코는 오랜 독립전쟁(1810~1824년)과 그 이후에도 계속된 내란으로 진이 빠진 상태였다. 광업과 농업은 버려졌고, 정치는 혼돈 그 자체였다. 1821년에서 1860년까지 39년 동안 무려 50명이 넘는 대통령이 나타났다 사라졌다.

미국은 이런 혼란을 이용했다. 1836년 멕시코의 텍사스에서 미국계 이민자들이 반란을 일으키자 미국은 여기에 끼어들어 텍사스 공화국 건국을 지원한다. 그 뒤 1945년에 미국은 신생 공화국을 합병해버렸다. 텍사스를 '집나간 아들'로 여기고 언젠가 돌아오리라 믿고 있던 멕시코는 큰 충격에 빠졌다. 그러나 이것은 시작에 불과했다.

1846년에는 아예 멕시코에 전쟁(1846~1848년)을 선포한다. 미군은 멕시코의 수도로 진격해 굴욕적인 협정을 강요하여 뉴멕시코·애리조나·캘리포니아를 헐값에 넘기게 만들었다. 당시 멕시코 영토의 거의 절반에 해당하는 거대한 땅이었다.

미국인들은 이 모든 것을 '서부개척'이라고 부르지만, 멕시코 입장에서는 '북부 강탈'이었다. 멕시코인들의 입에서 "미국과는 너무도 가깝구나"라는 탄식이 절로 나오는 순간이었다. 오늘날 멕시코인들이 이 지역으로 이주해가는 것이 아주 흔한데, 이를 두고 "영토 수복"이라고 농담하는 이유가 이 때문이다.

카리브해의 진주, 쿠바를 차지하라

멕시코 땅을 뺏은 미국 지도자들은 이제 바다로 눈길을 돌렸다. 아메리카 대륙의 지도를 펼쳐 놓고 미국의 남쪽에 펼쳐진 카리브해를 들여다봤다.

카리브해는 1492년 신대륙 발견 이래 '스페인의 호수'였다. 그러던 것이 1588년 스페인 무적함대가 영국에 패한 뒤로는 '유럽의 호수'로 바뀌었다. 스페인 제국이 차지하고 있던 아메리카 대륙과 카리브 섬나라를 차지하기 위해 영국·프랑스·네덜란드 등이 밀어닥쳤다. 이 유럽 열강들이 대륙 본토에 식민지도 세우고, 카리브해 섬들을 점령하기도 했다.

카리브해는 늘 지정학적으로 중요한 곳이었다. 스페인 식민지 시절에 카리브해는 라틴아메리카와 유럽을 잇는 해상무역 선단이 지나가는 길이었다. 스페인이 아메리카 대륙에서 완전히 물러난 이후에는 중앙아메리카운하 때문에 카리브해가 다시 중요해졌다.

그중에서 쿠바는 '카리브해의 진주'라고 불렸다. 최대 크기의 섬인 쿠바를 차지하는 나라가 카리브해를 제패한다고 생각했기 때문이다. 게다가 최고의 담배·사탕수수 산지이기도 했다. 유럽 열강들이 늘 군침을 삼킬 만했다.

이제 쿠바를 미국이 넘보기 시작했다. 미국은 플로리다 반도 남쪽으로 144*km* 떨어진 쿠바 섬을 차지하고 싶어 안달했다. 토머스 제퍼슨은 어찌나 성미가 급했던지 쿠바 남단에 "이곳을 넘지 마시오"라고 국경 표지판부터 세우자고 제안하기도 했다. 스페인 식민지 쿠바를 무력으로 빼앗자는 것이었다.

그 기회는 남북전쟁(1861~1865년) 이후 미국이 근대 산업국가의 면모를 갖춘 뒤에 찾아왔다. 쿠바에서 독립전쟁이 벌어지던 와중이었다. 1898년 아바나항에 정박중이던 미 군함 메인호에서 폭발사고가 일어나 260명 이상의 수병이 사망했다. 사고 원인이 제대로 밝혀지지 않아 당시에도 미국의 자작극이 아니냐는 의혹이 제기되었다.

이 사건을 빌미로 미국은 당시 쿠바를 지배하던 스페인에 배상금 지불을 넘어 아예 쿠바 독립까지 요구했다. 스페인은 배상금은 지불하겠지만, 쿠바 독립은 수용할 수 없다고 반발했다. 그러자 미국이 즉각 전쟁을 선포했다. 미국이라는 신생 제국은 기력이 쇠한 옛 스페인 제국을 단박에 때려 눕혔다. 전리품은 쿠바만이 아니었다. 당시 스페인 지배 아래에 있던 아시아의 필리핀, 카리브해의 푸에르토리코까지 미국이 차지했다.

1901년 쿠바가 헌법을 제정할 때 미국의 속셈이 드러났다. 미국은 헌법에 "플랫 수정조항Platt Amendment"을 넣으라고 강요했다. 쿠바를 독립국가가 아니라 보호령으로 전락시키는 내용이었다. 이 조항을 받아들이지 않으면 미국 군대를 철수하지 않겠다고 협박도 했다. 또한 미국은 쿠바의 관타나모 만에 해군 기지를 설치하고자 영구 조차組借 계약을 강요했다. 오늘날 이슬람 테러 용의자들을 수감하는 곳으로 알려진 이 미군 기지의 역사가 이때부터 시작되었다.

쿠바 독립군 지도자 호세 마르티는 일찌감치 미국의 속셈을 알아챘다. 마르티는 "쿠바 독립이 서인도 제도를 향한 미국의 팽창을 막을 수 있다"고 역설했다. 쿠바가 스페인과 미국 모두로부터 독립해야 카리브해 전체에 대한 미국의 야심을 제어할 수 있다는 것이었다. 마르티는 "나의 유일한 무기는 다윗의 돌팔매"라고 썼다. 쿠바의 진정한 독립이 미제국주의라는 거대한 골리앗을 쓰러뜨리는 돌팔매가 될 것이라는 확신이었다. 하지만 쿠바는 주권국가로 독립하지 못하고, 결국 사실상의 미국 식민지로 전락하고 말았다.

파나마운하를 차지하라

미국의 다음 타킷은 카리브해 남쪽에 있는 중앙아메리카의 파나마와 니카라과였다. 두 곳 모두 중앙아메리카 운하의 후보지였다. 니카라과는 호수와 강이 많아서, 당시 콜롬비아에 속해 있던 파나마는 중앙아메리카 지협에서 가장 좁은 지역에 있어서 운하후보지가 되었다.•

당시는 무역이 해상운송으로만 이뤄지던 시대라서, 태평양과 대서양을 연결하는 운하는 교역로로서 경제적인 가치가 이루 말할 수 없이 높았다. 그 시절에는 대서양에서 태평양으로 가려면 남아메리카 끝에 있는 케이프 혼을 돌아서 한참이나 항해해야 했기 때문이다. 미국은 운하를 차지해 태평양과 대서양 모두를 누비는 해군을 만들겠다는 군사적 야망도 가졌다.

문제는 운하 건설 후보지인 파나마가 당시만 해도 콜롬비아 땅이라는 점이었다. 콜롬비아가 미국이 호락호락 운하를 차지하도록 내버려둘 리가 없었다. 그런데 생각보다 쉽게 기회가 찾아왔다. 파나마에서 분리 독립을 요구하는 반란이 일어난 것이다.

사실 이 반란은 프랑스 건설업자 필리프 뷔노-바리아Philippe Bunau-

• 　　　최종적으로는 파나마가 운하건설지가 되었지만, 미국은 유럽 열강이 경쟁 운하를 건설할지 모른다는 우려 때문에 니카라과에도 계속 관심을 기울인다.

중앙아메리카를 관통해 대서양과 태평양을 잇는 파나마운하. 이 운하는 미국의 군사적·경제적 이익을 위해 건설되었으며, 처음에는 미국이 영구 소유하는 것으로 불공정 조약이 맺어졌다. 그러나 파나마에 좌파정부가 들어서면서 1977년에 1999년 12월 31일을 기해 파나마로 반환하는 걸로 양국 간에 협정이 맺어졌고, 그 결과 지금은 파나마 정부 소유다. 라틴아메리카에서 미국의 영향력이 줄어들었다는 것을 보여주는 상징적인 사례다.

Varilla와 미국이 공모해 벌인 일이었다. 프랑스 건설업자는 파나마운하 건설로 이익을 남기고, 미국은 파나마운하를 영구적으로 차지해 미래 이익을 독차지하겠다는 계산에서 시작되었다. 뷔노-바리야는 파나마 사람들이 독립심이 매우 강하다는 것도, 콜롬비아 중앙 정부에 불만이 많다는 것도 잘 알고 있었다. 게다가 당시 콜롬비아는 천일전쟁(1899~1902년)이라는 내전을 막 끝낸 터라 어수선한 상황이었으니 시점도 딱 좋았다.

반란이 일어나자 미국은 즉시 해군을 파견했고, 콜롬비아도 진압군을 보냈다. 그때 미군은 콜롬비아 지휘관들을 뇌물로 매수하는 데 성공했다. 파나마의 운명이 결정되는 순간이었다. 그렇게 파나마는 콜롬비아로부터 완전히 분리되었다.

파나마 사람들은 미국과의 공모를 전혀 눈치 채지 못한 채 운하 협상을 뷔노-바리야에게 맡겼다. 그 결과는 매우 불공정한 조약이었다. 미국은 1000만 달러로 16km 폭의 운하 지역을 영구 조차하는 계약을 강요했다. 신생 파나마 정부는 즉각 항의했다. 미국은 아예 운하지대를 점령하거나, 니카라과로 운하건설지를 바꿀지도 모른다는 말을 흘렸다. 파나마 정부는 울며 겨자 먹기로 조약을 받아들였다. 그리고 파나마도 독립국가가 아니라 미국의 보호령으로 전락했다. 당시 시어도어 루스벨트 미국 대통령은 "내가 파나마를 얻었다"고 득의양양했다. 미국은 중앙아메리카 운하를 차지하기 위해 기꺼이 신생국도 만들었다.

카리브해는 미국의 호수

쿠바와 파나마 사례가 보여주듯 미국은 카리브 지역 나라들을 제 집 드나들 듯 드나들었다. 1898년부터 1932년까지 미국은 카리브해 섬나라와 연안 국가 총 9개국에 무려 34차례나 군대를 보냈다. 코스타리카·과테말라·아이티에는 각각 1회씩 파병했고, 파나마에는 3회, 멕시코와 쿠바와 도미니카공화국에 각각 4회씩, 니카라과에는 5회, 온두라스에는 무려 7회에 걸쳐 군대를 보냈다.

군사개입의 이유는 두 가지였다. 하나는 경제적 이익이었다. 그 당시 카리브해 빈국들이 빚을 갚지 못하면 유럽 채권국들은 군함을 보내 항구를 포격하여 빚을 갚으라고 무력시위를 벌이곤 했다. 미국이 여기에 끼어들었다. 명분은 카리브해 국가들에 경제적 책임을 이행하는 법을 가르치겠다는 것이었다. 미국은 이 국가들이 유럽 국가들에게

진 빚을 대신 갚아준다. 그뒤에는 카리브해 국가들의 세관을 장악해 돈을 모두 받아낸다. 이 수법으로 미국이 유럽 국가들을 밀어내고 카리브해 나라들에 경제적 영향력을 행사했다. 특히 산업화로 쏟아져 나오던 공산물을 대거 수출했고, 자본도 대거 투자했다. 카리브해 국가들은 어느새 미국 소비자를 위한 값싼 농산물 공급지로 변해갔다.

다른 하나는 정치적인 지배를 위한 것이었다. 미국은 직접 식민지로 만드는 것보다 친미 정부를 세우는 것이 비용이 적게 든다고 판단했다. 개입을 정당화할 이데올로기도 있었다. 미국은 '민주주의 복음'을 전파한다며 선거로 정부가 구성되도록 직접 감독하겠다고 나섰다. 우드로 윌슨 대통령은 "좋은 사람을 선출하도록 가르치겠다"고 말하기도 했다. 여기서 '좋은 사람'은 미국의 입맛에 맞는 사람, 미국의 이익을 침해하지 않는 사람이라는 것은 두말할 나위도 없었다. 입맛에 맞지 않는 정부가 들어서면 즉시 군대를 보내 원하는 정부가 들어설 때까지 선거를 실시한 뒤에야 군대를 철수했다. 정치 불안이 계속될 때에는 아예 장기간 주둔하면서 직접 군정을 실시하기도 했다. 한마디로 '카리브해의 오지랖 넓은 경찰'이었다.

미국은 이 같은 이유로 카리브 빈국들에 수시로 개입했다. 도미니카공화국에서 프랑스와 이탈리아 채권을 인수하고 군대를 보내 그 나라 세관을 50년간 장악했다. 아이티에서도 프랑스와 독일의 채권을 인수했고, 자국 차관을 안전하게 돌려받기 위해 군대를 보냈다. 니카라과에서도 빚을 대신 갚아주는 조건으로 운하건설권을 차지했다. 다른 유럽 국가들이 니카라과에 경쟁 운하를 짓는 것을 막으려는 의도였다.

그리고 그 세 나라에서 자신이 원하는 정부가 들어설 때까지 여러 차례 선거를 감독했다. 치안을 유지한다는 구실로 치안유지기관을 창설하고 훈련시키기도 했는데, 미군이 철수하고 나서 들어선 독재정권에서 이 기관들이 그대로 악명 높은 억압도구가 되었다.

　미국이 직접적이건, 간접적이건 개입한 나라들에선 어김없이 독재정권이 들어섰다. 미국이 민주주의를 전파하겠다고 개입한 나라들에서 오히려 민주주의가 후퇴한 것이다. 니카라과 독재자 소모사가 1939년 워싱턴을 방문한 직후 프랭클린 루스벨트 대통령은 이런 말을 남겼다고 한다. "소모사는 개자식이다. 하지만 우리 개자식이다." 소모사는 독재자가 맞지만 미국 편이라는 소리다. 미국은 '미국의 개자식들'이 카리브해 지역 나라들을 지배하게 만들었다.

　미국의 행태는 카리브해와 중앙아메리카 사람들 대다수에게 반미감정을 심어놓았다. 니카라과에는 미군이 무려 25년 간 주둔했는데, 그곳에 살고 있던 어느 미국인 대지주는 이렇게 개탄했다. "(니카라과 사람들이) 우리를 증오하고 경멸한다. 미 해병대가 철수하면 우리는 살해될지도 모른다. 미군이 이 나라에서 이 나라 국민들을 향해 총을 쏘고 살인을 저질렀기 때문이다."

　이 같은 분노가 훗날 쿠바와 니카라과에서 혁명이 일어나게 된 역사적 배경이 되었다.

라틴아메리카 전체가 미국의 뒷마당이 되다

　제2차 세계대전이 끝나고 냉전이 개시되자 이제 카리브 국가들은 물론 라틴아메리카 전체가 '미국의 뒷마당'으로 변해가기 시작했다. 두 차례의 대전을 거치면서 유럽 열강들이 승전국이건 패전국이건 모두 쇠퇴하면서 미국은 최강국이 되었다. 하지만 곧 세계가 자본주의와 공산주의 진영으로 나뉘고 미국과 소련이 서로 대립하면서 국제관계는 양강 구도로 재편되었다.

냉전 게임의 룰은 오히려 간단했다. 양강 간의 직접적이고 전면적 충돌은 없었다. 대신에 양 진영의 지리적 경계 곳곳에서 국지전이 발생했다. 한반도가 그랬고 베트남이 그랬고 아프가니스탄이 그랬다. 이미 상대의 진영으로 간주되는 곳, 가령 소련이 지배하는 동유럽이나 미국이 패권을 행사해온 라틴아메리카에서는 상대를 존중하는 편이었다. 그러나 자기 관할 지역을 단속하는 것은 '셀프'였다.

냉전기 내내 미국은 라틴아메리카에 공산주의 정권이 들어설까봐 한시도 경계심을 늦추지 않았다. 트루먼 대통령은 1950년에 "미국 안보는 아메리카 안보와 동의어"라고 선언했다. 즉 라틴아메리카를 공산주의로부터 지키는 것이 곧 미국 안보라는 뜻이었다. 미 국무장관 존 포스터 덜레스John Foster Dulles(1953~1959년 재임)는 "우리가 경계를 늦추면 1949년 중국에서 벌어진 일이 라틴아메리카에서 일어났다는 기사를 어느 날 조간신문에서 읽을 것"이라고 단언했다.

그럼 미국은 무엇을 할 것인가? 냉전기 내내 미국은 라틴아메리카에서 반공극우 독재정권과 공공연하게 결탁했다. 존 포스터 덜리스는 라틴아메리카 전역에 파견된 미국 외교관에게 "독재자들의 마음을 상하게 하지 말라"고 지시했다. 왜냐하면 "우리가 믿을 수 있는 유일한 사람들"이기 때문이라는 것이다. 1954년 미국 의회가 라틴아메리카에 1억500만 달러 규모의 군사원조를 승인할 때, 미 육군참모총장 로턴 콜린스J. Lawton Collins는 "라틴아메리카 장교들은 가장 유용한 친구들"이라고 거들었다. 미국은 극우독재자들에게 군사지원과 경제 원조를 아끼지 않았고, "유용한 친구들"인 라틴아메리카 장교들을 이용해 미국에 고분고분하지 않는 정부라면 언제든지 전복시켰다. 미국의 노력에도 불구하고 혁명이 일어날 때는 즉각 혁명정권을 무너뜨리기 위해 온갖 수단을 활용했다.

제2차 세계대전 이후 냉전기 라틴아메리카에 대한 미국의 지배전략은 크게 네 가지로 나눌 수 있다. 기존 독재정권과 협력하기, 민주정부를 전복한 독재정권 지원하기, 직접 민주정부를 무너뜨리기, 혁명정부 고립시키기가 그것이다.

우선 미국은 기존에 들어선 독재정권과는 긴밀하게 협력했다. 이미 1930년대 카리브해 국가의 독재자들, '미국의 개자식들'은 냉전이 시작되자 즉각 반공전사를 자임하면서 권좌를 유지했다. 니카라과의 소모사 일가(1936~1979년 집권)는 아버지와 장남과 차남으로 반공독재정권을 세습해갔다. 도미니카공화국의 라파엘 트루히요Rafael Trujillo(1930~1961년 집권)도 "아메리카 최고의 반공 전사"를 자임하면서 무자비한 철권통치를 휘둘렀다. 그러자 미국은 독재체제의 안정을 보장했고, 거액의 군사원조도 제공했다. 1959년에 도미니카공화국을 방문한 공화당 하원의원 가드너 위드로Gardner Withrow는 "만약 트루히요가 미국에 태어났다면, 미국 대통령이 되었을 것"이라고 추켜세우기도 했다.

또한 제2차 세계대전 직후 라틴아메리카 곳곳에서 들어선 민주정부를 전복시키고 집권한 독재정권도 미국의 충직한 파트너로 간주했다.•
제2차 세계대전 종전 당시만 해도 미국은 파시즘과 나치즘에 맞서 민주주의를 지킨 승전국이었고, 소련은 독일 나치즘의 패배에 결정적으로 기여한 미국의 승전 파트너였다. 이런 분위기 속에서 칠레·코스타리카·콜롬비아·에콰도르·쿠바·페루·베네수엘라 등에서 비교적 자

• 　　　이 시기 민주화 흐름을 '제2의 물결'이라 부른다. 이는 정치학자 새뮤얼 헌팅턴의 용어로, 제2차 세계대전 전후에 발생한 전세계적인 민주화 흐름을 가리킨다. 전쟁 전 유럽 각국의 민주화와 전쟁 후 파시즘·나치즘 국가였던 독일이나 이탈리아·일본과 식민지에서 독립한 라틴아메리카·아시아 국가들의 민주화를 가리킨다.

유로운 선거를 통해 민주정부가 속속 등장했다. 다양한 좌파 정당도 생겨났고, 공산당도 합법화되거나 묵인되었다. 몇몇 나라에서는 공산당이 직접 정부에 참가하기도 했다. 좌파의 기반인 노동조합을 비롯한 대중조직도 빠른 속도로 커져갔다. 하지만 이 모든 흐름이 냉전으로 인해 중단되었다.

미국이 반공만 표방한다면 독재와도 협력한다는 것을 알게 된 라틴 아메리카 우파들이 곳곳에서 쿠데타를 일으켰다. 1948년 페루와 베네수엘라를 필두로 쿠데타 도미노가 시작되어 1954년 말에는 주요 12개 국가에 군사정권이 들어섰다. 군사정권은 미국의 환심을 사기 위해 '친미 반공정권' 인증을 받으려 한다. 즉 공산당을 불법화하고, 노동조합을 탄압하고, 소련과 외교 관계를 단절했다. 그때부터는 공산주의자건 아니건 정적들은 모조리 "공산주의자" "소련 제국주의의 꼭두각시"로 간주된다.

그러면 미국은 경제원조나 군사지원을 제공하거나, 독재정권의 인권 유린을 묵인해주었다. 명예와 상찬으로 독재체제를 치장해주기도 했다. 1948년 쿠데타 주역인 페루의 마누엘 오드리아Manuel Odría(1948~1956년 집권) 장군과 베네수엘라의 마르코스 페레스 히메네스Marcos Pérez Jiménez(1952~1958년 집권)는 반공산주의 업적으로 훈장을 받았다. 1952년 쿠데타로 집권한 쿠바의 풀헨시오 바티스타는 부통령 닉슨에게서 링컨처럼 훌륭하다는 칭찬도 받았다.

민주정부 무너뜨리기

냉전기 미국은 직접 민주정부를 전복하는 일에도 나섰다. 1954년에는 과테말라에서 하코보 아르벤스 정부를 무너뜨렸다. 아르벤스 대통령(1951~1954년 재임)은 모국을 "준식민지 경제를 가진 종속국가에서 경제적으로 독립적인 국가, 봉건적 경제의 후진국에서 근대 자본주의 국가"로 개혁하고자 했다. 그는 민족주의적인 애국자에 가까웠지 공산주의와는 거리가 멀었다.

당시 커피와 바나나를 재배하는 농업국가 과테말라에서 전체 인구의 2%에 불과한 대지주들이 경작 가능한 토지의 74%를 차지하고 있었다. 이를 개혁하지 않고서는 근대국가로 나아갈 수 없었다. 아르벤스정부는 비교적 온건한 토지개혁법을 제정했다. 대농장의 미경작지를 국가가 유상으로 수용해서 토지를 분배하기로 했다. 대지주 집안에 태어났지만 토지분배의 대의에 동조했던 영부인 마리아 크리스티나 빌라노바María Cristina Vilanova도 기꺼이 자기 땅 1700헥타르를 내놓으며 토지분배에 동참했다.

그런데 토지개혁법이 미국 과일회사 유나이티드프루트컴퍼니United Fruit Company의 이익과 배치됐다. 이 회사는 과테말라에서 이미 거대한 토지를 갖고 있었는데, 미未경작지가 85%에 달했다. 과테말라 정부가 이 회사의 미경작지를 수용하기 위해 토지보상액을 책정하면서부터 문제가 생겼다. 사실 회사는 세금을 적게 내려고 토지 가격을 일부러 낮게 잡아 신고해놓았는데, 과테말라 정부가 그 납부세금 기준으로 토지 보상액을 책정한 것이다. 회사는 토지가격에 대한 합리적인 보상이 아니라며 보상액 인상을 요구했고, 그 생떼마저 여의치 않자 아예 미국 정부와 짜고 아르벤스정부 전복 음모를 꾸몄다.

이를 정당화하기 위해 미국 정부는 아르벤스정부가 공산당에 관대하고 미국의 안보를 위협한다며 공격했다. 과테말라가 무너지면 중앙아메리카 국가들이 연달아 무너진다는 경고도 나왔다. 공산주의자가 아닌 대통령을 공산당과 엮어보려는 억지 논리였다. 사실 당시 과테말라 공산당을 비롯한 좌파는 아르벤스정부의 토지개혁을 지지하긴 했지만, 오히려 토지를 유상으로 수용하는 조치는 너무 온건하다고 비판하는 입장이었다.

미국 정부는 과테말라 망명자 집단을 무장시켜 수도로 진격시켰다. 제2차 세계대전 때 쓰던 전투기 몇 대로 수도 과테말라시티를 폭격하기도 했다. 아르벤스 대통령은 사임하고 멕시코 대사관으로 피신해야 했다.

쿠데타로 들어선 정권은 집권하자마자 유나이티드프루트컴퍼니에 토지를 즉각 돌려주고, 농업노동자들의 노동조합 활동을 '생산방해'로 간주해 사형에 처할 수 있는 법을 만들었다. 친미 극우 독재자 카를로스 카스티요 아르마스Carlos Castillo Armas는 결국 1957년에 암살되었고, 그 뒤 과테말라는 36년간의 피비린내 나는 긴 내전으로 돌입했다.

아이젠하워 미국 대통령은 아르벤스정부의 전복을 아메리카 대륙에 생길 "소련의 해안상륙거점"을 막은 것이라고 정당화했다. 하지만 당시 과테말라에 머물면서 아르벤스정부의 붕괴 과정을 지켜보던 에르네스토 체 게바라는 쿠데타 주모자가 "유나이티드프루트컴퍼니의 주주이자 자문변호사로도 일했던 미 국무장관 존 포스터 덜레스"라고 지목했다.

미국의 민주정부 전복 활동이 전세계적인 공분을 산 것은 1973년 칠레 쿠데타 때였다. 미국은 1970년에 칠레 사회당PS의 살바도르 아옌데가 선거로 집권한 것에 경악했다.•

• 아옌데 대통령은 소련을 추종하는 공산주의자가 아니라 민주적 사회주의자에 가까웠다. 민주주의를 통해 사회주의로 나아간다는 일관된 입장을 갖고 있었기 때문에 사민주의와도 일맥상통했다. 다만 유럽에서는 사민당 주도로 계급타협이 이뤄졌지만, 라틴아메리카에서 이 같은 타협의 조건이 존재하지 않기 때문에 계급대결도 불사했다. 이런 특

당시 미국 국가안보보좌관 헨리 키신저는 살바도르 아옌데가 쿠바 혁명지도자 피델 카스트로보다 더 위험하다고 지적했다. 그도 그럴 것이 미국은 좌파는 모두 무질서와 혼란을 틈타 체제를 전복하려는 폭력 집단에 불과하다고 주장해왔는데, 아옌데정부가 어떤 혼란도 없이 민주 선거를 통해 질서 정연히 집권한 것이다. 아옌데 대통령은 소련을 추종하는 공산주의자도 아닌데다가, 라틴아메리카에서 민주적 사회개혁의 지도자로 인정받고 있었다. 미국은 이 '부드러운 공산주의'가 인접 국가들로 두루 확산될까봐 두려웠다.

그 때문에 미국 안보를 직접적으로 위협하지도 않고, 미국계 기업이 큰 손실을 겪지도 않은 이 나라에 개입한 것이다. 즉 칠레 개입은 순전히 이념적인 이유 때문이었다.

미국은 아옌데 대통령 재임기간(1970~1973년) 동안 무려 800만 달러를 쏟아부어 쿠데타 세력을 지원했다. 칠레군 내부에서 쿠데타를 반대해온 육군참모총장 레네 슈나이더René Schneider를 암살하기도 했다. 경제적인 봉쇄 조치로 칠레 경제에 타격을 주기도 했다. 경제원조를 중단하고, 국제금융기관들의 대출을 막고, 미국 민간자본의 투자도 막았다. 특히 칠레의 주 수출품 구리가 세계 시장에서 제값을 받지 못하게 국제시장도 교란시켰다. 그렇게 쿠데타 환경을 조성하기 위해 백방으로 노력했다.

1973년 9월 11일 육군 총사령관 피노체트가 가장 잔인한 쿠데타로 집권에 성공했다. 아옌데 대통령은 쿠데타 당일 대통령궁에서 쿠데타군과 맞서 싸우다가 자결했고, 칠레 정부가 추진해온 사회개혁은 모두 중단되었다.

징 때문에 급진사민주의라고 규정하기도 한다.

미국이 무너뜨린 두 정부 모두 공산주의정권이 아니었다. 두 정부 모두 민주선거로 집권하여 자국에 필요한 사회개혁을 추진하던 정부였다. 두 사건의 의미는 명백했다. 크건 작건 미국의 경제적·정치적 이익을 침해하는 정부는 전복시킨다. 전복대상이 민주정부냐 아니냐는 중요하지 않다. 공산주의냐 아니냐도 별로 중요하지 않다. 중요한 것은 미국의 이익을 침해하느냐 아니냐였다.

둘, 셋 아니 여러 개의 쿠바를!

냉전기 미국은 제로섬게임과 도미노이론에 심취했다. 제로섬게임의 논리는 간단했다. 소련에게 이득인 것은 미국에게 손실이었다. 미국에게 손실인 것은 무조건 소련에게 이득이었다.

도미노이론도 중요했다. 미국은 한 나라가 공산주의로 변하면 연이어 인접국들도 공산주의로 변한다는 도미노이론에 사로잡혀 있었다. 그 생생한 사례가 제2차 세계대전 직후 동유럽이었다. 미국이 베트남에 그토록 집착한 것은 모두 공산주의가 동남아 전역으로 확산될지 모른다는 공포 때문이었다.

그런데 1959년 미국의 턱밑 쿠바에서 혁명이 일어났다. 피델 카스트로와 체 게바라가 이끄는 게릴라 부대가 친미 독재자 바티스타를 몰아내고 혁명정부를 세운 것이다. 혁명정부는 이미 미국인들이 대부분 차지하고 있던 사탕수수농장과 제당소도 모두 국유화했다.

미국은 혁명정부를 무너뜨리기 위해 1961년 4월 망명 쿠바인들 중심으로 구성된 원정대를 뽑아 '피그만 침공'을 일으켰다. 치열한 전투 끝에 쿠바 혁명정부가 침략군을 물리치고 승리를 거두었다. 그 침공 이후에 피델 카스트로는 쿠바혁명을 사회주의혁명으로 천명하고, 평생 마르크스-레닌주의자로 살겠다고 선언했다. 피그만 침공이 소련과 아무 관계없이 수립된 쿠바 혁명정부를 소련과 밀착하게 만든 것이다.

미국이 원하면 얼마든지 정부를 교체할 수 있던 쿠바에서 혁명이 발발했으니, 혁명은 라틴아메리카 대륙 어디에서나 일어날 수 있는 일이었다. 쿠바혁명이 이 대륙 전역으로 확산될지 모른다는 공포가 미국 정부를 지배했다.

미국의 공포가 얼마나 병적이었는지는 쿠바의 이웃나라 도미니카공화국에서 벌어진 일이 잘 보여준다. 도미니카공화국은 쿠바와 유사한 사탕수수 경제, 유사한 독재체제가 자리 잡고 있었다. 그런데 1961년 5월 30일 독재자 트루히요가 총에 맞아 죽는 일이 생겼다. 워싱턴은 혁명이 일어날지 모른다고 생각해 해군을 급파해서 1962년에서 1963년까지 이 나라를 점령해버렸다. 당시 베트남에 주둔하는 미군의 절반에 달하는 2만3000명의 미군을 보냈고, 1만 명의 추가 병력을 근해에 대기시켰고, 수천 명의 군인들이 미국 내 기지에서 경계 태세를 갖추고 있었다. 하지만 도미니카공화국에는 혁명을 일으킬 세력은 애초부터 존재하지도 않았다는 것이 나중에 드러났다. 그야말로 자라 보고 놀란 가슴, 솥뚜껑 보고 놀란 격이었다.

1967년 10월 미국은 쿠바혁명 지도자이자 게릴라 운동의 상징인 체 게바라를 체포해 처형했다. 볼리비아 특공대가 그 나라에 잠입해 게릴라 거점을 만들고 있던 체 게바라를 체포했다고 보고했을 때, 미국은 즉각 처형을 명령했다. 미국은 게릴라 혁명의 희망을 없앴다고 득의만만했을지 모르지만, 라틴아메리카 게릴라들은 숭고한 순교자를 얻은 셈이었다.

체 게바라는 볼리비아로 떠나기 전에 이렇게 썼다.

쿠바의 체 게바라 기념물. 체 게바라는 쿠바혁명의 영웅이자 라틴아메리카 모든 게릴라들의 모델이었다. 물론 라틴아메리카 이외 지역의 게릴라들에게도 그러했다.

만약 둘, 셋, 아니 여러 개의 베트남이 전세계에 번성하면, 매우 빛나는 밝은 미래가 빠른 시일 내에 오지 않겠는가? (…) 제국주의는 군사력을 분산 배치하지 않을 수 없으며, 우리의 승리는 가까워질 것이다.

라틴아메리카 대륙 전역에서 체 게바라의 선언에 기꺼이 동참하려는 게릴라들이 출현했다. 이들은 "둘, 셋, 아니 여러 개의 쿠바"를 만들겠다고 화답했다. 미국과 결탁한 극우 독재정권에 맞서 대륙 전역에서

30여 개가 넘는 게릴라 조직들이 혁명을 위해 싸웠다. 그 대다수는 실패로 끝이 났지만, 니카라과 게릴라들은 혁명에 성공했다.

혁명의 주역은 산디니스타민족해방전선FSLN였다. 이 게릴라는 미국이 니카라과를 강점했을 때 이에 대항하다 전사한 혁명가 아우구스토 세사르 산디노Augusto César Sandino를 따른다는 의미에서 스스로를 '산디니스타snadinista'라 칭하고 "양키, 인류의 적el yanqui, enemigo de la humanidad"이라는 노래를 부르며 게릴라전을 벌였고 승리했다. 친미 독재자 소모사 일가는 모두 도주했다.

미국은 즉각 산디니스타 혁명정부의 전복에 나섰다. 콘트라contras(반혁명군)라 불리는 반혁명 게릴라를 만들었고, 1990년 선거에서 혁명파가 패배할 때까지 무려 10년간 니카라과를 내전의 소용돌이로 몰아넣었다.

미국은 냉전기 내내 독재를 지원하고, 민주정부를 전복시키고, 혁명정부를 고립시키려고 갖은 애를 썼다. 그 결과 1970년대 말엽 라틴아메리카에서는 콜롬비아·베네수엘라·코스타리카 등 극소수 국가를 제외하곤 모두 군사정권이 집권했다. 이 세 나라에서조차도 좌파를 탄압하는 친미 정부가 들어섰다.

신자유주의 실험실이 된 라틴아메리카

1980년대가 되면서 미국이 냉전의 승리자라는 것이 확실해졌다. 그래서 라틴아메리카 대륙이 민주화 물결에 휩싸였을 때 과거와는 다른 전략을 취했다. 대부분의 나라에서 민주화세력 가운데 온건파가 집권했는데, 미국은 이 같은 흐름을 존중하는 태도를 취했다. 라틴아메리카 민주화가 혁명이라는 급격한 단절로 이뤄진 것이 아니라 대체로 독재세력과의 타협으로 이루어졌기 때문에 미국이 안심하기도 했다. 게다가 냉전기 내내 잔인한 독재정권을 지원하면서 곳곳에서 터져 나온 원성과 반미정서를 누그러뜨릴 필요도 있었다.

대신 1980~1990년대에 미국은 라틴아메리카에 대한 경제적 지배에 관심을 쏟았다. 그 시작은 라틴아메리카 국가들이 1982년에 외채위기를 맞으면서부터였다. 외채위기의 원인은 1970년대로 거슬러 올라간다. 석유수출국기구OPEC가 1973~1974년, 1979~1981년에 걸쳐 석유생산을 줄이면서 전세계적으로 유가가 폭등한다. 이때 산유국들은 유가 폭등으로 막대한 오일달러를 벌어들여 미국과 유럽의 은행에 예금했다. 미국과 유럽의 은행들은 이렇게 유입된 자금을 라틴아메리카 국가들에 빌려주었다. 브라질·멕시코·베네수엘라 같은 라틴아메리카 개발도상국은 낮은 이자로 거액의 외채를 빌려다 국가가 주도하는 프로젝트에 쏟아부었다. 그 결과 1970년에는 300달러에 불과하던 라틴아메리카 총 외채가 1980년이 되면 2400억 달러로 급속히 불어난다.

그런데 1980년대가 되자 석유를 비롯해 원자재 가격이 일제히 하락한다. 당시 원자재 가격은 제2차 세계대전 이후 최저가일 정도로 낮았다. 원자재를 수출해서 먹고사는 라틴아메리카에 큰 위기가 닥친 것이다. 엎친 데 덮친 격으로 외채 이자율까지 올라간다. 라틴아메리카 국가들은 외채를 갚기 어려워졌다.

이때 국제통화기금을 비롯해 국제금융기관들이 긴급 자금지원에 나섰다. 그러나 그들은 동시에 구조조정을 강요했다. 그 내용을 간단히 말하면 국가의 경제적 역할을 대폭 줄이고, 민간 부문의 역할을 급격히 키우고, 무역을 개방하라는 것이었다. 그렇게 라틴아메리카 전체가 '신자유주의의 실험실'로 변했다. 영·미와 같은 선진국도 아닌 개도국들을 대상으로, 그것도 한 국가도 아니고 수십여 국가들을 대상으로, 유사한 처방전을 강요해놓고 국가마다 어떤 일이 벌어지는지 지켜본 것이다. 라틴아메리카는 '신자유주의'라는 구조조정 방안이 가장 먼저 적용된 개도국 지역이었다.•

미국은 대륙 전체를 자유무역지대로 만들려는 구상도 추진했다. 그 일환으로 추진된 것이 1992년에 서명된 NAFTA였다. 미국이 주도하고, 캐나다와 멕시코가 참가했다. 1994년 12월에는 미국 클린턴 대통령 주도로 라틴아메리카 분위기가 물씬 나는 도시 마이애미에서 아메리카 대륙 34개국 정상이 모여 미주자유무역지대를 창설하자는 데 합의하기도 했다. 아메리카 대륙 정상 모두가 모인 자리에서 클린턴은 "알래스카부터 아르헨티나까지 아메리카 대륙의 역사에서 새로운 분수령이 될 미주자유무역지대를 창설하자"고 제안했고 라틴아메리카 정상들의 박수를 받았다.

그러나 신자유주의 구조개혁은 이미 각국에서 문제점을 드러냈다. 8,90년대에 걸쳐 대륙 전체에 적용된 구조개혁의 성적은 썩 좋지 않았다. 인플레이션이 통제되었다는 것이 유일한 성과였고 나머지 모든 영역에서 문제가 발생했다. 실업은 급증했고, 임금은 급감했다. 빈민의 수는 늘어났고, 불평등은 더욱 심해졌다. 성장도 멈추었다. 국가를 줄이고 시장이 키우자는 교리가 지배하던 신자유주의 시기는 그 이전 국가주도 산업화 시기보다도 경제성장 실적이 나빴다. 라틴아메리카에서 1980년대를 '잃어버린 10년'이라 부르는데 1990년대도 '잃어버린 10년'이라 불릴 판이었다.

• 　　신자유주의적 구조조정 방안은 미국 재무부, 미국이 사실상 지배하는 국제통화기금IMF, 세계은행WB, 미주개발은행IDB 등 워싱턴에 위치한 금융기관들이 라틴아메리카 경제위기에 대한 처방전으로 제시한 것이었다. 그래서 '워싱턴 합의'라고도 불린다.

게다가 대륙 곳곳에서 미국이 주도한 신자유주의 구조조정에 대한 반발이 터져나왔다. 각국 정부가 긴축재정정책을 추진하자 국가보조금이 줄어들어 생필품과 교통요금이 급상승했다. 라틴아메리카 주요 대도시에서 빈민들의 대규모 시위가 벌어졌다. 가장 극적인 사례는 베네수엘라와 멕시코였다. 1989년 베네수엘라 수도 카라카스에서는 빈민폭동이 일어났고, 1994년 NAFTA를 체결한 멕시코에서는 원주민 게릴라들의 봉기가 벌어졌다.

이런 대륙 전체의 흐름 속에서 좌파 야당들이 급성장하기 시작했다. 독재시기 내내 민주화투쟁을 벌이던 좌파는 1980년대 민주화 과정에서 정당으로 결집했다. 그들은 라틴아메리카 사상 처음으로 온전하게 정치·사상의 자유를 누리며 정치활동을 개시했다. 하지만 곧 사상적·정치적 위기를 겪어야 했다. 소련과 동유럽의 붕괴와 쿠바의 위기, 마르크스주의 이념의 위기, 국가주도발전 모델의 위기 등이 그것이었다. 그렇지만 좌파는 신자유주의 반대 캠페인을 통해 다시 정치적 주도세력으로 부상하게 되었다. 군사독재의 유산과 싸우며 민주주의를 더욱 튼튼하게 다지는 한편, 신자유주의 반대운동을 벌이며 새로운 경제발전전략도 만들어갔다. 2001년에는 '다른 세계는 가능하다'라는 모토 아래 세계사회포럼World Social Forum, WSF을 창설하고 신자유주의 세계화에 맞선 국제 캠페인도 개시했다.

우파가 주도한 신자유주의 모델의 문제가 드러나는 한편, 좌파가 지방정부를 운영하면서 수권세력으로 성장하면서, 1999년 베네수엘라를 시작으로 2015년까지 라틴아메리카 주요 10개국에 좌파정부가 집권하는 일이 벌어졌다. 라틴아메리카 역사에서 일찍이 없었던 좌파집권 도미노 현상이었다. '분홍빛 조류pink tide' '좌회전left turn'이라 불리는 현상 속에서 미국과 라틴아메리카는 완전히 새로운 관계로 접어들었다.*

미국의 무관심과 시대착오

라틴아메리카 대륙에 좌파가 연이어 집권하고 있을 때, 미국에서는 조지 W. 부시 대통령이 집권했다. 이 시기 미국의 라틴아메리카 정책은 세 마디로 요약할 수 있다. 무관심, 시대착오 혹은 무시.

사실 라틴아메리카에 대한 미국의 무관심은 어느 정도 이해할 수 있다. 부시 대통령이 취임한 해 9월 11일에 뉴욕 세계무역센터가 무너졌기 때문이다. 미국 본토가 사상 최초로 대규모 테러공격을 받는 일이 벌어졌다. 미국은 이 공격을 계기로 "테러와의 전쟁"을 선포하고 아프가니스탄·이라크 전쟁에 몰두한다. 미국의 관심이 중앙아시아와 아랍에 집중되었다.

냉전기 공산주의를 대신하는 미국의 새로운 적이 생긴 것이다. 이제 미국의 주요 안보 위협은 종교근본주의자들의 '테러'이고, 미국의 적은 테러리스트가 되었다. 이런 새로운 이분법은 라틴아메리카에 있는 냉전의 유산도 새로운 맥락으로 해석하게 만들었다. 미국은 냉전기에 생긴 좌파 게릴라인 콜롬비아혁명군FARC을 공산주의 세력이 아니라 테러리스트 집단으로 재분류했다. 스페인 바스크 지방의 분리주의 조직인 '조국과 자유Euskadi ta Askatasuna, ETA' 요원의 망명을 허용했다고 쿠바를 테러리스트 지원국으로 재규정하기도 했다. 이런 이유를 내세워 좌파 게릴라와 전쟁을 벌이는 콜롬비아 정부를 지원하고, 쿠바에 대한

---

* 　　　좌파정부가 들어섰기 때문에 좌회전이지만, 과거의 혁명적 좌파와는 다르기 때문에 적색이 아니라 분홍색이라는 것이다.

제재도 더욱 강화했다. 탈냉전의 시대에 오히려 미국이 냉전적 조치를 더욱 강화하는 역설이 벌어진 것이다.

미국의 시대착오도 심각했다. 부시정부는 국무부의 라틴아메리카 담당 차관보를 냉전시대 인물로 채웠다. 이는 플로리다 주에 사는 보수적인 쿠바계 미국인들의 지지에 보답하기 위한 것이기도 했다. 니카라과의 극우 반혁명군을 지원한 오토 라이히Otto Reich, 쿠바에 대한 강경책을 주도했던 로저 노리에가Roger Noriega 등 구시대 인물들이 다시 복귀했다. 그리고 이들이 2002년 4월 베네수엘라 쿠데타 모의에 가담했고, 2003년에는 쿠바에 대한 여행금지와 송금제한 조치를 더욱 강경하게 만들었다.

심지어는 라틴아메리카를 무시하는 인사를 기용하기도 한다. 미국 무역 대표부의 로버트 졸릭Robert Zoellick은 "브라질이 미국과 자유무역을 원치 않는다면 남극의 펭귄들 가운데에서 파트너를 구할 수 있을 것"이라고 말했다. 라틴아메리카 최대 경제국 브라질이 미국 주도의 미주자유무역지대에 대해 비판적인 입장을 보이자 이같이 조롱한 것이다.

이처럼 부시정부 8년간 미국은 라틴아메리카에 대해 무관심, 시대착오 혹은 무시를 오갔다. 미국은 라틴아메리카에서 자국의 안보를 위협할 심각한 사건이 더 이상 벌어질 것이라고 생각하지 않았다. 어느 날 갑자기 라틴아메리카 전체가 하나의 연방공화국이 될 리도 만무했고, 시대착오적인 공산주의 혁명이 일어날 리도 없었다. 그랬기에 국무부, 국방부, 국가안전보장위원회 같은 안보 관련 핵심부처에 라틴아메리카 전문가를 아예 배치하지도 않았던 것이다. 오죽했으면 라틴아메리카 전문가는 부시 대통령 자신이라는 우스갯소리까지 나왔을까.

하지만 미국은 곧 그 대가를 지불해야 했다. 미국의 관심이 온통 아랍과 중앙아시아에 쏠려 있던 그 8년간, '미국의 뒷마당'에서 '하인들의 반란'이 일어났기 때문이다.

민주주의로 이룩한 대륙의 단결

라틴아메리카의 변화 조짐은 2003년 이라크전쟁 때 나타났다. 미국이 전세계를 무대로 테러와의 전쟁을 선포하고 아프가니스탄에서 보복전을 벌이고, 일방적으로 이라크를 침공하려 들자 라틴아메리카 대다수 국가들은 당당히 반대 의사를 나타냈다. 베네수엘라의 우고 차베스 대통령은 "테러리즘으로 테러리즘과 싸울 수 없다"면서 미군 공격으로 죽어간 아프가니스탄 어린이들의 사진을 텔레비전에서 보여주었다.

15개국으로 이뤄진 국제연합 안전보장이사회에서 라틴아메리카 몫의 비상임 이사국을 맡고 있던 칠레와 멕시코도 반대했다. 칠레는 사회당의 리카르도 라고스 대통령이었기에 이라크 침공에 대해 반대 입장을 취할 것이 예상되었다. 하지만 부시 대통령과의 우정을 과시하던 멕시코의 비센테 폭스 대통령이 반대의사를 표시한 것은 예상밖이었다. 폭스는 코카콜라 사장 출신의 중도우파 대통령이었지만, 그조차도 미국의 행위에 동조할 명분을 찾기가 어려웠고, 멕시코 국민의 압도적인 반대여론과 라틴아메리카와 유럽 국가들의 전반적인 입장을 따르기로 한 것이다.

당시 라틴아메리카에서 미국을 지지한 국가들은 6개 소국과 미국에게서 매년 6억 달러의 군사원조를 받고 있던 콜롬비아뿐이었다.* 라틴

---

* 　중앙아메리카와 카리브의 도미니카공화국 등 6개 소국으로 모든 나라가 미국과

아메리카의 주요 국가들 대다수가 미국의 군사행위에 맞서 단합된 목소리를 낸 것은 유사 이래 처음이었다. 쿠바를 비롯한 라틴아메리카 국가들 모두가 9·11테러에 대해서는 한 목소리로 비난했지만, 그럼에도 미국의 대응책에 대해서는 대다수 국가들이 동조하지 않은 것이다.

미국이 라틴아메리카의 변화를 실감한 것은 2005년 11월 미주국가 정상회담에서였다. 그 자리는 미주자유무역지대가 핵심 현안이었다. 하지만 브라질 룰라정부와 아르헨티나의 키르치네르정부는 미국이 자국 내에서 보호주의를 취하면서 개도국에 자유무역을 강요하는 것은 모순이라고 협상장에서 비판했다. 우고 차베스 베네수엘라 대통령은 아예 협상장 밖에서 열린 이른바 '민중정상회담'에 참가해 "미주자유무역지대 구상을 파묻어버리자"고 선동했다. 미주자유무역지대에 우호적인 멕시코의 비센테 폭스 대통령을 "미국의 개새끼"라고 불러 외교적 마찰을 낳기도 했다. 미주자유무역지대 협상은 중단되었고, 부시 대통령은 회의가 끝나기도 전에 협상장을 떠났다. 1994년 빌 클린턴 대통령의 제안에 라틴아메리카 모든 정상들이 박수갈채를 보내며 시작된 미주자유무역지대는 그렇게 11년 만에 폐기되었다.

미국이 라틴아메리카 국가들의 제1수출국이었던 시대도 끝났다. 라틴아메리카 좌파정부들은 2004년에 국제 원자재 호황이 시작되면서 무역파트너를 계속 확대했다. 중국·러시아·이란과 같은 국가들과의 무역량이 급증했다. 칠레를 비롯해 몇몇 국가들에서는 아예 최대수출국이 미국이 아니라 중국인 경우도 생겼다. 라틴아메리카 국가들은 자국에 이익이 되면 미국이건, 미국과 외교적으로 불편한 국가들이건 가리지 않고 무역을 늘렸다.

자유무역협정을 맺은 나라들이었다.

라틴아메리카 좌회전(1999~2015년) 기간 동안 미국과 라틴아메리카의 관계는 과거와는 사뭇 달라졌다. 그중에서도 라틴아메리카 통합의 꿈이 되살아난 것이 가장 인상적이었다. 200여 년 전 '해방자' 시몬 볼리바르는 라틴아메리카 국가들이 하나의 연방공화국이 되는 꿈을 꾸었다. 오늘날의 베네수엘라·콜롬비아·파나마·에콰도르·볼리비아·페루 등 무려 6개국을 스페인으로 해방시킨 볼리바르는 라틴아메리카 국가들이 강대국들에 휘둘리지 않기 위해서는 서로 뭉쳐야 한다고 생각했다. 라틴아메리카에서 최초로 떠오른 통합 구상이었다.•

그는 1815년 "자메이카 편지"에서 이렇게 썼다.

신세계를 이루는 부분을 서로 연결하고, 부분을 전체와 연결하여, 하나의 국가로 만드는 시도는 웅대한 구상이다. 기원, 언어, 관습, 종교가 같기 때문에 마땅히 여러 국가들을 연합시킬 하나의 정부를 가져야 할 것이다. 그러나 이것은 가능하지 않다. 서로 다른 기후, 다양한 환경, 충돌하는 이해관계, 판이한 특징들이 아메리카를 분열시키고 있다.

볼리바르는 '신세계' 라틴아메리카가 역사적·문화적 공통점을 바탕으로 하나의 연방공화국으로 통합하기를 바랐다. 하지만 그는 동시에 라틴아메리카 내부를 분열시키는 요소들이 무엇인지 충분히 인식하고 있었다. 그리고 그것을 극복하기 위해 갖은 노력을 벌이지만 모두 허사였다. 결국 볼리바르의 꿈은 몽상으로 남아 있었다.

• 남미 대륙의 북부에 있는 6개국을 스페인의 압제로부터 해방시킨 시몬 볼리바르는 독립 전쟁의 와중에 대담한 상상력을 발휘한다. 스페인계 아메리카가 하나의 합중국으로 탄생하는 미래를 그려보는 것이다. 그는 라틴아메리카 연방공화국 구상이 유럽 열강과 미국의 팽창주의에 맞서는 길이라고 생각했다.

그런데 그 볼리바르의 꿈이 다시 되살린 것이다. '미국의 뒷마당'에서 벗어나 정치적 주권을 회복하고, '신자유주의 실험실'에서 벗어나 경제적 주권을 되찾기 위해서는 라틴아메리카 국가들이 서로 힘을 합쳐야 한다고 생각한 것이다.

통합으로 가는 길은 두 가지였다. 우선 베네수엘라의 차베스정부는 2004년 말 미주자유무역지대에 맞서는 진보적 대안으로 미주볼리바르대안ALBA을 주창했다. 최근 미주볼리바르동맹ALBA으로 이름이 바뀐 이 협정은 라틴아메리카 9개국이 참여하는 정치경제협정으로 반미 성향이 강한 좌파정부들이 참여했다.

다른 하나는 브라질의 룰라정부가 주도한 지역통합 기구였다. 2008년 5월에 남아메리카 12개국이 모두 참여하는 남미국가연합UNASUR이 출범했다. 남미 정상들이 지역통합 블록을 건설하자고 합의한 지 4년 만의 일이었다. 이 기구는 남미 지역에 있는 모든 개도국과 빈국이 참여했다. 정부 성향이 좌파인지 우파인지는 중요하지 않았다.

이런 노력의 최종적인 결실이 2011년에 창립된 라틴아메리카·카리브해 국가공동체CELAC였다. 옛 식민지 종주국 스페인과 포르투갈은 물론이고, 이 대륙 일에 오지랖 넓게 간섭해온 미국도 배제된 기구이다. 하지만 1962년부터 국제사회에서 완전히 고립되어온 쿠바는 초대를 받았다. 참가국 리스트를 보면 이 기구의 목적이 명확하다. 라틴아메리카 국가들의 일을 라틴아메리카가 직접 해결해가겠다는 것이다.

이 기구는 2008년 12월 초에 이뤄진 라틴아메리카·카리브 정상회담에서 처음으로 논의되었다. 브라질 동북부 바이아 주에서 열린 이 회담에는 사상 최초로 라틴아메리카 33개국이 모두 모였다. 당시 콜롬비아의 친미 우파 알바로 우리베 대통령에서 쿠바의 라울 카스트로 의장까지 성향을 막론하고 이 지역의 모든 정상이 참가했다. 회의를

2011년 12월 베네수엘라 수도 카라카스에서 열린 라틴아메리카·카리브해 국가공동체의 창립총회에 모인 라틴아메리카 33개국의 정상들. 뒤에 보이는 동상은 라틴아메리카의 독립영웅 시몬 볼리바르이다.

소집한 브라질 정부는 라틴아메리카 33개국 정상에게 일일이 초청장을 보냈다. 중앙아메리카와 카리브해의 소국 정상들을 초청하기 위해 브라질 공군 소속 비행기까지 보냈다. 1962년 이래 아메리카 국제기구에서 추방된 쿠바를 부르기 위해 룰라 대통령이 직접 나서기도 했다. 이 회의의 폐막 연설에서 룰라는 이렇게 선언했다.

드디어 라틴아메리카 국가들이 힘을 모았다. 이제 그 누구에게도 굽실거릴 필요가 없다.

오늘날 라틴아메리카 국가들은 자기 대륙에서 벌어지는 일을 스스로 해결할 기구들을 갖추기 시작했다. 미국이 지배하면서 신자유주의 실험을 강요해온 국제통화기금IMF와 세계은행WB을 대체해갔다는 야심찬 목표로 남미은행Banco del sur도 세웠다. 선진국이 경제 지원을 빌미로 강요하는 경제모델을 라틴아메리카의 개도국과 빈국이 거부할 수 있게 하기 위함이다.

뿐만 아니라 역내 긴급 현안을 역내 국가들이 해결하는 매커니즘도 가동해보았다. 과거 같았으면 미국이 개입해서 해결하거나 아니면 정치적 갈등이 극단적으로 커질 때까지 방치되었을 일이다. 가령 2008년 9월 볼리비아에서 우파 분리주의자들이 에보 모렐라스 정부를 지지하는 농민 20여 명을 살해한 적이 있었다. 모랄레스 대통령이 해당 주지사와 미국대사가 학살에 연루되었다고 주장하면서 외교분쟁으로까지 확산되어갔다. 그러자 남미국가연합이 긴급 정상회담을 소집해 개입을 결의했다. 남미국가연합 12개국 정상들 모두가 좌우를 떠나 민주선거로 선출된 모랄레스 대통령에 대한 지지 의사를, 우파 분리주의 운동에 대해서는 명확히 반대 의사를 표명했다. 또한 학살 사건 진상조사단을 구성해서 파견하기로 했다. 이 같은 신속하고 적절한 개입은 볼리비아 유혈 사태가 내전이나 쿠데타로 비화하는 것을 막는 데 기여했다. 이 일은 강대국의 그 어떤 형태의 개입도 없이 라틴아메리카 국가들 스스로가 역내 갈등을 해결할 가능성을 보여준 첫 사례가 되었다.

이 같은 라틴아메리카 통합 노력이 현재까지는 정상들의 정례 회담 수준 이상으로 제도화되지는 못했다는 지적이 있다. 게다가 라틴아메리카 통합의 모델 노릇을 해온 유럽연합EU이 내부적으로 여러 위기를 맞으면서 지역통합 모델 자체에 대한 회의도 등장했다. 뿐만 아니라 좌파들이 물러나고, 다시 우파들이 집권하면 라틴아메리카 통합 노력이 중단되는 것 아니냐는 우려도 크다.

하지만 그간의 통합 노력이 보여준 교훈이 뚜렷하다. 라틴아메리카 개도국과 빈국들이 경제적으로 협력할 때 경제 선진국 미국에 대한 협상력이 훨씬 커졌다. 라틴아메리카 약소국들이 힘을 결집할 때 강대국 미국의 정치적 압박도 이겨낼 수 있었다.

아직도 많은 세상 사람들은 라틴아메리카가 '미국의 뒷마당'이나 '미국의 실험실'이라고 생각한다. 하지만 그것은 20세기를 지배한 상식이다. 21세기에 들어서면서 그 상식은 깨지기 시작했다. 라틴아메리카 좌회전의 15년간 미국의 영향력이 가장 줄어들었다. 미국의 관심이 중동과 중앙아시아로 쏠린 탓도 있었지만, 무엇보다 라틴아메리카 국가들이 서로 힘을 모으는 데 적극 나섰기 때문에 가능했다.

흥미로운 것은 라틴아메리카가 혁명과 반란으로 이런 일을 해낸 것이 아니었다는 점이다. 외려 미국이 지난 200년간 라틴아메리카에 전파한다고 떠들어온 민주주의로 이뤄낸 일이었다. 라틴아메리카에서 민주주의가 발전할수록, 이 대륙의 불평등과 빈곤을 외면해온 미국에 대한 비판도 더욱 거세질 것이다. 그러므로 미국이 가장 두려워해야 할 것은 오히려 라틴아메리카에서 민주주의가 더욱 튼튼하게 뿌리내리는 일일 것이다. 그것이 '미국의 뒷마당'이나 '미국의 실험실'같은 모욕적인 호칭을 까마득한 옛일로 추억하게 만들 것이므로.

참고문헌

그윈, 로버트 N.·끄리스또발 까이(Gwynne, Robert N. and Cristóbal Kay). 2012. 『변화하는 라틴아메리카: 세계화와 근대성』. 박구병 옮김. 창비.

마르케스, 가브리엘 가르시아(Marquez, Gabriel Garcia). 2016. 『나는 여기에 연설하러 오지 않았다』. 송병선 옮김. 민음사.

블랙, 잰 니퍼스(Jan Knippers Black). 2012. 『라틴아메리카, 문제와 전망』. 중남미지역원번역팀 역. 이담북스.

블루엣, 브라이언 W.·올린 M. 블루엣(Blouet, Brian W. and Olwyn M. Blouet). 2013. 『라틴 아메리카와 카리브해: 주제별 분석과 지역적 접근』. 김형주 외 옮김. 까치.

서울대학교 라틴아메리카연구소 편. 2012. 『라틴아메리카의 전환: 변화와 갈등(상)』. 한울아카데미.

서울대학교 라틴아메리카연구소 편. 2012. 『라틴아메리카의 전환: 변화와 갈등(하)』. 한울아카데미.

스키드모어, 토머스 E.·피터 H. 스미스·제임스 N. 그린(Skidmore, Thomas E., Peter H. Smith and James N. Green). 2014. 『현대라틴아메리카』. 우석균 외 옮김. 그린비.

에릭 홉스봄 (Hobsbawm, Eric). 2007. 『미완의 시대』. 이희재 옮김. 민음사.

요시오, 마스다(增田義郎). 2003. 『이야기 라틴아메리카사』. 신금순 옮김. 심산.

킨, 벤자민·키스 헤인즈(Benjamin Keen and Keith Haynes). 2014. 『라틴아메리카의 역사(상)』. 김원중·이성훈 옮김. 그린비.

킨, 벤자민·키스 헤인즈(Benjamin Keen and Keith Haynes). 2014. 『라틴아메리카의 역사(하)』. 김원중·이성훈 옮김. 그린비.

Black, Jan Knippers Black. 2010. *Latin America: Its Problems and Its Promise: A Multidisciplinary Introduction.* 5th Edition.

1장

네루다, 파블로(Neruda, Pablo). 2008. 『파블로 네루다 자서전』. 박병규 옮김. 민음사.

라고스, 리카르도(Lagos, Ricardo). 정진상 옮김. 2012. 『피노체트 넘어서기: 칠레 민주화 대장정』. 삼천리.

마르케스, 가브리엘 가르시아(Marquez, Gabriel Garcia). 2011. 『칠레의 모든 기록』. 조구호 옮김. 간디서원(크레파스).

Franceschet, Susan. 2006. "El triunfo de Bachelet y el ascenso político de las mujeres."

Nueva Sociedad No. 202.

Subercaseaux, Elizabeth y Malú Sierra. 2005. *Michelle*. Chile. Catalonia

2장

라부페티, 마우리시오(Rabuffetti, Mauricio). 2016. 『호세 무히카, 조용한 혁명』. 박채연 옮김. 부키.

캄포도니코, 미겔 앙헬(Campodonico, Miguel Angel). 2015. 『세상에서 가장 가난한 대통령 무히카』. 송병선·김용호 옮김. 21세기북스.

헌팅턴, 새뮤얼(Huntington, Samuel P.). 2011. 『제3의 물결: 20세기 후반의 민주화』. 강문구·이재영 옮김. 인간사랑.

Goertzel, Ted G. 2011. *Brazil's Lula: The Most Popular Politician on Earth*. BrownWalker Press.

3장

고트, 리처드(Gott, Richard Willoughby). 2006. 『민중의 호민관 차베스』. 황건 옮김. 당대.

김은중. 2013. "라틴아메리카 포퓰리즘을 다시 생각한다." 역사비평 2013년 겨울호(통권 105호).

뭉크, 헤라르도 L.·리처드 스나이더(Munck, Geraldo L., and Richard Snyder). 2012. 『그들은 어떻게 최고의 정치학자가 되었나 3』. 정치학 강독 모임 옮김. 후마니타스.

서병훈. 2008. 『포퓰리즘-현대 민주주의의 위기와 선택』. 책세상.

Cardoso, Fernando Henrique. 2006. "Izquierda y populismo en América Latina." *El Comercio* (18 de junio).

Ellner, Steve. 2005. "Revolutionary and Non-Revolutionary Paths of Radical Populism: Directions of the "Chavista" Movement in Venezuela." Science & Society. Ellner, Steve. 2011. "Venezuela: The challenge to a Model Democracy". In *Latin America, its problems and its promise: a multidisciplinary introduction*, edited by Black, Jan Knippers. Westview Press.

Fukuyama, Francis. 2006. 08. 06. "The End of Chavez: History's Against Him." *The Washington Post*.

Laclau, Ernesto. 2006. "La deriva populista y la centroizquierda latinoamericana." *Nueva sociedad* No. 205.

López Maya, Margarita 2011. "Venezuela, Hugo Chavez and the Populist Left." In *The Resurgence of the Latin American Left*, edited by Steven Levitsky and Kenneth M. Roberts. Baltimore: JHU Press.

Marcano, Cristina, y Alberto Barrera. 2005. *Hugo Chávez sin uniforme: una historia personal*. Debate.

Ramonet, Ignacio. 2014. *Hugo Chávez: mi primera vida*. Vintage Espanol.

Roberts, Kenneth M. 2003. "Social correlates of party system demise and populist resurgence in Venezuela." *Latin American Politics and Society*. 45.

4장

백계문. 2011. 『성공한 개혁가 룰라』. 한울아카데미.

본, 리처드(Bourne, Richard). 박원복 옮김. 2012. 『대통령의 길 룰라』. 글로연.

사데르, 에미르·켄 실버스타인(Sader, Emir and Ken Silverstein). 최규엽 옮김. 2002. 『다른 세계는 가능하다: 브라질 노동자당에서 배운다』. 책갈피.

이성형 편. 2010. 『브라질 : 역사, 정치, 문화』. 까치.

파라나, 데니지(Parana, Denise). 조일아 외 옮김. 2004. 『다른 세계는 가능하다: 룰라 자서전』. 바다출판사.

파우스투, 보리스(Fausto, Boris). 최해성 옮김. 『브라질의 역사』. 2012. 그린비.

Castañeda, J. G. 2006. "Latin America's left turn." *Foreign Affairs* Vol. 85. No.3(May-Jun., 2006).

Samuels, David. 2008. "Brazilian Democracy under Lula and the PT." from http://users.polisci.umn.edu/~dsamuels/Samuels%20-%20Brazilian%20Democracy%20under%20Lula.doc(최종 검색일: 2017. 08. 11)

5장

서울대 라틴아메리카연구소. 박윤주 엮음. 2013. 『아르헨티나, 칠레, 우루과이: 남미의 대안』. 한울아카데미.

Levitsky, Steven, and Kenneth M. Roberts, eds. 2011. *The resurgence of the Latin American left*. JHU Press.

Petkoff, T. 2005. *Dos izquierdas*. Caracas: Editorial Alfadil.

Roberts, K. 2008. "¿ Es posible una social democracia en América Latina?." *Nueva Sociedad*. No.217.

Sandbrook, Richard. 2014a. "La izquierda democrática en el Sur del mundo." *Nueva Sociedad* No. 250.

Sandbrook, Richard. 2014b. *Reinventing the left in the global South: the politics of the possible*. *Cambridge* University Press.

Cameron, Maxwell A. 2009. "Latin America's Left Turns: beyond good and bad." *Third World Quarterly* 30(2): 331~348.

Flores-Macías, Gustavo A. 2010. "Statist vs. pro-market: Explaining leftist governments' economic policies in Latin America." *Comparative Politics* 42.4.

Llosa, Alvaro Vargas. 2007. "The return of the idiot." *Foreign Policy*. No. 160(May-Jun.,

2007).

Panizza, Francisco E. 2005. "The social democratization of the Latin American left." *European Review of Latin American and Caribbean Studies* 79.

Petras, James F., and Henry Veltmeyer. 2009. *What's left in Latin America?: regime change in new times.* Ashgate Publishing, Ltd..

6장

김윤경. 2013. "최근 10년의 사파티스타운동: 도전과 저항의 역사." 『2013 라틴아메리카: 대통령선거와 정세변화』. 서울대학교 라틴아메리카연구소.

마르코스(Marcos). 윤길순 옮김. 1999. 『분노의 그림자』. 삼인.

마르코스(Marcos). 윤길순 옮김. 2002. 『우리의 말이 우리의 무기입니다』. 해냄.

멕시코 대학원(El Colegio de México). 김창민 옮김. 2011. 『멕시코의 역사』. 그린비.

백종국. 2000. 『멕시코 혁명사』. 한길사.

임두빈 외. 2016. 『라틴아메리카 원주민의 어제와 오늘: 라틴아메리카 원주민의 역사와 세계관』. 산지니.

크라우세 엔리케(Krause, Enrique). 2006. 『멕시코 혁명과 영웅들』. 이성형 옮김. 까치.

Ferrer, Amparo González. "Reivindicaciones zapatistas, una constante en la historia de México." *Revista Nueva Sociedad* 141 (1996): 104-113.

Modonesi, Massimo. 2014. "Postzapatismo: Identidades y culturas políticas juveniles y universitarias en México." *Nueva Sociedad* 251 (2014): 136-152.

7장

드 라 그랑쥬, 베르트랑·마이테 리코(De la Grange, Bertrand, and Maite Rico). 박정훈 옮김. 2003. 『마르코스: 21세기 게릴라의 전설』. 휴머니스트.

마르코스(Marcos). 조수정 옮김. 2008. 『딱정벌레 기사 돈 두리토』. 현실문화.

마르코스(Marcos). 박정훈 옮김. 2008. 『마르코스와 안토니오 할아버지』. 현실문화.

마르코스(Marcos)외. 박정훈 외 옮김. 2004. 『게릴라의 전설을 넘어』. 생각의 나무.

8장

보르헤스, 호르헤 루이스(Borges, Jorge Luis). 우석균 옮김. 1999. 『부에노스 아이레스의 열기』. 민음사.

서울대 라틴아메리카연구소. 박윤주 엮음. 2013. 『아르헨티나, 칠레, 우루과이: 남미의 대안』. 한울아카데미.

이성형. 2002. 『라틴 아메리카, 영원한 위기의 정치경제』. 역사비평사.

푸엔테스, 카를로스(Fuentes, Carlos). 서성철 옮김. 1997. 『라틴 아메리카의 역사』. 까치.

백종국 외. 2003 『라틴아메리카 현대사와 리더십: 페론에서 산디노까지』. PUFS.

9장

라모네, 이냐시오(Ramonet, Ignacio). 송병선 옮김. 2008. 『피델 카스트로』. 현대문학.

이성형. 2001. 『배를 타고 아바나를 떠날 때』. 창비.

체 게바라(Che Guevara). 2000. 이재석 옮김. 『체 게바라의 라틴 여행 일기』. 이후.

체 게바라(Che Guevara). 2011. 김홍락 옮김. 『체 게바라의 볼리비아 일기』. 학고재.

Guevara, Ernesto Che. 2013. *Diarios de motocicleta: Notas de viaje por América Latina*. Ocean Press.

Ramonet, Ignacio. 2006. *Fidel Castro: Biografía a dos voces*. DEBATE.

10장

김기현·권기수. 2017. 『라틴아메리카 경제의 이해』. 한울아카데미.

스미스, 피터 H.(Smith, Peter H.). 이성형·홍욱헌 옮김. 2010. 『라틴 아메리카, 미국, 세계』. 까치.

이성형. 1999. 『신자유주의의 빛과 그림자』. 한길사.

이성형. 2009. 『대홍수』. 그린비.

찾아보기

ㄱ

가족수당 131~132

가톨릭 17~18, 20~22, 33, 38, 47, 60, 82, 94, 123, 241, 257, 277

게릴라 6, 16, 21, 25, 29, 42~44, 46~61, 63~64, 83, 111, 118, 127, 129, 151, 166~168, 170~174, 178~179, 181, 185~195, 200, 204, 207~211, 213, 215~223, 226, 228~231, 252, 271~273, 275, 312~315, 318~319

경제개발협력기구OECD 169, 179, 183, 227

경제위기 36, 76~77, 104~105, 109, 122, 128, 131, 153, 157~158, 184, 189, 244, 317

과두제 87, 240, 244, 247~248, 250~251, 253

구제금융 77, 84, 182, 259

국유화 69, 76, 81, 89, 92, 100, 120, 125, 180, 246, 254, 262, 274, 282, 312

국제통화기금IMF 77, 80, 84, 90, 119, 123, 125, 182, 258~259, 262, 316~317, 325

군사정권 18, 23~28, 32~34, 44~46, 48, 53~54, 56, 81, 98, 113, 116~117, 127, 151, 245, 252, 263, 308, 315

ㄴ

남미국가연합UNASUR 90, 133, 324, 326

남미은행BANCOSUR 90, 325

냄비시위 256, 259, 262

노동계급 86~87, 99, 115, 122~123, 127, 135~136, 215, 219, 244~248, 252~253

노동자당 58, 110, 117~128, 130, 134, 139~142, 145~151, 153~156, 160, 162~164

노동조합 20, 25, 45, 54, 76, 83, 86~87, 94, 109, 114~116, 118, 127, 136, 181, 246, 248, 252, 256, 269, 308, 310

니카라과혁명 52, 275

ㄷ

대안 세계화 188, 208

더러운 전쟁 45

델라루아, 페르난도 333

독재정권 16, 18, 21~22, 24, 26~29, 39, 43~44, 46~47, 52~53, 57~58, 63, 81, 88, 115, 127, 136, 138, 151, 158, 196, 207, 223, 252, 255, 269~272, 275, 304~308, 314, 316

ㄹ

라고스, 리카르도 31~33, 134, 137, 321

라틴아메리카·카리브해 국가공동체CELAC 90, 133, 324~325

'라틴아메리카 좌회전' 30, 134, 287, 318~319, 323, 327

룰라 다 시우바, 루이스 이나시우 101, 110~126, 129~134, 137~142, 145, 148, 150~153, 155, 157, 159~160, 162~164, 322, 324~325

룰라형 좌파 100,134

ㅁ

마두로, 니콜라스 103~105

마르코스 174,192,206~213,216,
218~220,222~226,229~231,308

마르티, 호세 25,47,52,278,287~289,
300

마우아드, 하밀 196

마초주의 17~18,22,39

메넴, 카를로스 257

모랄레스, 에보 100~101,197~198,326

모스코소, 미레야 15~16

몬트, 에프라인 195

무히카, 호세 42,47,49~50,55~64,101,
128,134,137,207

미 중앙정보국CIA 22,45,53,94,271,
285

미주볼리바르동맹ALBA 90,324

미주자유무역지대FTAA 91,317,320,
322,324

민영화 83~84,119,124,136,182,196,
255,257,262

민주주의 28,32,34,36,57~58,62~64,
68, 71, 75, 88~89, 92, 94, 99~100,
109, 120~121, 127~128, 130, 133,
135~136, 138, 141, 154~155, 215,
219, 227, 250, 298, 304~305, 310,
318,321,327

민주화 16, 29~33, 38, 53, 58, 80, 83,
119, 127~128, 138, 142, 147~148,
153,155,158~159,187,189,195~196,
202, 222, 227~228, 252~253, 276,
290,307,315,318

민주화운동 16,30~31,56,115,127,195,
220,228

ㅂ

바르가스, 제툴리우 86,180,212

바스케스, 타바레 59,134,137

바예호, 까밀라 37~39

바첼레트, 미첼 14~16, 22~24, 28,
31~39,134,137

바티스타, 풀헨시오 269,271~272,308,
312

반미 87,132,246,305,316,324

복지정책(제도) 36, 69, 76, 83, 89, 92,
98, 108, 131, 134~135, 148, 157, 162,
196,246~247,251,257,262~263,275

볼리바르, 시몬 79,90,101,323~325

부시, 조지 W. 68,96,133,285,319~
322

부카람, 압달라 196

북미자유무역협정NAFTA 169,178~179,
183~184,217~218,227,317~318

빈부격차 251

ㅅ

사민주의 109~110, 126, 129, 135, 137,
141,149,162~163,310~311

사파타, 에밀리아노 47, 184~185, 191,
216,218,221

사파티스타민족해방군(사파티스타) 167~
168, 171, 173, 185~192, 194~195,
198~204,206~211,213,215,217~231

사회당(칠레) 16. 20,22,26~27,31,33,
45,127,134,310,321

사회주의 17, 44, 46, 53, 57~58, 63, 88,
110, 122, 124, 127, 132, 134, 163~164,
215, 218~219, 223, 247, 252, 273,
275~276,283,310,312

산디니스타민족해방전선(산디니스타)
25,52,315

살리나스, 카를로스 169, 173, 178, 182,
184~185

세계은행 90,132,261,317,325

세계화 100, 122, 129, 136, 188, 208,
223,226,318

세디요, 에르네스토 210
수입대체산업화 128,246,250,254
수출주도산업화 254
시민사회(멕시코) 177, 185~188, 200,
　202,221,228
신자유주의 83, 87, 89~90, 99~100,
　119~120,122,128~129,135~136,173,
　182~183,188~189,196~197,202,208,
　223,228,255,257~258,262~263,295,
　315~318,324~325

ㅇ
아르벤스, 하코보 80,271,308~310
아옌데, 살바도르 19~23,32,35~36,40,
　45~46,53,63,127,310~311
에비타 → 페론, 에바
오르테가, 다니엘 47,52,59,100
오바마, 버락 133,288~291
우파정부 133,161,276
원주민 47, 81, 91, 167~179, 184~204,
　208~211, 215~221, 223~228, 230,
　236~238,318
외채위기 119,128,182~183,254,316

ㅈ
자유무역 91, 133, 169, 172, 178~179,
　183~184, 217~218, 227, 244, 253,
　317~318,320,322,324
정의당(페론당) 247,250,252,257,260,
　262
정치개혁(브라질) 137~141, 154, 158~
　160, 163~164
제누이누, 주제 58
제도혁명당 180~182,189,199,202,204,
　213~215,219~220,227,228
조합주의 247~248
좌파정당 23,30,45,49,56~57,59,75,82,
　84~85, 109, 117~118, 121, 126~127,
　134,136~137,145

좌파정부 22~23, 30, 45~46, 52, 59,
　68, 90~91, 133~134, 138, 146, 287,
　318~319,322,324
직접민주제도 88,92,100

ㅊ
차모로, 비올레타 15~16
차베스, 우고 67~75, 79~85, 87~105,
　133,282,321~322,324
차베스형 좌파 69,100
체 게바라 43~44,46~49,63, 127, 188,
　207,~209, 217, 271~272, 291, 310,
　312~314
친치야, 라우라 15~16

ㅋ
카라카스 충돌 79~80
카르데나스, 라사로 86,189
카르도주, 페르난두 엥히키 121~123,
　126,130
카발로, 도밍고 256,258,260
카스트로, 라울 271,283~284,289,292,
　324
카스트로, 피델 43,67,99,102,271~
　273,276,279~286,311~312
코레아, 라파엘 100,196
콘트라 54,315
쿠데타 16,18~23,26,32~33,35,44~45,
　67,69~76,80~85,88,93~99, 113, 127,
　149~150, 160~161, 179, 181, 240, 245,
　250~253,255,269,308,310~311,320,
　326
쿠바 미사일 위기 274
쿠바혁명 17,43~44,46,52,67,99,127,
　207~208,213,215,270,273,275,278,
　282~285,288,291,312~314

ㅌ
트루히요, 라파엘 273,307,313

틀라텔롤코 학살 214

ㅍ

파나마운하 301~302
파업 26, 28, 95, 98, 113, 115~117, 142,
　161, 176, 180, 198, 248, 255
팜파스 235, 237, 239~240, 243, 251, 253
페레스, 카를로스 안드레스 70~72, 77,
　82~83
페론, 에바(에비타) 35, 248~250
페론, 이사벨 15
페론, 후안 도밍고 16, 86~87, 99, 102,
　245~254, 263, 273, 312~313
페론당 → 정의당
페론주의 248~249, 252~253, 255, 257
페르난데스, 크리스티나 15~16, 262
포퓰리스트 67, 84~87, 99, 263
포퓰리즘 85~86, 99, 137, 247, 248
프레이, 에두아르도 34
플랫 수정조항 269, 300
피그만 침공 273, 312~313
피녜라, 세바스티안 34, 102
피노체트, 아우구스토 18~20, 22, 24~28,
　31~33, 36, 38, 48, 81, 127, 311

ㅎ

호세프, 지우마 15~16, 47, 56~59, 64,
　134, 137~138, 141, 144~156, 158~163,
　207